深化经济体制改革研究丛书

主编：张卓元　吴敬琏　厉以宁

政府职能转变与政府治理转型

胡家勇 等 ◇ 著

SPM
南方出版传媒
广东经济出版社
— 广州 —

图书在版编目（CIP）数据

政府职能转变与政府治理转型/ 胡家勇等著. —广州：广东经济出版社，2015. 10
（深化经济体制改革研究丛书）
ISBN 978 - 7 - 5454 - 4277 - 9

Ⅰ. ①政…　Ⅱ. ①胡…　Ⅲ. ①国家行政机关 - 政治体制改革 - 研究 - 中国
②国家行政机关 - 行政管理 - 研究 - 中国Ⅳ. ①D630. 1

中国版本图书馆 CIP 数据核字（2015）第 266899 号

出 版 人：姚丹林
责任编辑：萧广华
责任技编：许伟斌
封面设计：彩奇风

出版发行	广东经济出版社（广州市环市东路水荫路 11 号 11 ~ 12 楼）
经销	全国新华书店
印刷	中山市国彩印刷有限公司（中山市坦洲镇彩虹路 3 号）
开本	787 毫米 × 1092 毫米　1/16
印张	13. 5　1 插页
字数	264 000 字
版次	2015 年 10 月第 1 版
印次	2015 年 10 月第 1 次
印数	1 ~ 2 000 册
书号	ISBN 978 - 7 - 5454 - 4277 - 9
定价	38. 00 元

如发现印装质量问题，影响阅读，请与承印厂联系调换。
发行部地址：广州市环市东路水荫路 11 号 11 楼
电话：（020）38306055　37601950　邮政编码：510075
邮购地址：广州市环市东路水荫路 11 号 11 楼
电话：（020）37601950　营销网址：**http://www. gebook. com**
广东经济出版社新浪官方微博：**http://e. weibo. com/gebook**
广东经济出版社常年法律顾问：何剑桥律师

从农村改革起步到以经济体制改革为重点的全面深化改革

（代序言）

张卓元

中国从1978年开始实行改革开放，采取的是渐进式改革，摸着石头过河，从农村改革起步，到2012年党的十八大后发展为以经济体制改革为重点的全面深化改革，三十多年来，一直为中国经济起飞和经济社会科学发展不断提供强大动力。

一、全面深化改革是三十多年渐进式改革逻辑发展必然结果

渐进式改革的显著特点是先着重推进经济改革，以振兴经济，为改变国家贫穷落后面貌并逐步迈向工业化和现代化提供坚实的物质基础。采取渐进式改革，不搞快速转轨、一步到位，可以减轻社会震荡，在保持社会稳定前提下调整经济关系和上层建筑一些环节，以适应社会生产力的发展，稳步前进。改革为什么从农村起步？就是因为上个世纪七十年代末中国物资供应特别是农产品供应紧张，主要农产品凭票供应，上亿农民吃饱穿暖的问题还没有很好解决，农民要求改变一大二公传统体制的要求特别迫切。农村实行家庭联产承包责任制以及接着逐步放开农产品价格后，农民开始有了生产经营的自主权，大大解放了社会生产力，农业生产迅速增长。1978—1985年，农林牧渔业总产值年平均增长率达7.1%，大大高于一般年均2%～3%的增速。

市场取向改革的初步成果增强了广大干部和群众改革的信心和期望，增强了商品意识和等价交换的意识。1984年，党的十二届三中全会作出了《关于经济体制改革的决定》，确认社会主义经济是公有制基础上的有计划的商品经济，提出进一步贯彻执行对内搞活经济对外实行开放的方针，加快以城市为重点的整个经济体制改革的步伐，还提出，全面开展经济体制改革的中心环节是增强企业活力。从此，中国进入以城市为重点的全面开展经济体制改革的阶段。需要指出的

是，中国在体制内对公有制经济特别是国有经济进行改革、引入市场机制的同时，在体制外允许和鼓励个体私营等非公有制经济发展，并逐渐成为中国经济迅速崛起的一个重要生力军。这是公认的中国渐进式经济体制改革的一个成功案例。

市场取向改革的推进和随之而来的经济的快速增长和市场的日趋繁荣，使市场化改革日益深入人心。1992 年，在邓小平关于计划不等于社会主义、市场不等于资本主义、计划和市场都是经济手段的思想指引下，党的十四大确立了社会主义市场经济体制的改革目标。从此中国开创了在一个大国把社会主义和市场经济相结合的伟大征程。中国经济迅速起飞，社会各项事业全面发展。到二十世纪末中国已初步建立起社会主义市场经济体制，开始实现了从计划经济体制向社会主义市场经济体制的转型。

2001 年年底，中国加入世贸组织，对外开放进入了崭新的阶段，中国经济加快融入全球化的进程。加入世贸组织扩大对外开放，不仅大大促进了外向型经济发展，目前我国已成为世界第一外贸大国，而且有力地推动了市场化改革的深化，促进我国各项经济活动必须遵循市场经济一般规则行事。

进入新世纪后，随着社会主义市场经济体制的逐步完善和经济的持续高速增长，除经济体制改革外，政治、文化、社会、生态文明体制的改革也日显重要和迫切。2012 年，党的十八大顺势提出全面深化改革的任务，2013 年党的十八届三中全会进一步提出全面推进经济、政治、文化、社会和生态文明体制五位一体的改革任务。这标志着中国的改革开放进入了一个崭新的阶段。首先，改革的目标更高更全面。过去主要提经济体制改革目标即建立和完善社会主义市场经济体制，政治、文化、社会等体制改革主要围绕建立和完善社会主义市场经济体制而展开，而十八届三中全会决定确定全面深化改革的总目标是完善和发展中国特色社会主义制度，推进国家治理体系和治理能力现代化。其次，全面深化改革是经济、政治、文化、社会和生态文明体制五位一体的改革，虽然经济体制改革是全面深化改革的重点，但现在毕竟是要全面推进五位一体的改革。再次，提出全面深化改革是经济体制改革深化的逻辑必然结果。实际上中国的经济体制改革从一开始就不是单兵突进的，在经济体制改革过程中，为配合和适应经济体制改革，一直在逐步推进政治、文化、社会和生态文明体制改革并取得明显成效。每次党代表大会的报告除了着重论述经济体制改革外，都会分别论述政治、文化、社会等方面改革。1997 年党的十五大报告提出了依法治国的方略。2004 年党的十六届四中全会作出了《关于加强党的执政能力建设的决定》。2005 年党的十六届五中全会建议提出了加快行政管理体制改革，是全面深化改革和提高对外开放水平的关键。2011 年，党的十七届六中全会通过了《中共中央关于深化文化体制改革推动社会主义文化大发展大繁荣若干重大问题的决定》。2007 年，党的十七大

报告第一次把加快推进以改善民生为重点的社会建设独立为一个大部分同经济、政治、文化建设并列。而党的十八大报告又进一步把大力推进生态文明建设独立设一部分，形成“五位一体”总体布局。

二、发展要求改革，改革推动发展

改革的目的是为了解放和发展社会生产力，促进经济增长和社会进步，提高人民的生活水平与质量。一方面，改革是在经济社会碰到严重困难或者受到严重瓶颈制约时人们寻找出路的重要抉择，比如上个世纪七十年代后期由于“文革”使我国国民经济濒临崩溃，改革成为中国经济社会摆脱困境的关键抉择。又如前三四年，由于经过改革开放三十多年经济社会的飞速发展，积累了不少矛盾和问题，加上由于2008年国际金融危机的影响，经济社会的可持续发展受到严重挑战，为了更好地到2020年全面建成小康社会，跳出“中等收入陷阱”顺利进入高收入国家行列并走向现代化，2012年党的十八大提出了全面深化改革的任务，以便继续释放改革红利，找到新的经济社会发展的动力源泉。另一方面，改革由于能够扫除妨碍经济社会发展的体制弊端，从而能有力地推动经济社会发展。中国改革开放后经济的飞速增长充分说明了这一点。1978—2014年，中国GDP年均增长近10%，即使是在国际金融危机后的2012、2013、2014年，GDP的增速也达7%以上。由于经济的长期高速增长，2010年起，中国已超越日本成为世界第二大经济体。2014年，中国人均GDP已达7000美元以上，稳定进入中上等收入国家行列。中国经济的崛起，从贫穷落后的弱国一跃成为在全世界各方面有重要影响的大国，让全世界人民都赞叹不已，被称为“中国的奇迹”。

三、扎实推进全面深化改革，促进中国经济顺利进入新常态

目前，中国经济正在进入新常态。何谓新常态？按照习近平总书记2014年11月9日在亚太经合组织工商领导人峰会演讲时说的，“中国经济呈现出新常态，有几个主要特点。一是从高速增长转为中高速增长。二是经济结构不断优化升级，第三产业、消费需求逐步成为主体，城乡区域差距逐步，居民收入占比上升，发展成果惠及更广大民众。三是从要素驱动、投资驱动转向创新驱动。新常态将给中国带来新的发展机遇。”可见，中国经济进入新常态意味着经济活动向着重追求质量和效益转型。而要做到这一点，需要有几年的努力。在这过程中，必须不断深化经济体制改革和其他方面改革，为经济转型提供不竭的动力。在这个意义上，可以说，中国经济能否顺利进入新常态，实现持续健康发展，主要取

决于我们能否顺利推进已经进入深水区的经济改革和其他改革。因此，从多方面多角度研究经济体制改革问题，提出中肯的可行的改革建议，对于中国经济进入新常态、全面建成小康社会以及进一步基本实现现代化，具有重要意义。

全面深化改革是改革的攻坚战，不仅要统一思想，使大家充分认识到重新启动各方面改革的重要性紧迫性；要有好的顶层设计，十八届三中全会60条改革项目、336个改革举措就是一个很好的顶层设计；而且要克服既得利益群体的阻挠和干扰，形成既得利益群体是渐进式改革不可避免的结果。为了更好地冲破思想观念的束缚、突破利益固化的藩篱，中央全面深化改革领导小组强有力的领导和推动是非常重要和必不可少的。全面深化改革不仅要以经济体制改革为重点，还要选择好着力点和突破口，我认为，目前，应着力推进政府改革或政府职能转变改革，因为要使市场在资源配置中起决定性作用和更好发挥政府作用，首先要解决政府对社会经济活动干预过多和监管不到位问题，深化国企改革、财税改革、金融改革、收入分配改革、教育改革等等，也有待于政府改革的深化和到位。

中国现阶段仍然处于工业化、信息化、新型城镇化和农业现代化相互促进时期，发展潜力巨大。我们坚信，在全面深化改革推动下，中国将越来越在创新驱动下不断提高经济活动的质量和效益，使今后十年八年保持7%左右的中高速增长；与此同时，中国特色社会主义的各项制度逐步成熟和定型，人民群众将更好地更切实地享受到经济社会发展的成果！

2015年3月

前　言

政府职能的根本性转变是全面深化改革和完善社会主义市场经济体制的关键环节，是实现经济发展方式转变的必由之路，也是经济体制改革和政治体制改革的交叉领域。改革开放之初，我们就已经认识到转变政府职能在整个经济体制改革中的重要地位，经过37年的改革，我国政府职能及履行职能的方式已经发生了明显的变化。但是，我们仍强烈感觉到政府职能转变没有到位，政府与市场经济运行仍存在诸多摩擦，仍大量插手微观经济活动，政府投资，特别是地方政府投资仍在经济增长中扮演着重要角色，政府仍通过各种手段控制着大量资源，经济运行的行政色彩依然很浓，同时伴随着许多“市场失灵”和“政府失灵”现象。党的十八届三中全会通过的《中共中央关于全面深化改革若干重大问题的决定》将加快转变政府职能置于更加突出的位置，并提出了许多重要论述，新一届政府已经开启了政府职能转变的新篇章。

有关政府职能转变的理论著述非常丰富，为本书研究提供了丰富营养，同时也意味着进一步推进该领域的理论创新很难。本书在新的时代背景下思考政府职能转换问题，选择我们认为的一些重要问题进行分析论述，形成某种理论和政策思维，以此来突出本书的特色和价值。具体而言，我们认为以下问题对于实现政府职能的根本转变具有重要意义：一是依据现代市场经济的内在逻辑界定政府职能，把政府职能视为现代市场经济运行的内生变量；二是在政府间科学配置政府职能，在形成明确和对称的责权关系；三是建立有效的政府治理结构，以适应技术飞速发展、社会诉求日益增多以及社会日趋复杂化和多样化的现实，实现政府治理体系和治理能力的现代化；四是改革政绩考核体制，摆脱唯GDP论英雄，将关系民生福祉纳入到政绩考核体系，更重要的是将人民的切身感受纳入到政绩考核之中；五是改革行政审批制度，依靠千百万人的智慧和判断力来推动创新和发展，激发市场和社会的活力；六是确立科学和有效监管框架，规范市场主体的微观行为，保障生产、消费和环境的安全性，以及市场交易的公平；七是深化国有经济改革，使国有资本主要落在政府职能领域，国有资本管理体制与市场经济运行相吻合；

八是推进公共服务领域改革，在强化政府投入和监管责任的前提下，充分利用市场机制和私人积极性来提高公共服务效率。

本书为国家社科基金项目《以政府职能转变促进经济发展方式转换研究》和中国社会科学院马克思主义理论学科建设与理论研究项目《完善社会主义市场经济体制研究》的初步成果，各位专家定稿通力合作顺利完成。具体分工如下：

研究框架、第一章定稿：胡家勇，中国社会科学院经济研究所研究员

第二章：于长革，财政部财政科学研究所副研究员

第三章：陈国富，南开大学经济学院教授

第四章：朱长存，河北大学经济学院副教授

第五章：胡宝珠，中国社会科学院研究生院博士研究生

第六章：武鹏，中国社会科学院经济研究所副研究员

第七章：高明华，北京师范大学经济与工商管理学院教授

第八章：陈雪娟，中国社会科学院经济研究所副研究员

胡家勇

2015 年 1 月 20 日

目　录

第一章　政府职能的根本转变

中共十八大报告明确指出，“经济体制改革的核心问题是处理好政府和市场的关系”，十八届三中全会通过的《中共中央关于全面深化改革若干重大问题的决定》指出，“经济体制改革是全面深化改革的重点，核心问题是处理好政府和市场的关系，使市场在资源配置中起决定性作用和更好发挥政府作用”，这就从理论和实践层面确立了政府职能转变在整个改革，特别是经济体制改革中的核心地位。从本质意义上讲，中国的经济体制改革实际上是一个政府还权于居民、还权于企业、还权于市场、还权于社会的过程，通过简政放权，激发经济发展的内生动力和各类经济主体的活力。经过 37 年的改革开放，我国已经初步建立起了社会主义市场经济体制，但“形成系统完备、科学规范、运行有效的制度体系，使各方面制度更加成熟更加定型”，充分发挥市场在资源配置中的决定性作用，还有艰辛的路要走，其中的核心和难点就是实现政府职能的根本性转换，“推进国家治理体系和治理能力的现代化”，建立起与现代市场经济相适应的有效政府。

第一节　政府职能根本转变是全面深化改革的关键

中国经济体制改革是从改革原有的计划经济体制开始的。在计划经济体制中，政府的身影无所不在，政府的职能无所不包，所有生产要素和几乎所有消费品都由政府计划配置。列宁在俄国十月革命前夕撰写的《国家与革命》一文中，曾把社会主义经济比作“国家辛迪加”：“全体公民都成了一个全民的、国家的‘辛迪加’的职员和工人。全部问题在于要他们在正确遵守劳动标准的条件下同等地劳动，同等地领取报酬”①，“整个社会将成为一个管理处，成为一个劳动平等和报酬平等的工厂”。②“大工厂”或“国家辛迪加”的思想对我国计划经济体制的形成产生了重要影响。而在市场经济体制中，价值规律和市场信号是资源配

---

① 列宁：《国家与革命》，《列宁专题文集：论马克思主义》，人民出版社，2009 年 12 月，第 271 页。

② 列宁：《国家与革命》，《列宁专题文集：论马克思主义》，人民出版社，2009 年 12 月，第 272 页。

置的决定性力量，个人利益是经济运转的基本驱动力。这意味着政府在整个经济中的角色必须发生根本性的变化，必须从大量的资源配置活动中退出来，专注于自身应该履行的职能。但从现实情况看，政府介入资源配置活动的程度依然很深，政府依然大量干预本应由企业家和个人做出的决策。仅从全社会固定资产投资来看，2013 年，国有部门投资仍占全社会固定资产投资的 27.25%，说明政府仍然支配着庞大的生产性资源。因此，最大限度地减少政府对微观事务的干预，是给市场主体释放活动空间，发挥市场在资源配置中的决定性作用的关键。

从另一方面看，现代市场经济是建立在一套完备的支持性制度之上的，而制度建设是政府的基本职责。完善的现代市场经济体制从主要方面来说，包括自主经营、自负盈亏的微观经济主体，统一开放、竞争有序的市场体系，合理有效的宏观经济调控，公平适量的公共品和公共服务提供等等，而市场经济的支持性制度就是使以上四个方面能够顺畅运行的一整套制度安排。政府在建设市场支持性制度上起着关键作用。形成自主的微观主体，需要符合市场经济原则的产权制度；形成公平的市场竞争，需要维护市场秩序、保障市场信息透明的法律体系和监管体制；宏观调控和公共品供给，更应该是政府的责任所在。因此，从建立完善的社会主义市场经济体制来看，政府在制度建设方面的职能又亟待强化。

建立“完善产权保护制度”，是政府的一项重要职责。产权界定与保护之所以重要，就在于它能为各类经济主体提供正当的激励，鼓励人们积累财富和有效配置自己的资本，并展开充分的竞争。威廉·鲍莫尔、罗伯特·利坦和卡尔·施拉姆指出：如果不能有效保护人们的财产权，“就不能指望个人会冒着失去自己的资金和时间的风险，投资于运气不济的冒险项目。这里，法治——特别是财产和合同权利——尤为重要。”① 约翰·麦克米兰认为，“政府在市场设计中的一个基本任务就是确定财产权利，因为最简单的摧毁市场办法就是破坏人们对自己财产安全的信念。”② 拉古拉迈·拉詹和路易吉·津加莱斯则认为，“竞争性市场要发展起来，第一步就需要政府尊重和保护公民的财产权利，包括那些最弱和最无助的公民的财产权利。”③

随着中国经济市场化进程推进，我国各类财产数量急剧增加，不仅国有资本数量大幅度增加，非公有资本也大幅度增加，建立完善的产权制度，特别是产权保护制度显得极为重要和迫切。统计数据显示，我国国有企业净资产 2002 年为 66543.1 亿元，2011 年增至 272991.0 亿元，平均年增长 16.98%。非公有资产的

---

① 威廉·鲍莫尔、罗伯特·利坦和卡尔·施拉姆：《好的资本主义坏的资本主义，以及增长与繁荣的经济学》，中信出版社，2008 年 12 月，第 6 页。

② 约翰·麦克米兰：《市场演进的故事》，中信出版社，2006 年 1 月，第 11 页。

③ 拉古拉迈·拉詹、路易吉·津加莱斯：《从资本家手中拯救资本主义：捍卫金融市场自由，创造财富和机会》，中信出版社，2004 年 6 月，引言，XXIV。

增长速度也是极为惊人的。以个体、私营经济为例，1990 年，我国个体工商户的注册资金为 397 亿元，2011 年增至 16177.6 亿元，平均每年增长 19.3%；私营经济注册资金由 1990 年的 95 亿元，增至 2011 年的 257900 亿元，平均每年增长 45.7%，包括银行存款、各类有价证券、房产等在内的居民家庭资产同样增长迅速。根据招商银行和贝恩公司的统计，2010 年中国个人总体持有的可投资资产（现金、存款、股票、债券、基金、保险、银行理财产品、境外投资和其他类别投资等金融资产和投资性房产）规模达到 62 万亿。[①] 因此，必须建立公平而有效的产权保护制度，以确保“公有制经济财产权不受侵犯，非公有制经济财产权同样不可侵犯”。[②]

我国的产权保护制度还不完善，还没有为现代市场经济的运转奠定坚实的产权制度基础。一个重要表现就是非公有财产没有得到公平而有效的保护。企业家论坛 2010 年调查结果表明，28.6% 的企业家表示财产不安全，44.2% 的企业家认为企业法规不能够保障企业的利益，半数企业家认为知识产权保护不到位。据世界银行与国际金融公司研究报告《中国营商环境 2012》测算，2011 年和 2012 年，在 182 个国家和地区中，中国投资者保护分别排第 93 位和 97 位，投资者保护强度指数（1～10）为 5，属中等强度保护。财产权得不到有效保护的一个严重后果是投资移民潮的不断涌现。根据招商银行和贝恩公司联合发布的《2011 中国私人财富报告》中的数据，中国个人境外资产增长迅速，2008－2010 年年均复合增长率达到约 100%。与此同时，近年来中国向境外投资移民人数出现快速增加，接受调研的高净值人群中近 60% 的人士已经完成投资移民或有相关考虑。最近 5 年，中国向美国累积投资移民人数年复合增长率达 73%。据招商银行和贝恩公司的调查，出于保障财富安全目的而移民的比例高达 43%。[③] 中国银行和胡润研究院对全国 18 个重点城市拥有千万元级别以上财富的富人进行了调查，调查结果是，1/3 的富人拥有海外资产，海外资产平均占总资产的 19%，60% 的富人有移民意向或已申请移民，以投资移民为主，亿万财富人群的海外投资比例更超过 50%。移民中，掌握财富、知识和技术的人最多，其中很多是民营企业家，他们的离去将给中国经济社会发展造成重要影响。

建立统一开放、竞争有序的市场体系，核心是要保证市场准入与市场交易的平等性、开放性和透明性，政府在这里起着维护者和仲裁者的作用。政府本身的公正和透明是建立这样一种市场体系的基本要求。随着市场体系的演化，对市场交易公正性和透明度的要求会越来越高。例如，市场经济发展早期阶段的交易大多是简单的现货交易，欺行霸市、缺斤短两和以次充好等各种损害市场的行为很

---

① 招商银行和贝恩公司：《2011 中国私人财富报告》。

② 《中共中央关于全面深化改革若干重大问题的决定》，人民出版社，2013 年。

③ 招商银行和贝恩公司：《2011 中国私人财富报告》。

容易识别。但在像资本市场、现代服务业以及远期交易这样的复杂交易市场上，为防止内幕交易而要求的信息披露就是难度很大的一项专业性工作，利益集团也更容易进行操纵。规范的信息披露对中小投资者和现代服务业的消费者很重要，从根本上有助于资本市场和服务的稳定和繁荣，但企业、大投资者或占有信息优势的一方可能会出于自身的利益而扭曲信息、甚至提供虚假信息。因此，对于不断复杂化的市场交易，政府的有效监管和公正透明比以往任何时候都显得重要。不断出现的食品、药品和安全生产事件，以及上市公司不规范的信息披露一再提醒我们，完善的政府监管体制对于建立良好的市场竞争秩序和保护消费者权益具有极端重要性。近年来，“苏丹红”事件、“三聚氰氨”事件、煤矿安全事件和股票市场上欺诈行为等的反复出现，一再反映出政府监管的严重缺失。《经济参考报》报道，诸如沃尔玛等一些大型国外零售企业一到中国就不安分，继“狐狸肉”事件和“特批潜规则”之后，又曝出广东番禺沃尔玛山姆会员的万威客牌牛肉汉堡扒中牛肉含量仅为四成，其余主要是鸡肉。[1] 建立统一开放、竞争有序的市场体系，还需要打破地区封锁和地区之间市场割裂等市场破碎问题，而解决这一问题的关键在于打破基于现有政绩考核体制和财税体制之上的行政垄断，这与政府职能的转换也是分不开的。

校正市场失灵是政府的一项重要使命。但是，政府在校正市场失灵时如果出现自身失灵，结果可能会更糟。避免政府失灵对于推进国家治理体系和治理能力现代化，完善社会主义市场经济体制非常重要。政府失灵的原因是多方面的，如政府自身的信息收集处理能力有限，政府有自身利益偏好，以及政府可能会被某些利益集团所收买。后两个因素对政府失灵的影响有时更为重要。政府失灵的事例很多，例如，在以 GDP 为主的政绩考核下，地方政府的投资冲动可能导致宏观经济波动和产能过剩。而避免政府失灵首先需要转换政府职能。

社会管理体制的变革，也需要加速政府职能的转变。在非公有制快速发展，人口流动性和职业变动性增大，传统社会组织功能丧失的情况下，政府垄断的社会管理方式已经导致政府的责任过大、压力过大、风险过大。随着工业化、城市化、信息化和全球化的同步推进，我国已经进入全面的社会转型期，社会诉求以及经济和社会组织方式也会发生更加全面的变革。相对于迅速的社会转型，当前政府行政方式已经不能适应经济和社会发展要求，容易激化矛盾。粗放的经济增长方式、市场环境的不完善、过大的收入和财富差距、公共服务领域的诸多不足以及诸多社会矛盾的存在，在很大程度上都与政府与社会的关系没有理顺密切相关。因此，必须加快推进行政体制改革，努力建设职能科学、结构优化、廉洁高

---

① 《沃尔玛为何来到中国就不安分：网民称惩罚力度轻》，《经济参考报》2014 年 01 月 28 日 。

效、人民满意的服务型政府。①

加速转换经济发展方式也迫切需要政府加快转变职能。过去30多年中国经济高速增长的明显特点是“要素驱动”和“政府投资驱动”，这种粗放式的增长模式在经济发展初期还是有效的，因为这时的政府角色相对简单和明了：“提供道路、铁路、能源和其他基础设施以补充民营部门投资之不足，为自由贸易和投资政策提供条件以鼓励技术追赶，当市场与协调失灵问题抑制具有国际竞争力且符合本国比较优势的产业发展时，实施相应的产业政策。”② 靠这种粗放式的增长模式，中国维持了30多年的高速经济增长。但是，这一增长模式已基本走到了尽头。第一，人口、资源、环境等要素红利和全球化红利正在衰减，要素驱动和投资驱动已经不能继续维持，无法推动中国跨越“中等收入陷阱”，从中等收入国家迈向高收入国家。“中国当前的增长模式已对土地、空气和水等环境因素产生了很大的压力，对自然资源供给的压力也日益增加。”③ 第二，要素驱动和投资驱动会导致要素价格和要素市场的扭曲，高投入、高耗能、高排放、高污染、低创新、低附加值的增长模式难以扭转。同时，这一增长模式往往伴生机会不均、收入差距过大、贪污腐败盛行、社会矛盾尖锐等社会问题，不利于社会的和谐稳定。第三，随着要素驱动和技术模仿潜力的衰减，社会需求日益多样化，经济中不确定性的增强，以及产业结构从价值链低端向高端的转移，创新作用凸显。在新的条件下，政府直接介入经济活动，可能会阻碍而不是促进增长。“因此，政策重点需要更多转向发展民营部门，确保市场足够成熟以有效配置资源，同时使企业足够强健和富有创新能力，能够参与高技术领域的国际竞争。”④

加快政府职能转换，构建有效政府，始终面临着一个“两难”问题⑤：为了保证市场经济的正常运转，需要强有力的政府行动，因此，弱政府不好；但如果政府太强而又没受到有效的约束，就很容易出现各种损害市场、财富所有者、生

---

① 葛延风、喻东：《抓住关键问题，切实转变政府职能》，《中国经济时报》2014年1月20日。

② 世界银行、国务院发展研究中心联合课题组：《2030年的中国：建设现代、和谐、有创造力的社会》（中文版），中国财政经济出版社，2013年3月，第19页。

③ 世界银行、国务院发展研究中心联合课题组：《2030年的中国：建设现代、和谐、有创造力的社会》（中文版），中国财政经济出版社，2013年3月，第9页。

④ 世界银行、国务院发展研究中心联合课题组：《2030年的中国：建设现代、和谐、有创造力的社会》（中文版），中国财政经济出版社，2013年3月，第19页。

⑤ 政府“两难”正好与市场“两难”相对应。市场“两难”在于：完全自由的市场容易被强势资本家所利用；但如果市场受到的管制太多，又使会市场遭受损害。参见拉古拉迈·拉詹、路易吉·津加莱斯：《从资本家手中拯救资本主义：捍卫金融市场自由，创造财富和机会》，中信出版社，2004年。

产者和消费者利益，甚至以权谋私、贪污腐败的行为，最终损害政府的有效性①。因此，只有完成政府转型，既防止政府权力压制市场和社会，又保证政府能够对市场运行给予有效的调节，构建起一个有效政府，才能建立起完善的社会主义市场经济体制。

第二节 改革开放以来我国政府职能转变

改革开放37年来，我国理论界、政策界对市场经济条件下政府职能的认识不断深化，政府职能也在向着与现代市场经济体制契合的方向演进，政府与市场、政府与社会的边界不断发生动态变化，也在不断优化。下面我们简单梳理改革开放以来政府职能转变的基本理论脉络和实践进展。

一、政府职能转变的理论和政策脉络

中共中央重要文献可以清晰展示改革开放以来政府职能转变的基本理论和实践脉络，也标志着我们对市场经济条件下政府职能认识不断深化。

改革开放之初，我们党对计划经济体制的症结就有了比较清醒的认识。开启中国改革开放大幕的十一届三中全会在会议公报中指出："我国经济管理体制的一个严重缺点是权力过于集中，应该有领导地大胆下放"；"应该着手大力精简各级经济行政机构，把它们的大部分职权转交给企业性的专业公司或联合公司"；"应该坚决实行按经济规律办事，重视价值规律的作用"；"认真解决党政企不分、以党代政、以政代企的现象"；"减少会议公文，提高工作效率"。② 可见，改革开放之初，我们党就把解决"权力过于集中"和"政企不分"、"精简政府机构"、"提高政府效能"、"尊重价值规律"作为改革的主要内容，已经切中了传统体制的要害。

十二届三中全会通过了《中共中央关于经济体制改革的决定》，该《决定》把社会主义经济定义为"在公有制基础上的有计划的商品经济"，提出了若干有关转变政府职能的重要观点："中央和地方政府包揽了许多本来不应由它们管的事，而许多必须由它们管的事又未能管好"，"按照政企职责分开、简政放权的原则进行改革"，"价格是最有效的调节手段"；并界定了政府职能："制订经济和社会发展的战略、计划、方针和政策；制订资源开发、技术改造和智力开发的方案；协调地区、部门、企业之间的发展计划和经济关系；部署重点工程特别是

---

① 只有约束政府和"经济人"，才能使他们的行为达到好的结果。参见钱颖一：《政府与法治》，《比较》第5期，中信出版社，2003年。

② 中共中央文献研究室编：《三中全会以来重要文献选编》（上），中央文献出版社，2011年6月，第6页。

能源、交通和原材料工业的建设；汇集和传布经济信息，掌握和运用经济调节手段；制订并监督执行经济法规；按规定的范围任免干部；管理对外经济技术交流和合作，等等。"①

党的十四大报告明确提出"经济体制改革的目标是建立社会主义市场经济体制"，"市场在社会主义国家宏观调控下对资源配置起基础性作用"。这是我们党对现代市场经济以及政府与市场关系认识一次质的飞跃，对建立社会主义市场经济体制起到了至关重要的作用。报告指出，如果不在政府职能转变上取得实质性进展，"改革难以深化、社会主义市场经济体制难以建立"；"政府的职能，主要是统筹规划，掌握政策，信息引导，组织协调，提供服务和检查监督"。为了发挥市场在资源配置中的基础性作用，报告提出要加快培育市场，包括积极培育包括债券、股票等有价证券的金融市场，发展技术、劳务、信息和房地产等市场；尽快形成全国统一的开放的市场体系；加强市场制度和法规建设；打破条条块块的分割、封锁和垄断，促进和保护公平竞争；"建立起以市场形成价格为主的价格机制"。②

中共十四届三中全会通过的《关于建立社会主义市场经济体制若干问题的决定》对政府职能转变有大量的论述，指出："转变政府职能，改革政府机构，是建立社会主义市场经济体制的迫切要求"；政府的经济职能主要是："制订和执行宏观调控政策，搞好基础设施建设，创造良好的经济发展环境"，"培育市场体系、监督市场运行和维护平等竞争"，"调节社会分配和组织社会保障"，"控制人口增长"，"保护自然资源和生态环境"，"管理国有资产和监督国有资产经营"；"竞争性项目投资由企业自主决策，自担风险"，"用项目登记备案制代替现行的行政审批制"。③

党的十六大报告在转变政府职能上有新的提法，指出"在更大程度上发挥市场在资源配置中的基础性作用，健全统一、开放、竞争、有序的现代市场体系"，提出在社会主义市场经济条件下，政府的职能是"经济调节、市场监管、社会管理和公共服务"，这是对政府职能最明确、最简洁的表述，并提出要减少和规范行政审批，深化行政管理体制改革。④

---

① 中共中央文献研究室编：《十二大以来重要文献选编》（中），中央文献出版社，2011年6月，第57－60页。

② 《加快改革开放和现代化建设步伐，夺取有中国特色社会主义事业的更大胜利》，载中共中央文献研究室编：《十四大以来重要文献选编》（上），中央文献出版社，2011年6月。

③ 《关于建立社会主义市场经济体制若干问题的决定》，载中共中央文献研究室编：《十四大以来重要文献选编》（上），中央文献出版社，2011年6月。

④ 《全面建设小康社会，开创中国特色社会主义事业新局面》，载《十六大以来重要文献选编》（上），中央文献出版社，2005年2月。

党的十七大报告提出“建设服务型政府”，指出“行政管理体制改革是深化改革的重要环节”，“健全政府职责体系，完善公共服务体系”，“加快推进政企分开、政资分开、政事分开、政府与市场中介组织分开”，“减少和规范行政审批，减少政府对微观事务的干预”，等等①，对政府职能及其转变的认识越来越具体，越来越清晰。

党的十八大以来，政府职能转换在全面深化经济体制改革中的重要地位更加明确。党的十八大报告指出，“经济体制改革的核心问题是处理好政府和市场的关系，必须更加尊重市场规律，更好发挥政府作用”，“更大程度更广范围发挥市场在资源配置中的基础性作用，完善宏观调控体系”。② 党的十八届三中全会通过的《中共中央关于全面深化改革若干重大问题的决定》在政府与市场、政府与社会关系、政府职能转变等基本理论问题上实现了新突破，提出了“市场在资源配置中起决定性作用和更好发挥政府作用”新论断，是对政府与市场关系的新发展，是对现代市场经济认识的深化。《决定》要求“大幅度减少政府对资源的直接配置，推动资源配置依据市场规则、市场价格、市场竞争实现效益最大化和效率最优化”，政府的责和作用“主要是保持宏观经济稳定，加强和优化公共服务，保障公平竞争，加强市场监管，维护市场秩序，推动可持续发展，促进共同富裕，弥补市场失灵”。③ 由此，我们党对政府在现代市场经济中的职能，以及履行职能的方式已经有了清晰的理论准备。

二、政府职能转变取得的进展

第一，市场机制配置资源的空间显著扩大。

市场取向的经济体制改革，意味政府对经济的行政控制逐步弱化和市场配置资源份额的提高。计划经济下，政府拥有无限的资源控制能力，随着市场化的推进，政府对资源的控制力逐步弱化就是必然的。生产力的体制性释放，主要表现在生产要素配置方式的变革上。劳动力、资本和土地等重要生产要素的市场化配置也就意味着政府对这些要素行政式组合的逐渐减弱。

市场力量的明显增强表现在以下三个方面：

一是市场主体和经济主体的多元化。配置资源的主体变得越来越多样化，随之而来的是，资源配置过程中利用的信息越来越多样化、精细化，大量的私人信息等计划体制难以利用的微观信息和缄默知识被利用到资源配置过程中来，提高

---

① 《高举中国特色社会主义伟大旗帜，为夺取全面建设小康社会新胜利而奋斗》，载《十七大以来重要文献选编》（上），中央文献出版社，2009 年 8 月。

② 《坚定不移沿着中国特色社会主义道路前进为全面建成小康社会而奋斗》，人民出版社，2012 年 11 月。

③ 《中共中央关于全面深化改革若干重大问题的决定》，人民出版社，2013 年 11 月。

了资源配置准确性和效率。配置资源的主体，除了传统体制下业已存在的政府和国有企业之外，大量的非公有制经济主体快速成长起来，个人、家庭、个体企业、私营企业、外资企业等在资源配置中扮演着越重要的作用。2010 年，我国各类市场主体为 4627.27 万户，2013 年增到 6062.38 万户，实有资本总额从 60.58 万亿元增至 101.20 万亿元。从市场主体类型看，2013 年，内资（非私营）企业 229.38 万户，注册资本 45.20 亿元；私营企业 1253.86 万户，资本 39.31 万亿元；外商投资企业 44.60 亿户，注册资本 12.36 万亿元；个体工商户 4436.29 万户，资本总额 2.43 万亿元；农民专业合作社 98.24 万户，资本总额 1.89 万亿元。市场主体的结构也在发生演变。私营企业和个体工商户已成为我国市场主体增长的主要推动力量。2013 年，私营企业占市场主体的比例高达 82.1%，新设私营企业和个体工商户数量占新设市场主体总量的 96%。个人和家庭参与资源配置的程度也明显提高。1992 年，我国证券市场投资者开户数为 216 万户，2010 年增至 18858.28 万户，股票成交金额从 683.04 亿元增至 545633.54 亿元，每年发行的股票数从 20.75 亿股增至 928.37 亿股，股票筹资额由 94.09 亿元增至 11953.66 亿元。

二是政府对资源的行政控制力下降。在传统体制下，几乎所有资源，特别是生产性资源都是由政府来支配，通过计划或行政命令来配置。随着市场化推进，在社会可投资资源总量中，政府直接控制的比例下降了，而由市场配置的资源的份额明显提高了。明显的标志是，政府通过国有企业和财政渠道控制和支配的资源量明显下降了，而国有经济原来一直被认为是国家实现经济控制的标志和支配资源的手段。从规模以上工业企业来看，2012 年，国有经济在国民经济中的比重大幅度下降了。据报道，2013 年，中国民营经济占 GDP 的比例已经超过了 60%，据此测算，国有经济占 GDP 的比例已不到 40%。[①] 2012 年，规模以上工业企业中，国有企业和国有独资公司的企业数占总数的 2.9%，资产占 25.4%，主营业务收入占 15.6%，利润占 11.5%。在建筑业、商业零售、公路运输、餐饮服务业等部门中非公有制经济的比重更高，但在电力、电信、金融、保险等领域中，国有经济仍处于主导和控制地位。

从政府的财政吸取能力上看，1978 年财政收入和财政支出占 GDP 的比重高达 31.1% 和 30.8%，随着经济的市场化，这两个比重明显下降，1995 年下降到 10.3% 和 11.2%，2012 年为 22.6% 和 24.3%。财政收入和支出比重的下降过程在一定程度上反映了市场配置资源的比重呈上升趋势。

三是改革行政审批制度，自由企业制度逐步确立。自由企业制度和生产要素

① 《2013 年我国民营经济贡献 GDP 总量超过 60%》，http：//news. xinhuanet. com/2014 -02/28/c_119558098. htm。

的自由流动是市场配置资源的前提条件，而在我国，限制企业自由的主要是行政审批制度，因此，行政审批制度改革注定能够从根本上释放企业的经济活力。从1998 年开始，全国许多地方相继开展了行政审批制度改革，2002 年以来，国务院更是把行政审批制度改革作为一项重要工作来部署，至 2004 年，国务院各部门共取消和调整审批项目 1806 项，占审批项目总数的 50.1%。[①] 2002－2012 年，国务院又分六批共取消和调整了 2497 项行政审批项目，占原总数的 69.3%。

新一届政府加大了行政审批改革的步伐，并把其视为政府职能转换的一个关节点。截至 2014 年底，新一届政府先后取消和下放 700 多项行政审批事项，重点是经济领域投资、生产经营活动的项目，包括一些对企业投资项目的核准、涉及企业生产经营活动的许可、企业、社会组织和个人的资质资格认定等。更为重要的是，新一届政府提出实施“负面清单”制度和“权力清单”制度。“负面清单”制度，就是政府列出禁止和限制进入的行业、领域和业务清单，清单之外的领域都可自由进入，即“非禁即入”。负面清单制度只管企业“不能做什么”，而不管企业“能做什么”，企业能做什么让企业自己去判断和决策，这就大幅度压缩了政府审批范围，相应压缩了政府官员的自由裁量权和相应的寻租空间，从而为市场机制发挥作用提供很大空间。权力清单制度则是指对政府及政府部门行使的职能、权限以清单方式明确列出，行政机关履行职能、行使权力只能按照列出的权力清单进行，不在权力清单范围内的职能和权限，行政机关不得为之，即“法无授权即禁止”。权力清单制度规定“政府能做什么”，这样就把政府权力装进了“制度的笼子”。“负面清单制度”和“权力清单制度”清晰地划分了政府与市场的界限，在激发市场主体投资、创业积极性的同时，也限制了政府权力的不适当扩大。

第二，政府机构设置逐步与现代市场经济体制相契合。

政府机构改革与渐进改革步调基本合拍，在尽量保持政府框架不变的情况下，通过适应市场经济形势要求，不断进行机构调整和职能改造，逐步推进政府机构转型[②]。

我国政府机构是在建国初期建立并逐步发展起来的，以部门管理为主要特点。1982—2008 年，我国先后进行了六次较大规模的机构改革。1982 年机构改革，着力改变机构臃肿、层次繁多、人浮于事等状况，明确行政、事业、企业的界限，精简领导班子和干部队伍。1988 年机构改革，明确提出转变政府职能，

① 参见《全国行政审批制度改革取得重要进展和明显的成效》，http：//www.gov.cn/jrzg/2007－06/20/content_654347.htm。

② 除了适应市场经济形势的要求外（如加入 WTO），政府自身扩张带来的机构膨胀和办事效率低下同样也会成为机构改革的原因，但前者显然更为基本，它指明了政府改革的趋向并促使政府转变职能。

裁减专业管理部门和综合部门内设专业机构，减少专业部门对企业的干预，提高政府宏观调控能力。1993 年的机构改革不仅对中央地方关系做了重大调整，中央机构的改革也有新的进步，大多数专业部委被撤销。1998 年机构改革，实行政府机关与所办经济实体和直接管理的企业脱钩，同时大幅度裁并国务院组成部门，精简人员编制。2003 年的机构改革加强了宏观和执法监管部门，在机构设置上体现了政府对民生的关注和加入 WTO 的要求。2008 年机构改革在一些关键领域迈出重要步伐，一是加强政府的社会管理和公共服务职能，二是积极探索职能有机统一的大部门体制。新一届政府启动了新一轮政府机构改革，2013 年，十二届全国人大一次会议审议《国务院机构改革和职能转变方案》并对外公布。新一轮政府机构改革的重点是紧紧围绕转变职能和理顺职责关系，稳步推进大部门制改革，实行铁路政企分开，整合加强卫生和计划生育、食品药品、新闻出版和广播电影电视、海洋、能源管理机构。

从政府机构改革的历程来看，随着市场经济的深入，政府原有的计划管理部门随着价格放开、政企分开、生产要素自由流动等而逐步淡出，而适应市场经济新体制要求、履行“经济调节、市场监管、社会管理和公共服务”的政府部门逐步建立起来。

在进行机构改革的同时，法治政府建设上取得了相当大的进展，初步建立了与现代市场体系要求相适应的法律法规体系和政府规制框架，陆续出台了《行政复议法》《行政许可法》《全面推进依法行政实施纲要》《政府信息公开条例》等一系列重要法律法规和规范性文件，大大推进了依法行政。十八届四中全会通过的《中共中央关于全面推进依法治国若干重大问题的决定》进一步提出“深入推进依法行政，加快建设法治政府”的要求，将为政府职能转变提供法制基础。

第三，分权化和地方政府竞争。

在对中国经济高速增长因素进行的分析中，国内经济学界较为一致的观点是，分权改革给予地方政府较大的自主权，以及地方政府随着经济增长而获得的利益，构成了中国经济市场化和经济高速增长的重要原因。

从分权化角度解释中国经济转型和经济增长，Qian and Weingast① 提出了“市场维护的财政联邦制”，其中的两个主要方面：一是财政分权带给地方财政提留，并且地方政府的收入主要依赖于本地的经济活动而非上级转移支付，从而刺激地方推动当地经济增长。在中央只给政策（非歧视性的）不给资源的条件下②，地方政府会倾向于市场化改革，如放宽非国有部门的准入，树立产权保护意识等；再是，地方政府间竞争也会促使地方政府的亲市场行为，特别是为了吸

① Qian, Y. and Weingast, B., 1997, “Federalism as a Commitment to preserving Market Incentives”, Journal of Economic Perspectives. 11, 83 – 92.

② 这一点很重要，中国的分权化改革并没完全做到这一点（硬化预算约束）。

引流动性较大的生产要素（如资本）而竞争时更是如此①。

财政激励也许不能完全解释地方政府促进经济增长的动机。一些学者开始注意到政治集权下的官员晋升锦标赛对地方政府促进经济增长的激励②。特别是，当锦标赛的考核机制集中在像 GDP 这种易于量化的指标时，地方政府自然会为了 GDP 的增长而努力，即使没有财政激励也是如此。正是基于这一点，不少学者认为晋升锦标赛给地方带来的激励更能合理地解释为什么地方政府对经济增长有着如此强的动力③。

世界银行和国务院发展研究中心的研究报告认为，向地方分权的政策，激励地方政府在吸引投资、发展基础设施和改善营商环境方面进行竞争，动员各种资源积极实现本地发展目标，“事实上，地区之间的竞争成为推动中国经济增长的一个强大动力”。④

地方政府面对的财政激励和地方官员面对的晋升激励，以及地方政府拥有较大的发展经济自主权，再加上生产要素流动性的提高，对地方政府发展经济的积极性给予了较好的解释。正是在这些激励下，地方政府自然会推动各自属地企业间的市场交易行为，并为吸引外资而竞争，相应地放宽对各种生产要素流动的限制。这正是在法治尚不完善情况下市场成长和经济发展的动力。

第三节　政府职能转变滞后

改革开放 37 年来，政府职能一直在适应市场经济发展和经济全球化进程不断进行调整。但我国改革开放毕竟是从高度集中的计划经济体制出发的，渐进式改革也在某种程度上要求政府体系保持相对的稳定性。更为重要的是，政府在改革中始终处于强势地位，除非政府主动意识到自身改革的必要，或者面临较大的外部压力，否则，政府职能转变和行政管理体制变革就会或多或少地受到政府自身的干扰。这些干扰，除了政府舍不得放权和由此带来的利益外，另外一个同样重要的原因是，在法治不完善的情况下，政府很自然地期望自己能够替代市场，并起到推动市场发育的作用。这种设想尽管在主观上是好的，但由于其中的复杂关系，特别是“政府失灵”的影响，实际效果好坏参半。总结 37 年政府职能转

① Jin, H. , Qian, y. , and Weingast, B, 2005, “Regional Decentralization and Fiscal Incentives: Federalism, Chinese Style”, Journal of Public Economics , 89, 1719 – 1742.

② Blanchard O. , and Shleifer, A , 2000, “Federalism with or without Political Centralization: China versus Russia” NBER working paper no7616.

③ 周黎安：《中国地方官员的晋升锦标赛模式研究》，《经济研究》2007 年第 7 期。

④ 世界银行、国务院发展研究中心联合课题组：《2030 年的中国：建设现代、和谐、有创造力的社会》，中国财政经济出版社，2013 年 3 月，第 6 页。

变的历程，除了腐败和过高行政成本过高之外，主要存在以下问题。

一、越位、错位和缺位、不到位

政府职能转变在中国改革发展的总体进程中具有特殊重要意义。一方面，它是经济体制改革的中心环节，政府职能能否实现根本性转变，直接关系到完善的社会主义市场经济体制能否最终建立，能否实现经济发展方式的根本转换；另一方面，它又是政治体制改革的重要组成部分，或者说，是经济体制改革和政治体制改革的结合点。改革开放37年来，我国政府转型取得了明显的成绩，但与现代社会主义市场经济体制对政府职能的合理定位相比，政府职能转变明显滞后，主要表现为政府“越位”、“错位”和“缺位”、“不到位”并存。

政府“越位”、“错位”指政府干了本应该由市场、企业、个人和社会去干的事情；政府“缺位”、“不到位”是指本应该由政府履行的职责，政府却没有尽职尽责。

地方政府热衷于投资项目就是政府“越位”和“错位”的一个明显例子。地方政府以其控制的庞大资源兴办投资项目，或介入企业投资活动，形成了一轮又一轮的投资冲动。地方政府对经济活动，特别是投资活动的直接参与或干预，不仅是历次宏观经济波动的一个重要根源，而且是产能过剩的主要推手。根据相关数据，2012年底，我国钢铁、水泥、电解铝、平板玻璃、船舶的产能利用分别为72%、73.7%、71.9%、73.1%和75%，明显低于国际通常水平。另据中国水泥协会资料，2014年水泥利用率不到70%，水泥产业产能严重过剩没有得到实质性改善。除了这些传统产业产能过剩以外，有色、石化，如氮肥、电石等一度热销的产品也因供大于求而出现销售困难。一些新兴产业，也出现产能过剩，如太阳能电池产能过剩达95%，风电设备产能利用低于60%。产能过剩自20世纪90年代初就开始出现了，是我国经济发展中的一大顽疾，长期得不到根治，一个重要原因就是地方政府的投资冲动。中国水泥协会秘书长孔祥忠认为，中国水泥产业产能利用率过低的根本原因是企业非理性投资行为和地方政府一味上项目。地方政府为了追求GDP的快速增长，用优惠政策招商引资、吸引投资者上水泥项目。① 地方政府作为一个发展型政府，“实际上已经变成一个投资型企业，借助地方融资平台进行资本运作，且组织得像一个一般的公司，官员行为也更像企业老总，其中心任务是通过各种手段扩大投资，以便创造更多的GDP和更多的财政收入。于是，政府直接介入微观经济活动，成为市场竞争的重要主体，但又不承担市场竞争的后果。”②

---

① 《水泥产能利用率持续走低》，《人民日报》2015年1月12日。

② 张弛、张曙光：《靠市场化解过剩产能，促转型有赖深度开放》，《河北经贸大学学报》2014年第1期。

政府“越位”的另一个例子是政府至今仍保留着大量的行政性审批。李克强总理在《国务院机构职能转变动员电视电话会上的讲话》举了一家企业“审批难”的例子：“企业新上一个项目，要经过27个部门、50多个环节，时间长达6～10个月”。对1539家企业近三年审批情况的调查也表明了大致一样的情况：平均每家企业每年要向政府申报审批项目17.67个，单个项目涉及的审批部门平均为5.67个，审批程序平均为9.4道，受调查企业审批时间平均值为171.35天，其中最长约为1500天。[①] 在房地产行业，“从土地变成房子，要走哪些程序？”全国政协委员许家印说，2013年在全国130多个城市恒大集团开发项目的审批，“从买地到竣工交楼，再到给小业主办房产证，少的要盖50多个章，多的要盖110多个章”，“而且有一些是雁过拔毛的”；“这要用多少时间，提供多少资料，浪费多少人力物力财力？”；“行政审批时间一拉长，成本就上去了，房价也就上去了”。[②] 政府对企业投资项目的审批可能是为了防止重复建设和投资失误，初衷是良好的。但政府部门在没有拥有相关信息的情况下，也难以保证审批的科学性，失误同样难免。而且政府审批延误了投资时机，干扰了市场配置资源过程，负效应很大，企业负责人要花大量的时间和精力与政府部门打交道，而不是用于企业经营管理[③]。而且，伴随着管制和审批的是政府的滥收费，繁重的政府收费已使得中国个体私营企业的成本不断提高[④]。如果行政审批中夹杂着个人利益和部门利益，它扭曲资源配置的可能性和危害性就更大。

在政府“越位”和“错位”的同时，存在着大量政府“缺位”和“不到位”的现象。目前政府“缺位”突出表现在以下四个方面：信息基础设施、监管、社保和环保。

第一，社会经济赖以顺畅运行的信息基础设施还没有建立起来。产权的法律确认、公众财产和收入信息库、公民和法人信誉（诚信）信息库、养老、医疗账户全国统一信息库等等，这些都是现代市场经济赖以运行的信息基础设施。如果没有完善的信息基础设施，市场的运转就会存在摩擦和阻力，交易成本就会很高，有些交易甚至不能进行。对于产权法律确认的重要性，马克思早就有深刻的分析。马克思在《黑格尔法哲学批判》中指出，“占有，是一个事实，是不可解释的事实，而不是权利。只是由于社会赋予实际占有以法律的规定，实际占有才具有合法占有的性质”[⑤]。也就是说，即使占有已经成为事实，但如果不在法律

---

① 陈清泰、张永伟：《行政审批何其多》，《人民日报》2013年6月17日。

② 《许家印：房地产行业雁过拔毛的太多》，《新京报》2014年3月6日。

③ 王小鲁：《中国的市场化进程》，《中国经济时报》2003年3月20日。

④ 尹鸿伟：《告别‘收费政府’还有多远》，《南风窗》2007年第11期。

⑤ 马克思：《黑格尔法哲学批判》，《马克思恩格斯全集》第1卷，人民出版社，1956年12月，第382页。

上加以确认，它就还不能成为一种具有真正排他性的经济、社会权利。我国目前产权法律确认工作滞后的一个明显例子就是土地、农民房屋等财产的测量、登记、颁证等确权工作还远没有完成，阻碍了土地使用权有序流动、农业规模经营、农民财产抵押和农民的市民化进程等，并从根本上损害了农村土地市场的发育。财产和收入信息库、公民和法人信誉信息库、养老、医疗账户全国统一信息库是一个经济体的基本信息库，影响财税体制、交易透明度和风险、劳动力性流动，但这方面的工作才刚刚起步，远没有完成。

第二，没有有效履行监管职能。在市场经济条件下，政府的微观经济职能不多，但仍有一项重要的微观经济职能，那就是监管（包括经济监管和社会监管）职能，以保障市场交易秩序、产品质量安全、工作场所安全和环境安全。在这方面，政府没有尽到应尽职责，导致产品质量安全事件、生产安全事件、环境污染事件，商业欺诈和不公平交易事件频发，如“苏丹红”事件、“大头娃娃”（奶粉）事件、“三聚青胺”（牛奶）事件、“太湖蓝藻”事件，以及煤矿安全和建筑安全事件频发等等。

第三，公共服务职能不到位。教育、医疗、养老、环境保护是政府应该发挥重要职能的核心公共领域，但政府并没有把公共财政资源尽可能地投向这些领域，导致公共服务短缺和分布不均等。2012 年，在政府财政总支出中，教育支出占 16.86%，社会保障与就业支出占 9.99%，医疗卫生支出占 5.75%，节能环保支出占 2.35%，四项支出共占 34.95%，刚刚超过 1/3。因此，仅仅从财政支出结构上看，政府职能还没有转换到以提供公共服务为主上来。

二、政府仍控制过多经济资源

政府控制资源过多，是指政府实际控制的资源超过了在市场经济条件下政府履行自身应尽职能的需要，从而导致市场配置资源的功能没有得到充分发挥。当政府实际控制的资源超过了适度的规模，行政配置资源的弊端就会充分显露出来，同时还滋生着大量的腐败和寻租机会。

与传统体制相比，改革开放以来政府控制的资源在社会资源总量中的比例有所下降，但目前政府仍通过多种途径控制着庞大的资源。政府控制的资源首先是国有经济。经过多年的国有企业改革，国有经济的比重已明显下降。但问题是，政府退出的主要是那些竞争性领域中的中小企业，而垄断领域仍基本为国有企业所垄断，它们利用垄断地位获取超额利润，而且数量惊人。因此，政府没有多少动力去推动垄断国有企业的改革。目前，政府通过垄断部门的国有企业和竞争领域的优质国有企业控制着大量的经济资源。

各类政府收入是政府控制经济资源的常用方式。改革开放以来，政府财政收入占 GDP 的比例呈下降趋势，不过，从 2001 年开始，财政收入一直以超过 GDP

的速度增长。而且，除了规范的预算内收入外，各级政府及其职能部门，特别是地方政府，还通过各种途径获得了大量的预算外收入和非预算收入，这些收入由于监管困难，很多都被浪费在政绩工程、面子工程、在职消费（如豪华楼堂管所、轿车、出游考察、吃喝招待等）和人员福利上。

土地出让金和土地金融已经成为许多地方政府的第二财政。据最新公布的数据，2013 年，全国土地出让收入达 41250 亿元，创新历史新高，占地方政府基金收入的比重高达 86%。自 2008 年以来，全国国有土地使用权出让收入已经高达 15.6 万亿元。① 表 1 是 2008－2013 年的政府土地出让收入，不同年份虽有所波动，但总体趋势是逐年增加的。土地出让收入占 GDP 的比例已经由 2008 年的 3.30% 上升到 2013 年的 7.25%，这说明，政府通过土地出让收入的形式占有了高速经济增长所带来的相当一部分财富和收入增量。土地出让收入与政府财政收入的比例很高，2008 年为 16.92%，2013 年上升为 31.94%，说明政府通过土地出让收入吸取了相当一部分经济资源。土地出让收入主要为地方政府所有，土地出让收入占地方政府可支配财力的比例相当高。有学者估计，2004－2012 年，土地出让收入占地方财政收入（本级）的比例多数在四成到七成之间。② 实地调研也证实了这一点。2001－2009 年，处于东部地区的 Z 镇土地出让收入占可支配财力的比例平均高达 67.24%（见表 2），这在全国，特别是在经济发达省份具有典型性。而在土地财政的背后是土地原使用者利益的损失，由此引起的群体性事件已经成为近年来最突出的经济社会矛盾之一。

表 1　2008－2013 年政府土地出让收入　（单位：亿元，%）

年份	土地出让收入	占 GDP 的比例	与财政收入的比例
2008 年	10375	3.30	16.92
2009 年	13964.76	4.10	20.38
2010 年	29109.94	7.25	35.03
2011 年	33173	7.01	31.94
2012 年	28517	5.50	24.32
2013 年	41250	7.25	31.94

① 《房价数据背离真相怪谁？政府去年土地收入首超 4 万亿》，http://opinion.hexun.com/2014－02－18/162259068.html。

② 《今年卖地收入将再破 3 万亿 占地方财政收入比重约 50%》，《第一财经日报》2013 年 12 月 30 日。

表2 东部某镇土地出让收入占可支配财力的比例 （单位:%）

年份	预算外收入占可支配财力的比例	土地出让收入占预算外收入的比例	土地出让收入占可支配财力的比例
2001 年	87.25	64.21	56.02
2002 年	85.06	85.18	72.45
2003 年	94.58	96.33	91.11
2004 年	80.09	83.89	67.19
2005 年	79.28	69.28	54.92
2006 年	83.08	64.16	53.30
2007 年	85.39	76.88	65.65
2008 年	65.69	51.66	33.93
2009 年	82.47	87.34	72.03
平均	83.47	80.55	67.24

资料来源：胡家勇：《地方政府“土地财政”依赖与利益分配格局——基于东部地区 Z 镇调研数据的分析和思考》，《财贸经济》2012 年第 5 期。

政府债务也是政府控制和实际占用资源的一种重要方式。根据国家审计署 2013 年 12 月发布的全国政府性债务审计结果公告，截至 2013 年 6 月底，全国各级政府负有偿还责任的债务 206988.65 亿元，负有担保责任的债务 29256.49 亿元，可能承担一定救助责任的债务 66504.56 亿（详见表 3）。① 照此计算，2012 年，各级政府负有偿还责任的债务与 GDP 比例已经达到 39.9%，是当年财政收入的 1.77 倍。政府性债务在我国经济社会发展、基础设施建设和改善民生等方面发挥了重要作用，且目前仍处于可控范围内，但考虑到地方政府支出有许多不合理的地方，巨额债务潜藏着大量经济资源的浪费。

① 见国家审计署网站：http：//www. audit. gov. cn/n1992130/n1992150/n1992500/3432077. html。

表3　全国政府性债务规模　（单位：亿元）

年度	政府层级	政府负有偿还责任的债务	政府或有债务	
			政府担保责任的债务	政府可能承担一定救助责任的债务
2012 年底	中央	94376.72	2835.71	21621.16
	地方	96281.87	24871.29	37705.16
	合计	190658.59	27707.00	59326.32
2013 年 6 月底	中央	98129.48	2600.72	23110.84
	地方	108859.17	26655.77	43393.72
	合计	206988.65	29256.49	66504.56

资料来源：国家审计署网站：http：//www.audit.gov.cn/n1992130/n1992150/n1992500/3432077.html。

政府控制金融资源是我国政府控制经济资源的一种重要方式。我国金融体制改革滞后于整体改革，绝大多数金融机构为政府所有，或政府控股，政企不分、政资不分严重，政府有很多方式来控制金融资源的配置，金融资源的流动明显受政府政策、审批和官员的影响，大部分流向了国有部门或国有控股部门。

在政府实际控制大量资源的情况下，市场秩序的自然演进就会受阻，政府对资源的行政配置会压制市场配置资源的作用，而扭曲的市场会加剧各种不平等和不均衡。

三、政策失效

政策失效是指政府政策没有达到预期目的，甚至适得其反。现实经济生活中不难找到政策失效的例子，2009 年以来以房价调控为目标的房地产政策失效就是一例。

2009 年，我国房价开始进入新一轮上涨周期。在之前刺激政策的作用下，2009 年上半年房价开始出现普遍上涨，北京、上海等大城市房价上涨更加迅猛。为了抑制房价的过快上涨，2009 年 6 月以来，国务院和相关政府部门密集出台了大量以抑制房价过快上涨为目标的调控政策，且越来越严厉，行政色彩越来越浓。政策措施包括差别化利率、限贷、限购、限价、增加土地供应、加快保障房建设、强化市场监管等等，这些政策一定程度上减缓了房价过快上涨的势头，但并没有达到设想的政策目标，更不用说购房者的愿望。统计数据显示，在 2009 年以来房价调控政策的密集出台期，我国房价仍一直处于上升态势，商品房平均销售价格涨幅一直都在 6% 以上（见表 5），一线城市房价上涨速度更是惊人。房价上涨带来可供出租房屋的相对减少和租房需求的相对增加，继而导致房屋租金

的上涨，这对低收入群体，特别是刚入职的年轻人造成非常不利的影响。

表4 2009年9月至2013年2月出台的主要房地产调控政策

时间	调控政策重点
2009年12月9日	国务院常务会议决定，将个人住房转让营业税征免时限由2年恢复到5年
2009年12月14日	国务院颁布《完善促进房地产市场健康发展的政策措施》（简称“国四条”），提出增加有效供给、抑制投机、加强监管、促进保障房建设等四大举措
2009年12月22日	财政部、国家税务总局颁布财税〔2009〕157号文，规定“个人将购买不足5年的非普通住房对外销售的，全额征收营业税”
2010年1月7日	国务院颁布《关于促进房地产市场平稳健康发展的通知》（简称“国十一条”）：“加快中低价位、中小套型普通商品住房建设”，“增加住房建设用地有效供应”，“加大差别化信贷政策执行力度”，二套房首付比例必须不低于40%
2010年3月10日	国资委要求78户不以房地产为主业的中央企业，在15个工作日内制订有序退出房地产业的方案
2010年4月17日	国务院颁布《关于坚决遏制部分城市房价过快上涨的通知》（简称“新国十条”）。实行更为严格的差别化住房信贷政策：首套自住房且套型建筑面积在90平方米以上，首付款比例不得低于30%；二套首付比例不得低于50%，利率不得低于基准利率的1.1倍；第三套及以上，首付比例和贷款利率应大幅度提高。商品住房价格过高、上涨过快、供应紧张的地区，可暂停发放三套及以上住房贷款；对不能提供1年以上当地纳税证明或社会保险缴纳证明的非本地居民暂停发放购买住房贷款；地方人民政府可根据实际情况，采取临时性的措施，在一定时期内限定购房套数

时间	调控政策重点
2011年1月26日	国务院颁布《关于进一步做好房地产市场调控工作有关问题的通知》（简称“新国八条”）：2011年，全国建设保障性住房和棚户区改造住房1000万套；个人购买住房不足5年转手交易的，统一按其销售收入全额征税；对贷款购买第二套住房的家庭，首付款比例不低于60%，贷款利率不低于基准利率的1.1倍；各直辖市、计划单列市、省会城市和房价过高和上涨过快的城市，在一定时期内，要从严制定和执行住房限购措施，对拥有两套住房的当地居民家庭、拥有1套住房非当地居民家庭，以及无法提供一定年限当地纳税证明或社会保险缴纳证明的非当地居民家庭，暂停在本行政区域内向其售房
2011年7月12日	国务院颁布《关于国务院常务会议研究部署加强房地产市场调控的通知》（简称“新国五条”）：严格落实地方政府房地产市场调控和住房保障职责；继续严格实施差别化住房信贷、税收政策和住房限购措施，遏制投机投资性购房，合理引导住房需求，房价上涨过快的二三线城市也要采取必要的限购措施；规范住房租赁市场，抑制租金过快上涨
2013年2月20日	国务院颁布“新国五条”：在限购区域、限购住房类型、购房资格审查等方面，按统一要求完善限购措施；严格实施差别化住房信贷政策；扩大个人住房房产税改革试点范围；增加普通商品住房及用地供应；全面落实2013年城镇保障性安居工程基本建成470万套、新开工630万套的任务

表5　我国商品房平均销售价格和住房租金上涨情况

年份	商品房平均销售价格（元/平方米）	商品房平均销售价格涨幅（%）	住房租金平均涨幅（%）
2009年	4681	23.18	1.6
2010年	5032	7.50	4.9
2011年	5357	6.46	5.3
2012年	5791	8.10	2.7
2013年	6237	7.70	4.1

政策失效的原因是多方面的。第一，政策本身可能存在问题。应该承认，政

府在决策时往往会面临信息约束，即政府不可能对决策对象的实际情况和运行规律，以及政策的作用机理完全了解。在这种情况下，决策失误的可能性就难以避免。蒂莫斯·贝斯利对这一点作了分析，他指出："政府并不是全能的上帝，不可能在介入某一经济活动时对政策过程的各种可能情况都有完全的把握"，而"任何一种形式的无知都有可能导致政策决断的失误"。[①] 政府试图调节微观经济活动、控制市场交易行为和交易价格的政策需要大量的微观信息，而这些信息是极度分散和隐秘的，政府获取和处理这样的信息是极度困难的。因此，政府出台微观干预政策，如价格控制、产品和服务配给、信贷和生产要素配给等，所面临的信息约束更严厉，失误的可能性更大。

第二，经济体制转型期，政策效果在很大程度上受到中央与地方关系的影响。分权化改革既给了地方更多的独立利益，也给了地方更多的经济权力，从而形成中央与地方的博弈关系。地方政府往往会根据自身利益来选择性地执行中央政策，造成中央政策在执行过程中的扭曲。当许多地方政府都按自身利益行事时，就会造成大面积的违规行为，形成法不责众的局面。还以房价调控为例，中央房价调控政策之所以没有达到预期效果，其中一个重要原因就是，地方政府出于自身利益的考虑（如获取土地收入），大多不愿主动把中央的调控措施落到实处。

第三，部门利益和既得利益集团利益也会导致政策失效。对某些部门而言，凡是能巩固、谋取部门利益的政策，则积极"作为"；凡是与部门利益相抵触、难以谋取部门利益的政策，则消极"不作为"[②]。不同部门有不同的利益诉求，削减了宏观调控的效力[③]。在部门利益膨胀的同时，各种利益集团迅速产生和发展起来，它们也对公共政策的制定和执行产生广泛而深远的影响。总之，部门利益和利益集团的影响会导致政策迟滞和无效。

第四节 实现政府职能的根本转变

加快政府职能转变，构建有效政府是全面深化改革、完善社会主义市场经济体制和实现经济发展方式转换的关键。总结改革开放 37 年政府职能转变的经验教训，结合社会主义市场经济体制的内在要求，加快转变政府职能需要从以下几个基本方面着手：

---

① Timothy Besley, 2006. Proncipled Agents? The Political Economy of Good Government. Oxford University Press.

② 江涌：《警惕部门利益膨胀》，《瞭望新闻周刊》2006 年第 41 期。

③ 国土资源部为了保护耕地，限制土地开发数量。但快速城市化，再加上地方政府和房地产商操纵市场，直接导致了开发用地紧张，致使房价快速上涨。

第一，按照社会主义市场经济的内在逻辑，合理界定政府职能，避免政府“越位”和“缺位”。

社会主义市场经济是现代市场经济，按照现代市场经济的内在逻辑来界定政府职能，必须遵循一个基本理念，那就是“让市场在资源配置中起决定性作用”。东西方国家的实践证明，市场机制是迄今为止人类所拥有的最为有效的资源配置工具，因为市场机制能够以最快的速度、最廉价的费用、最简单的形式把资源配置的信息传递给利益相关者，而利益相关者又能够自主决策并做出迅速的反应，从而使各类资源处于有效流动和动态优化配置之中。

市场经济之所以能够实现资源的最佳配置，主要原因是在市场经济中有三条重要规律在起作用，即价值规律、供求规律和竞争规律。价值规律迫使企业不断进行技术、组织和管理创新、降低生产成本，最大限度地提高劳动生产率。供求规律则调节着不同商品的供求关系，从而促使生产要素在不同产品、不同产业、不同地区之间不停歇地流动，保证各类资源投入到社会最需要的领域和环节。从长期来看，通过供求规律的动态调节，市场机制可以改善和优化经济结构。从这种意义上讲，市场机制可以缓解我国长期以来存在的重复投资和产能过剩这一经济顽疾。竞争规律迫使优胜劣汰，使资源流动到最能有效利用它们的人手中，最终使消费者得到物美价廉的产品和服务。前西德总理、经济学家艾哈德在《来自竞争的繁荣》一书中高度评价竞争作用，他说：“竞争是获得繁荣和保证繁荣最有效的手段。只有竞争才能使作为消费的人们从经济发展中受到实惠。”①

从更深层次上讲，市场经济的最大优势在于，它通过市场中错综复杂的网络和千丝万缕联系，动员起了潜藏在千百万人中的财富、资源、知识、信息、技能和各种潜在的创造力，使它们成为生产力发展的不竭源泉。人民群众是财富的创造者，而市场机制是动员人民群众参与财富创造的好机制。而且，在社会主义市场经济中，人民群众不仅创造着财富，同时也通过市场机制分享着财富，享受着选择的自由。

因此，绝大部分资源配置活动和基于个人偏好的选择，都应该交给市场和选择主体，同时把相应的责任和风险分散出去。政府只做那些市场做不好或做起来不经济的事务。从这一逻辑出发，在社会主义市场经济中，政府的基本职能有三个：一是宏观调控，以构建均衡的宏观经济环境，熨平经济波动周期，形成良好的经济预期；二是经济、社会监管，以保障安全的生活、生产环境，维护公平竞争的市场秩序；三是提供公共服务，以构建社会安全网，保障社会公平正义和基本人权，实现社会整体福利的提升。《中共中央关于全面深化改革若干重大问题的决定》对政府职能作了清晰的表述：“政府的职责和作用主要是保持宏观经济

---

① 路德维希·艾哈德：《来自竞争的繁荣》，商务印书馆，1987 年，第 11 页。

稳定，加强和优化公共服务，保障公平竞争，加强市场监管，维护市场秩序，推动可持续发展，促进共同富裕，弥补市场失灵。”在明确界定了政府职能以后，政府就应该把自己支配的资源，包括税收收入和其他规范非税收入，以及行政能力，集中投入到自己应尽的职责上来。

第二，把政府支配的资源量控制在政府履行自身应尽职能的水平上。

回顾政府职能转变的历程，不难看出，如果不把政府支配的资源保持在政府履行应尽职能所需要的合理水平上，政府职能就不可能实现根本性转变，政治对经济的僭越就不可避免，经济主体对政府的依赖也就不可避免。就目前的情况看，应该减少政府支配的经济资源总量。把政府支配的经济资源减少到合理水平，就能为市场配置资源释放尽可能大的空间，同时为那些与政府谈判力较弱，但能够对经济增长做出更大贡献的要素所有者创造出更宽松的环境。政府减少对经济资源控制，也就降低了政府扭曲要素配置和要素价格的可能，同时增加政府作为市场公平竞争维护者的可能。如果让市场来做更多的选择，政府政策偏差将会小许多。当企业而不是政府成为经济增长的基本诉求者和推动力时，将能够淡化依靠锦标赛和地区间竞争推动经济增长的作用。政府更有可能把注意力转移到保护产权、维护市场秩序、管理宏观经济和提供公共产品上来。

第三，理顺政府间关系。

涉及两个方面：一是合理配置政府间事权和财权；二是建立科学的官员政绩考核体系。在科学界定政府职能的前提下，地方分权格局不能改变。分权的实质就是使公共政策的决策者尽可能靠近他所影响的公众。对于地方公共事务，地方政府通常拥有信息优势，地方政府的决策往往更有利于民众的参与，地方政府的行为往往更易于监督。在明确划分事权的基础上，合理划分政府间财权，使财权与事权相匹配，同时建立起科学、规范、透明的政府间财政转移支付体系。对政府官员的考核要改变以往以 GDP 为核心的状况，建立起以科学发展观和民生状况为指导的政绩指标考核体系，除 GDP 增长外，尽可能把社会安全状况、环境质量、居民收入、就业水平、生活水平，乃至居民的日常生活感受纳入到官员政绩考核之中。更为重要的是，要把政府的公共服务对象——公众——对政府施政的满意度和个人感受纳入到官员的政绩考核之中，让辖区内公众的自主评价能够切实影响到官员的仕途，同时加大新闻媒体的监督作用。只有这样，目前存在的各级政府之间的策略博弈才能得以缓解，新型的政府间关系才能确立起来。

第四，建立有效的政府治理结构。

“推进国家治理体系和治理能力的现代化”有赖于建立有效的政府治理结构，而对政府权力实施有效约束是建立有效政府的重要前提。法治是建立良好政府治理的基石，改善政府治理的首要任务是建立法治政府，用法律规范和制约政府权力，使之在法律框架内运行。政务活动信息的公开、透明和相对自由流动对于提高政府效率、方便公众参与，从而改善政府治理也很重要。政务公开会把政府及其工作人员直接置于公众的监督之下，而公众的监督是一种最为广泛、最为持久，也是最为有效的监督。

第五，加快推进公共服务领域改革。

公共服务领域是政府的主要职能领域，也是目前问题很多、公众反映最为强烈的领域。对于公共服务领域的改革，有三点值得强调：一是强化政府的公共服务责任，特别是投入责任，提高基本公共服务的水平和质量；二是改革政府履行公共服务职责的方式，使其与现代市场经济的运行机理相融合，具体而言，政府将主要通过规划、支出和监管的方式履行提供公共品和公共服务的职责；三是在公共服务领域引进竞争机制和非政府力量，通过建立公私伙伴关系，提高公共服务的品质和效率。

参考文献

《中共中央关于全面深化改革若干重大问题的决定》，人民出版社，3013 年 11 月。

威廉·鲍莫尔、罗伯特·利坦和卡尔·施拉姆：《好的资本主义坏的资本主义，以及增长与繁荣的经济学》，中信出版社，2008 年。

陈晓《土地出让金审计锁定 10 大重点城市》，《21 世纪经济报道》2007 年 5 月 15 日。

约翰·麦克米兰：《市场演进的故事》，中信出版社，2006 年。

拉古拉迈·拉詹、路易吉·津加莱斯：《从资本家手中拯救资本主义：捍卫金融市场自由，创造财富和机会》，中信出版社，2004 年。

招商银行和贝恩公司：《2011 中国私人财富报告》。

世界银行、国务院发展研究中心联合课题组：《2030 年的中国：建设现代、和谐、有创造力的社会》，中国财政经济出版社，2013 年。

白重恩，杜颖娟，陶志刚，仝月婷：《地方保护主义及产业地区集中度的决定因素和变动趋势》，《经济研究》2004 年第 4 期。

陈抗、Hillman、顾清扬：《财政集权与地方政府行为变化——从援助之手到攫取之手》，《经济学（季刊）》2002 年第 1 期。

陈健：《财政联邦制、非正式财政与政府债务》，《财经研究》2007 年第 2 期。

郭庆旺，贾俊雪：《地方政府行为，投资冲动与宏观经济稳定》，《管理世界》2006 年第 5 期。

胡家勇，陈健：《转型经济理论述评》，《中南财经政法大学学报》2003 年第 1 期。

江涌：《警惕部门利益膨胀》，《瞭望新闻周刊》2006 年第 41 期。

津加莱斯《从资本家手中拯救资本主义：捍卫金融市场自由，创造财富和机会》，中信出版社，2004 年版。

刘家新《政府储蓄的形成：从财政收支角度所作的考察》，《财经科学》2002 年第 1 期。

科勒德克：《从休克到治疗：后社会主义转型的政治经济》，上海远东出版社，2000 年版。

刘尚希，赵全厚：《政府债务：风险状况的初步分析》，《管理世界》2002 年第 5 期。

钱颖一：《政府与法治》，《比较》2003 年第 5 期。

汤敏：《减少企业与政府储蓄 调节经济失衡的一步活棋》，《中国发展观察》2006 年第 9 期。

王小鲁：《中国的市场化进程》，《中国经济时报》2003 年 3 月 20 日。

魏杰，董进：《改革开放后中国经济波动背后的政府因素分析》，《中央财经大学学报》2006 年第 6 期。

张弛，张曙光：《靠市场化解过剩产能，促转型有赖深度开放》，《河北经贸大学学报》2014 年第 1 期。

魏加宁：《中国地方政府债务风险与金融危机》，《商务周刊》2004 年第 5 期。

吴敬琏：《政府职能转换是经济升级的核心》，《经济参考报》2005 年 9 月 18 日。

吴敬琏：《市场经济应防止陷入“权贵资本主义”》，《决策与信息 · 财经观察》2002 年第 1 期。

谢晓波，黄炯：《长三角地方政府招商引资过度竞争行为研究》，《技术经济》2005 年第 5 期。

张军：《分权与增长：中国的故事》，《经济学季刊》2008 年第 1 期。

周黎安：《中国地方官员的晋升锦标赛模式研究》，《经济研究》2007 年第 7 期。

周天勇：《高增长为何没有带来高就业》，《山东经济战略研究》2007 年第 6 期。

王晓齐《我国国有经济分布特点及结构问题》，《经济研究参考》，2006 年第 23 期。

尹鸿伟：《告别‘收费政府’还有多远》，《南风窗》2007 年第 11 期。

Timothy Besley, 2006. Proncipled Agents? The Political Economy of Good Government. Oxford University Press.

Barneet, S. and Brooks, R. , 2006, “What's Driving Investment in China?”, IMF working paper wp/06/265.

Blanchard O. , and Shleifer, A. 2000, “Federalism with or without Political Centralization: China versus Russia” NBER working paper no7616.

Cai, H. , and Treisman, D. , 2004, “State Corroding Federalism”, Journal of Public Economics 88, 819 – 843.

Jin, H. , Qian, y. , and Weingast, B. , 2005, “Regional Decentralization and Fiscal Incentives: Federalism, Chinese Style”, Journal of Public Economics , 89, 1719 – 1742.

La Porta, R. Lopez – de – Silanes, F. Shleifer, A. , Vishny, R. W. , 1998, “Law and finance”, Journal of Political Economy, 106, 1113 – 1155.

Hellman , S, Jones, G. , Kaufmann, D. , 2000, “Seize the State, Seize the Day: State Capture, Corruption, and Influence in Transition ”, World Bank Policy Research Working Paper, No. 2444.

Holmstrom, B. and P. Milgrom, 1991, “Multitask Principal – Agent Analyses”, Journal of Law, Economics, and Organization 7, 24 – 52.

Qian, Y. and Weingast, B. , 1997, “Federalism as a Commitment to preserving Market Incentives” , Journal of Economic Perspectives. 11, 83 – 92.

第二章　政府间责权重置

加快政府职能转换，需要在各级政府间合理配置政府权责。在市场经济条件下，政府权责配置要与现代市场经济运行的内在规律相吻合，要着眼于国家治理体系和治理结构的现代化，符合政府间分工的一般规律，权责明确，权责对称。

第一节　政府职能和职责

一、政府职能

科学处理政府与市场、社会之间的关系决定着政府职能的合理化，进而决定政府间职责分工的合理化。因此，经济体制改革的核心是正确处理政府与市场、社会的关系。划清政府与市场、社会的边界，必须尊重现代市场规律，让市场在资源配置中发挥决定性作用，以公众利益最大化和维护社会正义为基点，恰当、适度地发挥政府作用，充分发挥社会力量在经济发展和社会进步中的积极作用。应遵循“市场、社会优先”的原则，凡市场、社会能做好的就交由市场和社会去做；凡市场、社会能做但做不到位的，由政府发挥辅助作用；凡市场、社会做不到的，由政府牵头承担或组织相关资源配置。创新政府履行职能方式，充分引入市场机制。

根据上述一般原则，在社会主义市场经济条件下，我国政府职能应定位在“国家安全、社会公平、公共服务、规范市场、国资监管”。具体如下：

一是维护国家主权和政权运转。维护国家独立、主权和领土完整；维持国家机器正常运转，维护社会秩序，保障人民群众正常生产、生活和权益。

二是维护社会公平。保障和改善民生，促进基本公共服务均等化。通过正确的税收政策和收入政策维护分配的公平性，通过构筑社会保障体系建立社会安全网，为经济社会发展创造良好的外部环境。

三是提供公共产品和服务。包括事关国计民生的能源、交通、水利等基础设施与城镇市政工程设施。

四是规范市场和经济调节。建立市场规则，维护市场秩序；调节经济周期、

经济结构；调节经济布局，促进城乡间、地区间均衡发展。

五是管理国有资产。包括经营性国有资产、公共服务类和政权类国有资产以及国有土地、矿产等自然资源。

上述五类政府职能派生出以下十五项政府职责：

国家主权和政权运转类：(1) 国际合作、国际组织、国际事务和国际关系；(2) 维护国家主权、维持武装力量；(3) 国家立法、司法、行政等政权建设和运转；(4) 维护政治稳定和社会秩序。

民生保障和社会公平类：(1) 保障基本民生需要，促进基本公共服务均等化；(2) 调节不同地区和居民的收入，促进社会公平；(3) 提高社会保障程度，保证人民群众基本生存条件。

公共设施和市政工程类：(1) 提供电力、油气等基础产业，以及铁路、公路、航空、水运、通讯、邮电、水利等基础设施；(2) 提供城镇给水、排水、供气、供热、城市道路、公共交通、供电、环境卫生、垃圾处理、园林绿化等市政公用设施。

规范市场和经济调节类：(1) 建立市场规则，规范微观主体行为，维护市场秩序，提供良好的市场环境；(2) 调节经济周期波动、产业结构，促进充分就业、物价稳定、国际收支平衡、经济增长；(3) 调节国民收入分配格局中的国家、企业、居民占比及三部门内部的分配关系。

国有资产和公共资源类：(1) 管理经营性国有资产，包括金融业和非金融业；(2) 管理公共服务类和政权类国有资产；(3) 管理国有土地、矿产、水源、森林、草原、滩涂、大气、空域等自然资源。

第二节　现行政府间责权配置的主要问题

一、政府职责范围界定不够明确

政府与市场、政府与社会在资源配置中的地位、作用不清，政府职能存在缺位、越位、错位情况。哪些职责和支出应该由政府负责，哪些职责和支出应该由社会承担，缺乏清晰的界定和规范的制度规定，存在很大的随意性。一些应该由政府负责的义务教育、基础科研、公共卫生、基本医疗、社会保障、文化事业等经费，远远没有到位；有的事项，如“希望小学”，却将职能和支出责任推给了市场，淡化了社会事业的公益性；而有些应该由企业或民间投资的企业技术改造、扩大再生产等，却由政府直接投资，使政府承担了沉重的支出责任。尽管一个时期以来政府收入连年大幅度增长，但地方政府仍然入不敷出，累计举借了规模巨大的政府性债务。

二、政府间职责划分不够清晰

一是中央与地方政府之间职责划分不细。1993 年国务院《关于实行分税制财政管理体制的决定》，对划分中央与地方职责和权限做了框架性规定，但未及细化，加之在政府与市场、社会关系上处理有所不当，在实际执行中难以具体落实。这种状况导致中央与地方之间责任不够清晰，既不利于政府统筹履行职能，也难以考核政府责任的落实情况。

二是地方各级政府之间职责划分不够合理。目前，省级政府除了保障本级政府履行职能所需支出和辖区内总体调控所需支出外，承担的具体支出事务较少，却掌握了很大的资金分配权。大量的支出事务，如支农、教育、卫生、社保、城乡建设和公共安全等，主要由市、县政府承担，而财政自给能力较弱的基层政府财力较少，主要依赖上级补助，导致“支出责任多在基层、财力分配多在上级”的不合理局面，造成基层政府的支出责任与事权不相适应、支出责任与财力不匹配。

三、政府收入体系存在结构性问题

一是政府收入总量中可统筹的公共财政收入比重偏低，规范程度不足。2012 年，全国公共财政收入（包括税收收入和非税收入）占全口径政府收入的比重为 71.6%，不可统筹的社会保险基金、政府性基金和国有资本经营预算收入占 28.4%。在一些基层政府，政府收入中税收之外的收入甚至超过税收收入的数倍之多。政府性税收外收入规模过大，既不利于规范财政收入的征管秩序，也不利于财政资金的合理使用。

二是税制结构不合理。近些年，我国间接税收入占比接近 70%，高于经济合作与发展组织（OECD）所有成员国。按照税收的基本原理，间接税主要体现普遍负担原则，其基本功能是筹集资金，但在收入分配上具有累退性；而所得税和财产税的基本功能侧重于调节收入分配。在改革开放初期，由于我国居民的收入和财产很少，税收的调节收入功能很弱。目前，居民之间的收入差距已经很大，亟需加强税收调节，但所得税和财产税所占比重偏低的格局仍未从根本上扭转。总体看，我国现行的税制结构，筹集财政收入的功能比较强，调节收入分配、促进发展方式转变和经济结构调整的功能比较弱。同时，有些税种独大，如增值税，导致各地千方百计抢投资、抢总部，扭曲市场机制和经济规律。

三是地方税体系建设严重滞后，地方政府缺乏稳定的收入来源。目前，五级政府间的收入划分以增值税、所得税等大税种的共享收入为主。地方税收入中，大宗税种仅有营业税，而由于营业税有明显重复计征之弊，不利于产业分工细

化。“营改增”全面推开后，作为地方税主体的营业税大头归中央，致使本已偏弱的地方财力“雪上加霜”，从根本上、制度上解决地方税问题迫在眉睫。

四、财政转移支付制度不够规范

一是转移支付总量过大。2012 年，中央和地方政府收入占比分别约为 48% 和 52%，支出占比分别约为 15% 和 85%，约 33% 的收入由中央先集中再向地方转移，涉及资金规模近 4 万亿元。

二是转移支付结构不够合理。转移支付体系应该以一般性转移支付为主，专项转移支付为辅。但在实际工作中，却出现专项转移支付规模持续大幅度增长的不合理情况。大量专项转移支付由中央部门安排下达项目，不利于地方统筹安排财力，有些项目安排也不完全符合地方的实际需要。很多专项转移支付项目要求地方配套资金，有些项目的配套比例甚至高达 70% 以上。在地方自有财源严重不足的情况下，再由地方用自有财力安排配套资金，更加剧了地方财政收支紧张的矛盾。

三是专项转移支付管理成本高、效率低、针对性差。每年上万亿的专项转移支付资金，由中央部门确定项目下达到省级财政，再由省级部门下达到市、县财政，环节很多，工作量很大。一些基层政府部门为争取专项转移支付资金，层层向上级汇报，成本很高。一些项目审批和资金分配的透明度不高，容易滋生腐败和分配不公。不少专项转移支付项目下达较晚，有些甚至到年底都难以下达，造成年终大量资金结转和闲置。有关部门对专项转移支付重分配、轻管理，难以实施有效的绩效评价和执行监督，影响财政支出效果。

第三节 政府间责权划分的国际经验

一、政府间职责划分的国际经验

1. 典型案例

(1) 德国。

德国政府间职责由《德国基本法》(现行宪法) 规定。其中“第 8 章 联邦法律执行与联邦行政”对各级政府国内行政事务与社会公共事业的管辖范围及管理权限做出了明确的界定；“第 10 章 财政”中对各级政府的支出责任和财权匹配也做出了清晰的规定，对税收收入的分配做了具体的划分（见表 1)。

表 1　德国政府间职责划分

联邦政府	国家安全与防卫、外交事务与国际组织机构、基本社会保障、造币与货币发行管理、海关与边境管理、国家级科研项目开发、基础性科研项目资助、全国性交通运输基础设施建设与管理（包括铁路、水运、航空、邮电、高速公路、远程公路等）、跨区域综合经济协作与开发（包括资源性开发）、农业补贴及经济结构调整等政策性支出、国有企业与国有资产的经常性支出、联邦政府机构行政事务性支出等
州政府	社会保障、高等教育、专业中等教育、治安警务与司法管理、文化体育事业、卫生防疫与环境卫生、健康医疗体系建设、住房保障、科学研究与技术开发应用、州级公路建设与维护、区域经济结构与农业结构调整及改善、河湖海岸养护与管理、州级政府机构行政事务与管理、承担法定的联邦政府委托的基础经济建设项目（如能源开发利用、交通基础设施建设等）
地方政府	本区域基础设施建设、区域内治安保护、社会救济与社会援助、幼儿园与小学教育、地市级公路建设、区域内公共交通网络建设与运营、公用事业建设与发展（包括供水、供电、供煤、能源利用、垃圾与污水处理等）、公共福利、文化设施、成人教育、社区服务、地市一级政府机构行政事务与管理、承担法定的联邦以及州政府委托的具体工作项目（如人口普查、突发事件处理等）

资料来源：《德国基本法》。

（2）美国。

美国各级政府的地位和权力以法律所确定的条文为依据。根据美国宪法，联邦和州政府纵向分权，两者在各自权限范围内都享有独立的权力。但联邦政府地位高于州政府，具有优先权。在联邦与州的权限划分上，联邦中央的权力采取列举制，即联邦宪法明确规定中央所应具有的权力，主要包括：联邦级行政、国防、外交、征税、借款和货币发行；对州、地方政府的补助；规定对内对外贸易政策；统一全国度量衡；管理全国邮政；统一版权与专利；社会保障；对能源、环境、农业、住宅、交通等项目的资助等。州政府主要负责联邦中央政府职责以外的州管辖的事务，主要包括：州级行政、社会福利、教育、债务、基础设施、州内工商业管理和交通等。

在分权体制下，联邦和州除了依据宪法各自拥有的“专有权力”外，还同时拥有一部分共同行使的权力，主要包括：征税、借款、设立银行和公司、设立法院、制定和实施法律、举办社会福利、为公共目的而征用财产等。

地方政府的职责权限由州宪法和相关法律规定，主要负责地方行政管理、治安、消防、交通管理、公用事业、地方教育和地方基础设施投资建设与管

理等。

从政府间支出责任划分来看，一般来说，联邦政府主要负责全国性公共产品和使全体公民受益的服务性开支，主要项目包括外交、国防、空间科学技术、大型公共工程、农业补贴、社会保障、联邦行政管理费用等，重点是军事、退伍军人福利、社会保险和医疗保险、收入保险等方面的开支。据统计，1991－1995年，美国联邦政府财政用于医疗卫生、教育、社会保险和福利、国防和其他方面的支出占联邦总支出的比重分别为16.9%、1.8%、28.5%、19.3%和33.6%。[①] 从支出责任划分看，社会保险和国防两项支出几乎全部是由联邦政府承担的。

州政府的支出责任主要是教育、公共福利、公路建设以及医疗卫生事业等。地方政府的支出责任主要是教育、治安、消防、家庭和社区服务等。州和地方政府负担的财政支出重点包括两个方面：一是区域性较强的项目，即支出的受益范围一般只限于州或地方政府所辖的区域；二是与居民日常生活联系密切和直接的项目。其中教育支出是两级政府最大的支出项目，通常占州和地方政府总支出的1/3以上。

（3）法国。

从法国各级政府在政治、经济和社会发展中的地位与相互关系看，中央和地方政府的职责划分有两个特点：一是由于地区和省数量较多，规模较小，国家政治、军事、经济等权限高度集中在中央政府，即使经过20世纪80年代的分权化，地方政府的自主权仍然十分有限；二是各级政府的职能和事权划分比较明确，各行其政，运作有序。从各级政府的职责分工看，中央政府主要负责宏观管理和战略发展规划；大区政府主要负责经济结构布局和调整，制定地区发展的5年计划，提出有关基础设施等战略性项目的规划，经与中央有关部门协商，以法律的形式确定下来；省级政府主要负责社会福利和保障政策的实施；市镇政府主要负责本市的市政规划和建设，提供最基本的公共产品和服务。

法国财政由中央预算和地方预算组成，地方预算包括大区预算、省预算和市镇预算。自1982年以来，随着权力下放，地方政府建立了相对独立的财政预算，事权和财权都有了一定的分散。其中，大区财政主要负责经济发展和职业培训等，省级财政主要负责社会保险和高等学校以外的教育管理，以及支持农业和规模耕作等，市镇五级财政主要负责安排居民的日常生活，即城建、水、电、电视天线网络、小学教育、文体设施、老年人安置等。三级地方财政之间不存在隶属关系，财政预算由本级议会决定，但国家对地方三级财政享有事后的法律监督权。

法国中央财政支出的项目主要分为三大类，即费用支出（经常性事务开

---

① 世界银行：《1997年世界发展报告》，中国财政经济出版社，1997年，第201页。

支）、资本支出（固定资产购建支出）和军事支出。其具体包括：国防费、外交费、中央级行政事业经费、重点建设投资（铁路、航运、国有企业投资）、国债还本付息、社会安全费、对地方补助等。

地方财政支出主要包括：行政管理费、文教卫生事业费、警察、司法、社会福利事业费、公共事业费、旅游、住宅建设和交通事业费、地方债务还本付息等。地方财政支出中，按用途分为经常性费用（人员经费、债务利息）和投资经费，前者约占财政支出的2/3，后者约占1/3。

法国政府间职责划分突出了以下两个特点：一是事权明确、财权清楚。在资金管理上实行事权与财权相统一的原则，在明确事权的基础上确定与之相适应的财权。如教育，小学一般归市镇管理，中学归省级管理，大学归国家管理，学校设施由各级预算拨款建设，但教师工资均由中央财政支付；公路建设也是如此，一般分为国家级、省级、市镇级，实行分级投资、分级管理。二是在支出安排顺序上，均把国内外债务的还本付息支出放在首位，其次安排必不可少的经常性支出，如包括工资在内的行政事业经费等，然后再根据财力的可能，安排新的开支和新的投资。新的开支和发展投资主要是本着“有多少钱办多少事”的原则予以安排，如果有些开支非安排不可，而财政资金又不足，可以通过借债筹资，但要经过同级议会的批准。从中央与地方财政支出的规模及其各自占财政总支出的比重来看，中央财政占主导地位。

（4）日本。

日本各级政府的事务，在地方自治法中采取“限制性列举”的方式进行了明确的划分。地方自治法经过修改后，采取了“概括授权”方式加以确定，具体的公共支出职能的划分则由关联领域的个别法进行明确。

日本的公共支出主要用于安全、社会资本、教育、福利卫生和产业经济5个方面。其中，在安全方面，中央政府主要承担外交、国防、司法和刑法的支出，警察支出由都道府县负责，消防和户籍方面的支出由市町村承担。在社会资本方面，中央政府负责高速公路、国道（指定的区间）、一级河流（指定的区间）等基础设施支出，都道府县负责除中央政府职责以外的国道、一级河流、省道、二级河流、港湾、公营住宅等支出；市町村负责城市计划事业、市町村道路、公营住宅、排水设施等方面的支出。在教育方面，中央政府负责公立大学开支，并资助私立大学；都道府县负责高中、特殊学校、中小学教师工资和人事开支，并资助私立学校；市町村负责中小学校和幼儿园开支。在福利卫生方面，中央政府负责社会保险、医师执照、医药品许可证等事务支出；都道府县负责对町、村的生活保护、儿童福利、老人福利保健及保健院的建设等支出；市町村负责生活保护、老人福利健康、儿童福利、国民健康保险、供水系统、卫生等方面的支出。

（5）印度。

印度联邦宪法明确规定了联邦与邦之间的职责权限。联邦政府主要负责课税与立法，控制金融机构和资源配置，制订和协调经济发展计划和财政计划，在财力上支持地方经济发展，投资兴建重要的基础设施，管理大型公营企业，以及解决邦政府无力解决的问题。邦政府的责权主要是课税、立法、保持经济发展、提供地方各种公共品和公共服务等。其中，扶持农业发展是邦政府的首要任务。

政府间支出责任的划分以事权划分为基础。其中，联邦政府主要承担中央计划项目支出、对各邦的财政补助等。按经济性质划分，1991－1995 财政年度，联邦政府用于商品和劳务的支出占总支出的 22.8%，用于工薪的支出占 10%，用于利息支出占 25.6%，用于补贴和其他经常性转移支付占 40.1%，用于资本支出占 11.5%。①

邦政府主要承担地方计划项目支出、地方行政管理费、区域性社会公益事业支出、经济部门事业费、对市级政府的财政补助等。

2. 借鉴

（1）三个政府层级。

大多数国家采取三级政府形式，即中央（或联邦）、省（或州、郡）、市（县）。相应地，政府职责在三个层级间进行划分，履行职责的受益范围与承担职责的政府层级相对应。

（2）三条基本原则。

大多数国家政府间职责划分主要依据以下基本原则：

一是受益范围原则。根据各级政府所提供的公共产品和公共服务的受益范围划分政府职责范围。《欧洲地方自治宪章》② 明确采用“受益范围原则”作为职责划分的主要指导方针。

二是能力和效率原则。美国财政学家马斯格雷夫提出国际公认的财政三大职能，即稳定经济、调节收入分配和资源配置。从政府履职能力和效率角度看，中央政府宜承担稳定经济和调节收入分配职能，地方政府宜承担资源配置的职能。

三是规模经济原则。某些职责由地方政府承担可能无法发挥规模经济效应，而交由中央政府承担，可以发挥节约成本的作用。

（3）三种技术方法。

国外政府间职责划分主要采取以下三种技术方法：

一是中央列举法。由宪法等法律单独列举中央政府的职责，地方政府承担列举范围之外的职责，如美国、日本。

---

① 世界银行：《1997 年世界发展报告》，中国财政经济出版社 1997 年 8 月版，第 198 页。

② 1985 年由欧盟理事会通过，其中对地方自治进行了定义：地方政府在法律规定的范围内，确定并管理属于其各自职责内的，以本区域内居民利益为目的的重要公共事务的权力和能力。

二是共同列举法。法律同时列举中央承担的职责与地方承担的职责，如有未列举的职责发生时，依据职责的受益范围属性确定其归属，如加拿大。

三是中央推定法。法律列举地方承担的职责，而未列举的职责由中央承担，如南非。

（4）政府间职责划分明确而具体。

一是中央政府主要负责全国性和国际性（跨国）公共服务，由中央政府的垂直管理机构直接履行职责。一是全国范围的公共服务，包括国防与国内安全、立法、司法、外交等。二是具有稳定经济和再分配性质的公共服务，包括全国及跨国基础设施建设、发展规划、经济社会政策、基本养老保险、基本医疗保险等。三是具有均等化意义的公共服务，包括扶贫、医疗、教育等。四是维护国内统一市场的职责。五是参与国际组织协调提供的全球性公共服务，例如全球货币稳定、全球气候变化应对、海啸预警等。

二是中央政府将部分职责委托省和市县执行。出于效率原则考虑，中央确定目标、标准并出资，委托省和市县具体执行。例如，有些国家的小学教育职责属于中央政府，但是地方政府更了解本地区居民对于小学教育的需求，那么中央政府出资，将该职责委托给地方政府来执行。

三是省级政府主要负责省域内公共服务。包括省内公共安全、省级立法和司法；省级及跨市县基础设施建设、市场秩序、社会保障；大学教育；医院；省级发展规划和经济社会政策；省内就业和民生服务；省内资源开发和环境治理等。

四是市县级政府承担的职责主要是辖区内公共服务。例如，治安、市域和县域规划、市政公用设施、县域基础设施、环境治理、初级和中级教育、公共卫生、社区服务、消防等。

二、政府间财权划分的国际经验

在政府职责明确的基础上确定政府各项权力，财权处于核心位置，它是政府职责正常履行的基础要素，应与职责相对应。政府间财权划分指的是不同层级政府间的财权分配。国外政府间财权划分的核心是税权划分，也包括经常性政府收费权。

1. 典型案例

（1）德国。

德国联邦和州享有独立的税收立法权，但州的立法权范围受联邦政府的约束，税基和税率由州和联邦政府共同确定。德国是“硬共享税”的典型国家，增值税和所得税等主要税种均采用税收分成的方式共享，联邦和州各自收入主体均来自共享税（见表2）。

表 2 德国政府间税种和税收划分情况

<table>
<tr><th>政府级次</th><th>税 种</th><th colspan="2">本级税收收入占全国税收收入的比重（2012 年）</th></tr>
<tr><td>联邦政府</td><td>增值税（联邦 53.9%）、公司所得税（联邦 50%）、个人所得税（联邦 42.5%）、利息税与清偿债务及出售转让税费（联邦 44%）、能源税、电税、烟草税、咖啡税、烧酒红酒税、保险税、大型运输卡车税、团结统一税</td><td colspan="2">36.9%</td></tr>
<tr><td>州政府</td><td>增值税（州 44.1%）、公司所得税（州 50%）、个人所得税（州 42.5%）、利息税与清偿债务及出售转让税费（州 44%）、遗产赠与税、土地购置税、啤酒税、赌马彩票税、赌场税、消防保护税</td><td>38.3%</td><td rowspan="2">63.1%</td></tr>
<tr><td>市县政府</td><td>增值税（市县 2%）、个人所得税（市县 15%）、利息税与清偿债务及出售转让税费（市县 12%）、营业许可税、工商税、土地税、娱乐税、狗税、第二居所税、自动赌博游戏机税、饮料税</td><td>24.8%</td></tr>
</table>

资料来源：《德国基本法》。

（2）美国。

美国是实行分税制比较彻底的国家，在三级政府财政架构中，各级政府均有各自相对独立的税权、征税制度和税收体系。①联邦政府与州政府均有征税权。②联邦政府不得对从任何州输出的商品征税。③间接税率必须全国一致，即关税、国内货物税等间接税的税率各州必须一致，以避免因税负差异而影响市场竞争的效率。④各州不得对进口货物和出口货物征税。⑤三级政府对某些财源都有征税权，但联邦政府有优先权。⑥三级政府都有独立的税收立法权、司法权和执行权，各级政府都有自己的专享税，且都有自己的主体税种。⑦联邦政府在全国范围内征收的主要是个人所得税、公司所得税、社会保险税、销售税（包括关税）、遗产赠与税等税种。其中，以前三种直接税为核心，自 20 世纪 70 年代以来，三项税收一直占联邦税收收入的 87 ~ 93%，占联邦预算收入的 85 ~ 91%。州政府征收的主要是一般销售税，约占州政府税收总额的 50% 左右。地方政府征收的则主要是财产税，此外还有少量的销售税（营业税）和个人所得税，20 世纪 80 年代以前，财产税占地方政府税收总额的 80% 左右。⑧三级政府除主要按税种划分税收收入归属外，同时还采用共享税源、税率分享的形式来划分税收收入。如个人所得税，三级政府同源课税，财源共享，即以联邦个人所得税税基为基础，州与地方再分别按各自的税率附征各自的个人所得税。

在税收收入划分上，联邦税收始终占据主要地位，占税收总额的60%左右，州政府税收占20%以上，地方税收约占20%左右。1992年，联邦、州和地方政府税收所占比重分别为56.4%、24.6%和19.6%。[①]

美国政府间税种和税收划分的具体情况见表3。

表3　美国政府间税种和税收划分情况

政府级次	税　种	本级税收收入占全国税收收入的比重（2003年）	
联邦政府	联邦个人所得税（税率15%～39.6%）、联邦企业所得税（税率15%～35%）、联邦工资税、行为税（如联邦燃油税）	56%	
州政府	州个人所得税（1%～11%）、州企业所得税（税率1%～16%）、销售税、州工资税、行为税（如州燃油税）、财产税、车辆牌照税、烟酒税、使用费	24%	44%
市县政府	不动产税、地方销售税、地方个人所得税、车辆牌照税、行为税、使用费	20%	

资料来源：Anwar Shah，“The Practice of Fiscal Federalism：Comparative Perspectives”，McGill－Queen's Press，2007.

（3）法国。

在政府间税权划分上，法国一向高度集中，税收立法和税收权限划分均由中央统一规定，地方政府只能按照国家的税收政策和法令执行，对本级政府的税种享有征收权及适当的税率调整权、税收减免权。在中央授权范围内，地方政府可以开征某些零星税种。

在税种划分上，中央与地方实行彻底的分税制，税源划分清晰。中央税及其收入由中央政府掌握，地方税及其收入由地方政府掌握，没有共享税。在征收管理上，分设中央、地方两套系统，分别征收本级政府的税收。

从具体税种来看，中央税主要包括个人所得税、公司（法人）所得税、增值税、消费税、关税、遗产税、印花税等，其中前4种占中央税收总额的80%以上。这些税收全部列入中央预算，不与地方分成。

属于地方的税种既有直接税，也有间接税。直接税包括房屋建筑地产税，非

① 《美国财政体制》，《财政》1993年第10期。

房屋建筑税、动产税、营业税等。间接税又分为强制性和非强制性间接税两种，前者包括饮料销售税、演出税、娱乐税和通行税等，后者有居住税、电力消耗税、广告税等。

由于法国中央政府掌握了大宗税收，地方政府只拥有一些零散税收，这就形成中央政府在财力上的集中局面。

法国政府间税种和税收划分的具体情况见表4。

表4 法国政府间税种和税收划分情况

政府级次	税　种	本级税收收入占全国税收收入的比重（2011年）
中央政府	个人所得税、公司所得税、增值税、关税、遗产税、交易税	86%（含社保）
地方政府	居住税、土地财产税、建筑物财产税、企业地产税、采矿权使用费、非农业企业税、工商会费税、专业协会会费税等、市政财产和公共事业等服务性收费	14%

资料来源：于长革著，《中国财政分权的演进与创新》，经济科学出版社2010年版。

（4）日本。

日本政府间税收权限划分实行中央集权制，主要目的是确保中央财政的主导地位和在宏观调控中的主导地位。日本共有57个税种，可谓多税之国。其中属于中央管理的有25个，属于都道府县管理的有15个，属于市町村管理的有17个。日本基本上不实行共享税或同税源分别征收的办法，分税的特征较为明显。

在税种划分方面，属于中央的税种有：个人所得税、法人税（公司税）、遗产税、赠与税、酒税、消费税、汽油税、烟草税、机动车吨位税、印花税、注册登记税、土地税、石油天然气税、有价证券交易税、航空燃料税、电力开发促进税、货币发行税、关税等。其中，个人所得税和法人税是中央政府的主体税种，1990年两个税种的收入占中央税收收入的比重分别为41.6%和31.4%，合计所占比重高达72%，1994年两税收入合计所占比重为62.4%。①

属于都道府县的税种有：居民税、事业税、汽车税、不动产购置税、都道府县烟草税、高尔夫注册税、特别地方消费税、矿区税、固定资产税、狩猎登记税、汽车购置税、轻油交易税等。其中，居民税、事业税是都道府县的主体税种，1992年分别占都道府县税收收入的33.1%和38.4%，合计为71.5%。②

① ［日］总务厅统计局编：《日本统计》，大藏省印刷局，1995年4月版，第218页。
② ［日］总务厅统计局编：《日本统计》，大藏省印刷局，1995年4月版，第218页。

属于市町村的税种有：市町村居民税、不动产税、轻型机动车税、市町村烟草税、矿产品税、特别土地占有税、（温泉）入浴税、事业税、都市计划税、国民健康保险税、宅地开发税等。其中，市町村居民税和不动产税是市町村的主体税种，1990 年分别占市町村税收收入的 49.4% 和 33.4%，合计为 82.8%；1992 年分别为 51.6% 和 36.4%，合计为 88%。[①]

日本税法规定了各级地方政府可征收的税种和标准税率，如果没有特殊财政需要，各地方政府均应使用标准税率，但法律准许两项重要的例外：一是地方政府可在一定范围内修改某些税种的税率；二是地方政府通过地方立法可开征新的税种，如有 11 个都道府县开征了燃料税，一些市町村开征了广告税、文化遗产观赏税等税种。虽然开征新税必须由自治省批准，但是只要这些新税种从全国税制和国民经济角度看设计合理，即可获得批准。

在日本税收收入结构中，中央税收所占的比重很大，大约占税收总额的 60%，地方税收约占 40%。因此，单靠地方税收远不能满足地方政府的支出需要，地方税收与地方政府支出之间的差额由中央政府的转移支付加以弥补，具体形式包括地方交付税、地方让与税、国库支出金等等。日本政府间税种和税收划分的具体情况见表 5。

表 5　日本政府间税种和税收划分情况

<table>
<tr><th>政府级次</th><th>税　种</th><th colspan="2">本级税收收入占全国税收收入的比重（2010 年）</th></tr>
<tr><td>中央政府</td><td>所得税、法人税、地方法人特别税、继承税、赠与税、印花税、注册执照税、消费税、酒税、烟草税、挥发油税、地方道路税、石油气税、飞机燃油税、石油煤炭税、汽车重量税、电源开发促进税、关税</td><td colspan="2">55%</td></tr>
<tr><td>都道府县</td><td>都道府县民税、都道府县民税利息分配、都道府县民税股利分配、事业税、不动产取得税、都道府县水利地益税、地方消费税、都道府县烟草税、高尔夫球场利用税、汽车税、矿区税、汽车取得税、轻油交易税、狩猎税</td><td>18%</td><td rowspan="2">45%</td></tr>
<tr><td>市町村</td><td>市町村居民税、固定资产税、城市规划税、事业税、市町村水利地益税、共同设施税、地皮开发税、国民健康保险税、市町村烟草税、小型汽车税、矿产税、入汤税</td><td>27%</td></tr>
</table>

资料来源：［日］总务厅统计局编，《日本统计》，大藏省印刷局，1995 年版。

① ［日］总务厅统计局编：《日本统计》，大藏省印刷局，1995 年，第 218 页。

(5) 印度。

印度财政预算分为联邦（中央）和邦（包括直辖区）两级，两级政府在税收方面实行分税制。其中，联邦财政固定收入及税种主要有：关税、法人所得税、联邦货物税、赠与税、利息税、联邦领土占用税、铁路客运与货运税、中央非税收入（中央行政及社会事业收费）、联邦债务收入等。

邦政府的固定收入及税种主要有：销售税、农业税、土地所得税、印花税、特种商品税、交通税、房地产税、遗产税、开矿税、旅游税、地方非税收入（地方行政及社会事业收费）、来自中央政府的财政补助等。

联邦与邦的共享税种主要是个人所得税和产品税等。共享税由中央政府征管，税收收入按比例分享。

长期以来，由联邦直接组织征收的税收占税收总额的65～70%，然后联邦政府将中央税收收入中的40%左右下拨给各邦政府，邦政府实际支配的税收占税收总额的45%～52%。[①]

2. 借鉴

(1) 政府间税种划分的基本原则和通行做法。

世界主要发达国家政府间税种划分的做法和经验，可以概括为以下四条原则：一是效率原则。税基流动性较大的税种划为中央税，从而避免地方政府利用税收设置壁垒。二是公平原则。具有累进特征的再分配性税收一般划为中央税，同时保留地方政府对本地居民收入征收附加税和地方性收费的权力。三是征管便利原则。税权划分应当便于征收管理。例如，地方政府对不动产的位置、价值较为了解，房地产税、土地税等不动产税划归地方税。四是收入充足原则。中央和地方各自的税收收入应尽可能满足本级政府的支出需要，并具有稳定性，避免税收收入增长波动较大。

中央政府税种主要是税基流动性大、具有宏观经济稳定和再分配作用、国际贸易类的税收，包括个人所得税、企业所得税、增值税、消费税、社会保障税、关税。省级政府税种主要是零售税、营业税、机动车牌照费、机动车交易税、彩票税等。市县政府税收主要是土地等不动产税和行为税。

世界各国税权在三级政府间划分的具体情况见表6。

---

① 世界银行：《1997年世界发展报告》，中国财政经济出版社，1997年。

表6　代表性税收权力的划分

税种	取决于		征管	注释
	税基	税率		
关税	N	N	N，P	国际贸易税收
企业所得税	N，U	N，U	N，U	要素流动，稳定工具
资源税				
资源租赁税（利润，收入）	N	N	N	高度分配不均的税基
特许权使用费，专业服务费，服务费，遣散税	S，L	S，L	S，L，P	州－地方服务的利税/费
养护费	S，L	S，L	S，L，P	为了保持地方环境
所得税	N	N，S，L	N	再分配，流动要素；稳定工具
财产税（对资本、财产、财产转移、继承和遗赠收取的税）	N	N，S	N	再分配
工资税	N，S	N，S	N，S	利润费，例如：社会保险覆盖
多级销售税（增值税）	N	N，S	N，S	根据联邦分配来调整的边缘税种；潜在的稳定工具
单级销售税（制造，批发，零售）				
选项A	S	S，L	S，L	高度符合成本
选项B	N	S	N	均等化，低程度符合成本
罪恶税 烟酒税	N，S	N，S	N，S，P	分担医疗支出责任
博彩税，赌博税	S，L	S，L	S，L，P	州和地方职责
彩票税	S，L	S，L	S，L，P	州和地方职责
赛道税	S，L	S，L	S，L，P	州和地方职责
碳税	N，U	N，U	N，U	防治全球/国内污染
热量税	N，S，L	N，S，L	N，S，L，P	可能对国家、地区或地方造成污染

续表

税种	取决于		征管	注释
	税基	税率		
燃油税	N，S，L	N，S，L	N，S，L，P	是联邦/省/地方公路的工具
排污费	N，S，L	N，S，L	N，S，L，P	为了处理州际、政府间或地方税收
拥堵费	N，S，L	N，S，L	N，S，L，P	联邦/省/地方公路的工具
停车费	L	L	L，P	控制地方拥堵
机动车注册费，流转税，年费	S	S	S	州政府责任
司机的厨房和费用	S	S	S	州政府责任
营业税	S	S	S	利税
消费税	S，L	S，L	S，L	居民导向性税收
物业税	S	L	L	完全无流动要素，利税
土地税	S	L	L	完全无流动要素，利税
临街认购税，增值认购税	S，L	L	L	收回成本
人头税	N，S，L	N，S，L	N，S，L	为服务付款
使用费	N，S，L	N，S，L	N，S，L，P	为得到的服务付款

注释：U 代表超国家机构；N 代表国家/联邦；S 代表州/省；L 代表市或地方；P 代表私人。

资料来源：Anwar Shah，“The Practice of Fiscal Federalism：Comparative Perspectives”，McGill – Queen's Press，2007.

（2）专享税与共享税的概念及通行做法。

关于专享税与共享税的概念，国际上的解释有所不同。一般认为根据税收立法权归属和税基是否同一，可将专享税与共享税定义为三类概念：“硬专享税”、“软专享税（软共享税）”和“硬共享税”。“硬专享税”是指中央统一立法或各级分别立法，各自征收税基不同的税种，税收收入归各级政府所有。“软专享税（软共享税）”是指统一立法中授予地方政府一定范围的税收开征权和税率调整权，税收收入归各级政府所有。“硬共享税”是指中央统一立法，统一税基和税率的税种，采用收入分成的共享方式。

在发达国家中，税收划分大多采用“硬专享税”和“软专享税（软共享税）”的方式，较少采用“硬共享税”。单一制的英国和日本采用“硬专享税”，所有税收立法权统归中央，具体税种分别划归三级政府各自专享，不设共享税。1982年法国在维持中央统一税收立法权的前提下，在部分税种上授予地方政府一定的开征与否和税率高低的选择权，收入分别归中央和地方，向“软专享税（软共享税）”迈出了一步。联邦制的美国和加拿大采用“硬专享税”与“软专享税”相结合的方式，联邦与州都有立法权，州政府可以自主开征不动产税等税种。州政府还可在联邦税税基上附加一定的州税率，如个人所得税收入分别归联邦政府和州政府。联邦制的德国比较特殊，增值税和所得税等大税种采用总收入分成的“硬共享税”，与我国比较类似。

三、政府间转移支付的国际经验

1. 典型案例

（1）美国。

起初，美国联邦政府对州和地方政府的转移支付规模很小，20世纪60年代以后，补助金额迅速上升。1981－1990年，联邦补助和其他经常转移支付占联邦总支出的比重平均达50.6%，1991－1995年则又进一步提高到55.7%，[①] 联邦政府开支中一半以上的财力用于转移支付，转移支付已成为美国联邦政府调节经济和社会发展，均衡地区间、个人间收入分配关系的重要工具，也已成为州与地方财政重要财力支柱之一。

美国政府间的转移支付主要采用三种形式：无条件拨款、整块拨款和分类拨款。其中，无条件拨款按一定的标准和国会规定的公式分配，主要考虑的因素包括各州和地方的人均收入、课税条件、人口数量等。按照规定，所有的州和地方政府都有资格得到这种收入分享性质的补助金，并且不附带任何条件，州和地方政府无须提出申请，分配拨款的公式由国会决定后，拨款即分配下去，由州和地方政府按照自己的意图进行支配和使用。拨付给一个州的收入分享权，1/3分配给州政府，2/3分配给市、县和镇政府。一般来说，各州都将大部分款项用于教育事业；地方政府则将款项主要用于公共安全、环境保护、公共交通、公共卫生、娱乐设施建设、图书馆、穷人和老年人服务、财务管理等优先事务。

整块拨款（Block Grants）和分类拨款（Categorical Grants）均属于有条件转移支付。这是美国联邦政府转移支付拨款的主要部分，通常占全部政府间转移支付的90%以上。这与其他西方国家以无条件拨款为主的情况有很大差别。联邦政府的有条件拨款，约2/3拨给州政府，1/3拨给地方政府。此类拨款的主要用途有四个方面：卫生、社会保障（养老金和对穷人的救济等）、教育和交通。

不同形式的政府间转移支付，其功能也有所不同。无条件拨款主要是实现政

---

① 世界银行：《1997年世界发展报告》，中国财政经济出版社，1997年，第199页。

府间纵向财政平衡，有条件补助则主要是对卫生和公共健康、社会保障、教育、交通等政府优先考虑项目的支持。以 1991 年为例，美国联邦政府各类补助在补助总额中的比重依次为：公众健康 36.7%、社会保障 24.2%、教育和就业培训 17.1%、交通 13.1%、社区发展 2.9%、自然资源与环保 2.7%、政府 1.5%、农业 0.8%、司法 0.6%、能源 0.3%、国防及其他 0.1%。由此可见，联邦政府注重补助所达到的政策性目的，力图运用转移支付来提高州和地方政府提供某些公共产品或服务的功能。

另外，州政府对地方政府也实施转移支付。这类转移支付的 25% 来自联邦拨款，转移支付资金主要用于援助基础教育和成人教育。各州在对市县进行转移支付时，确定的项目及其考虑因素、拨款的条件和方式均有所不同。

概括起来，美国转移支付制度体现了如下特点：（1）没有固定的模式；（2）转移支付项目按法律程序立案、规定用途、专款专用；（3）转移支付以有条件拨款为主，在有条件拨款中，又以分类拨款为主；（4）转移支付资金拨付渠道多；（5）大部分拨款项目按照法定的标准化公式进行。美国转移支付制度有力地增强了联邦政府的宏观调控能力，使州和地方政府按照联邦政府的意图提供社会服务。

（2）法国。

由中央集权的政体所决定，法国实行的是纵向集权型的分级财政体制，其特点有二：一是中央集中程度高，中央财政收入和财政支出所占比重均超过了 80%，这就决定了地方财政对中央的依赖性较大；二是中央财政采取多种形式对地方进行干预，调节经济运行，平衡地区间差异。

在法国，中央对地方的补助形式主要有两种：一种是一般性补助，主要用于平衡地方预算。这类补助按照人口、税收多少等因素确定，即人口越多，得到的补助金就越多；按照国家税收政策征税越多，得到的补助金也就越多。另一种是专项补助金，主要用于地方兴办专项工程，如修建学校、铁路等，也往往被用来作为中央政府在经济发展战略和地区结构调整中的指示器，这类补助通常是根据地方 5 年经济合同中双方承担的责任和义务及国家的国土整治政策来确定。另外还有一部分转移支付，是由中央财政代替某些无纳税能力的企业或自然人向地方交税来实现的。如 1993 年，国家减免了企业置业税 28%，其影响地方财政收入部分由中央财政拨付，加上其他的减免代交，全年共补贴了地方财政 557 亿法郎。① 据统计，法国地方政府收入中，固定收入占 60% 左右，依靠上级补助拨款占 25% 左右，领先借款或自筹占 15% 左右。由此看出，地方财政对中央财政的

① 财政部《财政制度国际比较》课题组：《法国财政制度》，中国财政经济出版社 1998 年 8 月版，第 81 页。

依赖性较大。

（3）日本。

前已述及，日本政府间财权的划分体现出明显的集权特征，凡是征收范围广、影响到全国利益的税种都划为中央税，由中央征收管理的税收占全国税收总收入的2/3左右。但是许多公共事务却又主要依靠地方去办，财政资金也主要由地方去筹集，地方财政支出占全国财政总支出的2/3左右，政府间的纵向财政不平衡十分明显。协调财权财力相对集中与事权和财力使用相对分散这一矛盾的办法，便是规范的转移支付制度，其主要手段是地方交付税、地方让与税和国库支出金。其中，地方交付税和国库支出金最为重要，占中央向地方转移支付的90%左右。中央政府对地方政府的转移支付占地方财政收入50%左右，形成了“中央财政筹款，地方财政花钱”的财政运行机制的显著特点。

（4）印度。

印度政府间的财力经过第一次分配即税收分配之后，纵向不平衡和横向不平衡问题都比较突出。从纵向来看，1992－1993财政年度，邦自有收入占全国财政总收入的比重为42.3%，邦自有经常性收入占邦经常性支出的比重为53.7%，比独立初期分别下降了8个和15个百分点。邦政府用自有收入只能满足其经常性支出的43%，50%以上的支出只能依赖于中央的补助和拨款。与其他联邦制国家相比，印度的邦政府对中央政府的依赖程度最高。从横向看，各邦之间的财政能力与人均行政、经济和社会公共服务支出需求的差异很大，邦自有收入占其经常性支出的比重，最高的哈里亚纳邦1991－1992财政年度为81.2%，最低的特里普拉邦仅为8.5%，两者相差近10倍。这样，就必须通过第二次财政分配即政府间转移支付来实现政府间纵向和横向的大致均衡。政府间转移支付制度主要包括以下三个部分：

一是联邦财政委员会安排的转移支付。联邦财政委员会是根据印度联邦宪法规定设立的非常设机构，每隔5年组建一次，其主要职责是向联邦总统提出处理税收、补助及其他有关财政方面的事项的方案和建议，供政府决策参考。同时，联邦财政委员会管理无条件拨款部分的一般补助，其资金来源是个人所得税、联邦消费税中与邦政府分享的部分（分享比例分别约为85%和45%）。各届财政委员会提出并为政府所采纳的分配方案有所不同，第十届财政委员会提出的1995－2000年度对“两税”的分配方案是：①邦政府分享税收的20%按人口分配；②60%按该邦人均收入与最富邦的人均收入差分配；③5%根据基础设施状况分配；④5%按邦的区域面积分配；⑤10%按税收努力程度分配。

二是联邦计划委员会安排的转移支付。联邦计划委员会是联邦政府的一个常设机构，其主要任务是制定中央和邦共同承担职责的5年计划。在政府间转移支付方面，为了实现5年计划，计划委员会与有关方面协调确定转移支付给予各邦

的财政援助，其援助形式包括无条件拨款、专项拨款、贷款。1992－1993 财政年度，计划委员会安排的转移支付占全部联邦转移支付的 38.3%。

联邦计划委员会对转移支付资金的分配，是根据各邦指定的计划项目和有关因素确定的。在分配给主要邦的资金中，按因素法分配的部分占 70%。在各因素中，人口因素占 60%，人均邦内生产总值（SDP）因素占 25%，财政管理因素（包括税收努力程度、财政管理现状、其他政府目标的实现程度）占 7.5%，其余 7.5% 考虑各邦的特殊问题（计划生育、教育普及率、土地改革等）。

三是联邦各部门的转移支付和中央资助项目。这类转移支付资金分散在联邦各部委，其分配使用带有较大的随意性，同时因多带有附加条件而影响了邦政府对项目的优先考虑和统筹规划。早在 1970 年，联邦发展委员会就决定将这类转移支付控制在联邦对邦计划援助的 1/6 以内，但近年来这类转移支付仍呈增长趋势。

2. 借鉴

从国际实践来看，在职责确定后，财权与之相呼应是难以完全做到的，特别是对于地区间资源禀赋和财政收入差异巨大的国家，必须在职责和财权划分的基础上给予额外的财力调配，使其与所承担的职责相匹配。Anwar Shah（2007）对转移支付的国际经验进行了综合分析，具体情况见表 7。概括起来，以下四点国际经验值得我们借鉴：

（1）目标明确，方法适当。

政府间转移支付的目标主要包括以下三个：一是弥补财政缺口；二是减少地区间财力差异；三是体现上级政府意志，引导和调节下级政府行为。为了弥补下级政府财政缺口并减少地区间财政差异，各国政府通常采用平衡性纵向一般转移支付或横向转移支付来实现该目标。为了体现上级政府意志，引导和调节下级政府行为，各国政府通常采用专项转移支付的方式，例如基本公共服务（教育、医疗），以及战略性新兴产业和高科技产业的专项转移支付。

（2）科学的分析技术和完整充分的基础数据。

采用一般性转移支付的国家，通常建立一系列系统的公式，综合各地区经济、财力、人口、社会、支出责任等各方面因素确定转移支付数额。此外，转移支付制度比较成熟的国家均有比较完善的国家经济、财政、社会数据库及系统。

（3）公开透明和严格的监督管理制度。

世界各国一般性转移支付的计算方法和最终规模都是公开透明的，有利于转移支付的公平，有利于各级政府制定预算。在专项转移支付管理方面，世界各国通常采用公开透明和严格的监督管理制度，对专项转移支付的目标、数量、资金用途以及项目实施效果进行公示和严格的监督管理。

（4）高效的转移支付制度一定是建立在科学细化的职责和收入划分基础上的

表7　转移支付的国际经验与教训

补助目标	补助设计	实践经验	实践教训
弥补财政缺口	责任再分配，减税，税基共享	减税和税基共享（加拿大）	缺口补助，工资补助（中国），逐个税收分享（中国）
缩小地区财政差距	一般性无配套财政能力均等化转移支付	带有明确标准的财政均等化，决定总资金池和分配（加拿大，丹麦和德国）	多目标的一般性收入分享（巴西和印度）；固定资金的财政均等化转移支付（澳大利亚，中国）
利益溢出效应的补贴	带有配套率（由溢出的利益组成）的开放式配套转移支付	教育和医疗补助（南非）	封闭式配套补助
设定国家最低标准	带有服务和准入标准条件的条件性无配套产出导向型整笔转移支付	公路维护和基础教育补助（2000 年前印度尼西亚） 教育转移支付（巴西，智利，哥伦比亚） 医疗转移支付（巴西，加拿大）	以支出为条件的条件性转移支付（大多数国家）；笼络转移支付（美国，例如：2006 年为了阿拉斯加的“不同的桥梁”计划预留 20 亿资金）
	带有根据地方财政能力而变化的配套率的条件性资本补助	学校建设的资本补助（2000 年前印度尼西亚） 给予州政府高速公路建设配套补助 （美国）	不带有配套且没有维护要求的资本补助
在高度国家优先权和低度地方优先权的情况下对地方优先权的影响	开放式配套转移支付（最好带有随着财政能力变化而变化的配套率）	社会救助的配套转移支付（2004 年前加拿大）	预设补助
维持稳定以及弥补基础设施不足	资本补助，负责提供维护	带有随着地方财政能力不同而变化的配套率的资本补助	不带有维护要求的稳定补助

资料来源：Anwar Shah，“The Practice of Fiscal Federalism：Comparative Perspectives”，McGill-Queen's Press，2007.

第四节 我国政府间职责划分的基本原则和改革要点

一、政府间职责划分的基本原则

借鉴国际经验，我国政府间职责划分应坚持以下基本原则：

1. 根据各级政府所提供的公共产品和公共服务的受益范围确定支出责任

全国性公共产品和公共服务受益范围遍及全国，由中央政府提供；地方性公共产品和公共服务受益范围仅局限于地方，则由地方政府提供；具有外溢性的地方性公共产品和公共服务，由地方政府联合提供，或中央政府补助地方政府提供，或直接由中央政府提供。

值得注意的是，地方事务的外部性可以通过扩大中央职责的方式来解决，也可以借助于地方之间的协商机制。如果再考虑到信息处理的复杂性，地方对当地情况的了解远多于中央，因此，由中央政府承担较多的职责与支出责任也不见得是合理的。

2. 应根据公共服务提供效率的高低，确定不同级别政府的职责

考虑到历史文化传统因素，收入分配和经济稳定职责由中央政府提供更有效率。但在收入分配职责的履行上，各国不同程度地借助于地方政府力量。因此，我国政府间职责的划分应充分考虑历史文化传统因素，进而确定各级政府容易接受的支出责任分担机制。

3. 规模经济原则

职责划分中还要注意职责承担中的规模经济因素。某些职责由地方政府承担可能无法发挥规模经济效应，而由中央政府承担则可以发挥节约成本的作用。

在经济社会转型期，短期内要清晰划分中央和地方的支出责任，难度较大。在职能尚无条件彻底划清的条件下，只能取中短期之策，即保持各级政府职能的相对稳定性。按照财权、财力与职责相匹配的原则，确定中央和地方分配关系。政府职能一旦调整，支出责任一旦变化，就必须有对应的财权和财力调整跟上。

二、政府间职责划分的改革要点

第一，中央负责全国、全局的大事，协调跨区域、跨省事项；省级政府能做的事尽量划给省，市县政府能做的事尽量划给市县，省级政府负责跨市县、省域内事项。

第二，适度增加中央职责，将现行地方政府承担的部分政权类事权上收至中央政府，包括司法、公安、民兵、边防、海关、国税等工作职责和工作设施建设责任。

第三，将基本公共服务和人民群众基本生存条件（下限）类事权和支出责任上收至中央，以保障基本民生需要，促进基本公共服务均等化，维护社会公平正义。其中：基本公共服务和人民群众基本生存条件（下限）重点包括基础教育（九年义务教育）、基本医疗、基本养老、基本住房、基本公共卫生、城乡居民最低生活保障（以下简称“六类基本公共服务”）。

第四，中央政府本级独立承担的职责尽可能由中央自身机构完成，少用委托地方政府完成的方式；中央自身机构能力不足的，应加强自身能力建设。

第五，充实市县级政府职责，为辖区居民提供衣食住行等基本生活服务和改善型服务，为本地微观经济主体、社会组织提供公共服务。

三、政府间职责划分的具体建议

依据理论分析和市场经济国家的做法，我们提出我国政府间职责划分的政策建议，见表8。

1. 中央政府的职责范围

一是国家主权和政权运转类。包括：外交、国防、国家安全、边防、海关、反恐；全国人大、全国政协、执政党、中央政府、公安、检察院、法院、武警等的运转；国际组织，国际谈判与合作。

二是民生保障和社会公平类。包括：“六类基本公共服务”的下限标准以及跨区域、跨省的此类职责；国家级重点高等教育；国家级疾病防控、三级甲等医院、重大公共卫生突发性事件；高能物理、航天、数学、力学等国家级基础性科研；国家级自然保护区；三江源保护、三北防护林建设、荒漠化治理等跨区域环境保护。

三是公共设施和市政工程类。包括：全国性跨地区跨流域水利设施、全国性电网、主干邮电通信网络、高速铁路和主干线普通铁路、国家级港口、全国性和区域性航空枢纽；跨区域资源保护与开发；原油、稀土、粮食等全国性战略物资储备。

四是规范市场和经济调节类。包括：规范微观行为，维护市场秩序；适度调节经济周期和产业结构，促进经济增长、充分就业、物价稳定、国际收支平衡；制订国家经济和社会发展规划、财政与货币政策、金融监管；国家级农业开发；跨区域综合经济开发协作；调节国家、企业、居民部门分配占比结构及三部门内部的分配关系，调节政府层级间、行业间、居民间以及城乡间、地区间分配关系，开展全国范围内的数据统计和人口、住房普查，建设各部门及全国经济社会基础信息系统。

五是国有资产和公共资源类。包括：管理中央级经营性国有资产、中央级公共服务类和政权类国有资产；全国性和跨区域的国有土地、矿产、水源、森林、草原、滩涂、大气、空域等自然资源。

表8　我国政府间职责和支出责任的界定

<table>
<tr><td rowspan="4">中央政府职责</td><td>国家主权与政权运转</td><td>——国际合作、国际组织、国际事务和国际关系：加入国际组织，多边与全球性谈判，国际卫生、教育、科技、文化合作
——服务国家主权的职责：外交、国防（军队）、国家安全、边防、海关、反恐
——国家立法、司法、行政：全国人民代表大会、全国政治协商会议、执政党、中央政府、法院、检察院
——维护社会秩序的职责：公安、消防、武警</td></tr>
<tr><td>民生保障和社会公平</td><td>——人民群众基本生存条件：饮水、空气、食物的安全性
——基本民生保障：基本公共事业的基本下限标准，包括基础教育（如幼教、中小学、特殊教育）、基本公共卫生（如传染病、精神疾病防治）、基本医疗（如综合性和专科医院、社区医院、乡镇卫生院）、基本文化（群众文化、非物质文化遗产）、基本社会保障、基本住房
——一般公共服务：国家级重点高等教育；国家级疾病防控、国家级医院（三级甲等医院）、重大公共卫生突发性事件；国家级和基础性科研项目（例如高能物理、航天、数学、力学等）；国家级自然保护区；跨区域环境保护（例如三江源保护、三北防护林建设、荒漠化治理等）</td></tr>
<tr><td>公共设施和市政工程</td><td>——基础产业和基础设施：全国性和跨地区基础设施建设（全国性跨地区跨流域水利设施、全国性电网、主干邮电通信网络、高速铁路和主干线普通铁路、国家级港口、全国性和区域性航空枢纽）；跨区域资源保护与开发；全国性战略物资储备（例如原油、稀土、粮食等）</td></tr>
<tr><td>市场监管和经济调节</td><td>——市场规则：规范微观行为，维护市场秩序，保证微观主体运行的市场环境
——宏观经济调节：调节经济周期、保持经济增长、调节产业结构、充分就业、稳定物价、国际收支平衡；国家经济和社会发展规划、全国性经济结构调整、财政与货币政策、金融监管、经济运行秩序及稳定；国家级农业开发（例如农业经济结构调整、土地整理、粮食收购、国家级扶贫）；全国范围内的基础数据统计；跨区域综合经济开发协作；其他跨区域合作事项
——调节收入分配：调节国家、企业、个人分配占比结构，及三部门内部的分配关系，调节政府层级间、产业行业间、个人间以及城乡间、地区间分配关系：全国性就业和收入分配调节政策</td></tr>
</table>

中央政府职责	国有资产和公共资源	——经营性国有资产：中央级金融和非金融企业 ——行政事业单位国有资产：中央级 ——自然资源：全国性和跨地区的自然资源，包括国有土地、矿产、水源、森林、草原、滩涂、大气、空域
	委托省/市县政府执行的职责	中央政府出资，省/市县政府负责协调推动和操作实施。包括：城乡居民最低生活保障；小学和初中教育及校车；社区医院和乡镇卫生院；大灾大难救助和灾后重建；社会救济、社会优抚；经济建设项目；人口普查
省级政府职责	国家主权与政权运转	——国际合作、国际组织、国际事务和国际关系：省级国际合作 ——国家立法、司法、行政：省人民代表大会、省政治协商会议、省委、省政府、省级法院、省级检察院 ——维护社会秩序的职责：省级公共安全（含警察）
	民生保障和社会公平	——一般公共服务：在国家基本公共事业的下限标准之上，根据本省的财力状况，适当提高的基本公共事业标准；省级高等和专业中等教育；省级疾病防控与环境卫生、健康医疗体系建设、省级医院、省级公共卫生突发性事件；科学研究与技术研发应用、省级科研项目；省级自然保护区；省域内和跨市县环境保护（包括省内湖泊、河流、大气污染防治等）；基本住房保障
	公共设施和市政工程	——基础产业和基础设施：省域性和跨市县的基础设施建设与维护（包括水利设施、支线电力设施、支线邮电通信网络、国道及省道公路、支线普通铁路、港口、省级航空枢纽）；省域资源保护与利用；省域重要物资储备（粮、棉、食用油等）
	市场监管和经济调节	——市场规则：省域市场秩序稳定、省级金融监管（省域内非公众、非存款类金融机构监管及民间金融引导） ——宏观经济调节：省级发展规划、省域经济结构调整；省级农业开发（包括省内山区、流域开发、省内扶贫）；全省范围内的数据统计；跨市县合作项目 ——调节收入分配：省域收入分配调整和就业促进
	国有资产和公共资源	——经营性国有资产：省级金融和非金融企业 ——行政事业单位国有资产：省级 ——自然资源：跨市县的自然资源
	委托市县政府执行的职责	省级政府出资、市县政府负责协调推动和操作实施。包括：基本住房保障；经济建设项目

续表

市县政府独立承担与执行	国家主权与政权运转	——国家立法、司法、行政：市县人民代表大会、市县政治协商会议、市县委、市县政府、市县级法院、市县级检察院 ——维护社会秩序的职责：辖区内治安和社会稳定
	民生保障和社会公平	——一般公共服务：在国家基本公共事业的下限标准之上，根据本市县的财力状况，适当提高的基本公共事业标准；二级医院；市县级文化体育设施；幼儿园教育、中小学教育、成人教育；人口和户籍管理；社区服务
	公共设施和市政工程	——市政公用设施：市县级基础设施建设（省道、市县级公路建设）；城市道路；辖区内公共交通网络建设与运营；城市和县域规划；市政公用事业（包括给水、排水、供电、供气、供热、公共交通、能源利用、园林绿化）、垃圾与污水治理、环境卫生、环境保护与污染治理
	市场监管和经济调节	——市场规则：市县辖区内市场秩序稳定 ——宏观经济调节：市县级发展规划、市县经济结构调整；市县范围内的数据统计 ——调节收入分配：市县辖区内就业促进
	国有资产和公共资源	——经营性国有资产：市县级金融和非金融企业 ——行政事业单位国有资产：市县级 ——自然资源：市县辖区内的自然资源

注：此外，还有一些引导性职责，是指中央政府鼓励省/市县政府，或者省级政府鼓励市县政府承担某些职责。当然，引导性职责本身仍是下级政府的职责。引导性职责主要包括战略性新兴产业和具有地方特色的产业发展等。

2. 省级政府的职责范围

一是国家主权和政权运转类。包括：省级国际合作；省人大、省政协、省委、省政府、省级公安、检察院和法院的运转；跨市县、省域内公共安全。

二是民生保障和社会公平类。包括：帮助市县政府提供“六类基本公共服务”的改善型服务，以及省域内跨市县的此类职责；省域中等教育和高等教育；省级疾病防控与环境卫生、健康医疗体系、省级医院的建设，应对省级公共卫生突发性事件；省级科研项目的研发应用；省级自然保护区；跨市县、省域内环境保护。

三是公共设施和市政工程类。包括：跨市县、省域内的基础设施建设与维护（包括水利设施、支线电力设施、支线邮电通信网络、国道及省道公路、支线普通铁路、港口、省级航空枢纽）；省域资源保护与利用；省域重要物资储备（粮、棉、食用油等）。

四是规范市场和辅助调节类。包括：省域市场秩序稳定、省级金融监管（省域内非公众、非存款类金融机构监管及民间金融引导）；省级发展规划、省域经济结构调整；省级农业开发（包括省域内山区、流域开发、扶贫）；省域数据统计；省域收入分配调整和就业促进。

五是国有资产和公共资源类。包括：管理省级经营性国有资产、省级公共服务类和政权类国有资产、跨市县、省域内的自然资源。

3. 市县级政府的职责范围

一是国家主权和政权运转类。包括：市县人大、市县政协、市县委、市县政府、市县级公安、检察院、法院的运转；辖区内治安和社会稳定。

二是民生保障和社会公平类。包括："六类基本公共服务"下限标准的具体执行，有能力者适度提供改善型服务；二级医院；市县级文化、体育设施；学前教育、成人教育；人口和户籍管理；社区服务等。

三是公共设施和市政工程类。包括：市县级基础设施建设（省道、市县级公路建设）；城市道路；辖区内公共交通网络建设与运营；城市和县域建设规划；市政公用设施（给水、排水、供电、供气、供热、公共交通、能源利用、园林绿化、垃圾与污水治理、环境卫生、环境保护与污染治理）。

四是规范市场和辅助调节类。包括：市县辖区内市场秩序稳定；市县级发展规划、市县级经济结构调整；市县级基础数据统计；市县辖区内就业促进。

五是国有资产和公共资源类。包括：管理市县级经营性国有资产、市县级公共服务类和政权类国有资产、市县辖区内的自然资源。

4. 委托性职责

委托性职责主要包括以下两类：一是由中央政府出资，省级、市县政府负责协调推动和操作实施的项目。包括："六类基本公共服务"的下限事权；大灾大难救助和灾后重建；特殊性社会救济、社会优抚；跨区域、跨省域的特殊、重点经济建设项目；人口、经济、住房等普查。二是由省级政府出资、市县政府负责协调推动和操作实施的项目。包括："六类基本公共服务"的改善型服务；跨市县、省域内的特殊、重点经济建设项目等。

5. 引导性职责

引导性职责是指由上级政府出资、鼓励下级政府承担的事项，主要包括战略性新兴产业发展、地方特色产业发展等。

第五节　我国政府间财权划分的基本原则和改革要点

一、政府间财权划分的基本原则

我国政府间财权划分首先应遵循国际通行的四个原则，即效率、公平、征管

便利和收入充足原则之外，同时还应遵循下列辅助原则。

一是税收承担者的适宜性与职责、财权的对应性相结合原则。兼顾各层级政府职责和财力确定财权划分方案。

二是最小负效应原则。财权的划分应有利于促进地方政府行为的规范化，避免助长地方政府的投资冲动。

三是分权化原则。在国家统一税法的前提下，赋予省和市县政府一定的税收立法权和税率选择权，由现在的“硬共享为主，硬专享为辅”的分税模式，逐步向“硬专享为主，软专享为辅”的模式转变。

四是分税改革设计与税制改革设计相协调原则。在强调税制改革自身科学性的同时，兼顾分税改革的需要。

二、政府间财权划分的改革要点

1. 调整并逐步减少中央和地方共享税

取消“两税”基数返还办法，取消增值税共享。在“营改增”试点过渡期结束后，停止试点行业增值税收入归地方的办法，其相应利益在扩大地方税、“营改增”后保留金融业营业税、与增值税链条无关或关联很小的生活性服务业营业税、规范中央和地方共享税费制度、改进转移支付制度等改革中予以保证。在企业所得税、个人所得税中央和地方分享比例上，适当调升地方分享部分，可考虑调整为5：5分成。

2. 建立中央、地方共享费

将国有土地出让金扣除补偿性成本后的收入统一为土地使用费，作为中央和省、市县三级共享收入，具体共享比例待研究测算，与各项分配调整统筹考虑。

3. 赋予地方一定税权

主要是一些地方税的选择权、税率调整权和特定约束条件下的因地制宜设税立法权等权限。

三、政府间财权划分的具体建议

与调整和完善税收结构和政府收入结构的进程相适应，调整税权划分结构。逐步取消按税种总收入分成的硬共享税，建立以“硬专享税”为主的分税体系，尽可能加大各级政府拥有税权或半税权的税收收入比重。全面提高财产、资源和环境类税收比重，建立稳定、成规模的地方税体系。在提高直接税比重的同时逐步降低间接税比重，特别是降低增值税总税负和地方分成比例。表9是对我国政府间财权划分的具体建议。

表 9 我国政府间财权划分的具体建议

政府级次	财政收入类型
中央政府	关税，海关代征进口环节消费税和增值税，增值税（不含纯零售环节）、出口退税（不含最终消费品），资源性消费税（烟、酒）、燃油消费税（如在生产环节征收）、船舶吨税、海洋油气资源税、内陆油气及特大型矿产类资源税（中央 50% ~70%）、个人所得税（中央 40%）、企业所得税（中央 30% ~40%）、遗产税（尚未开征，中央 40%）、证券交易印花税（维持现行分配比例）。基本养老保险缴费、基本医疗保险缴费。中央级政府性基金，其中土地出让金收入（中央 30%）。中央级国有资本经营收益上缴部分。中央级非税收入。
省级政府	燃油消费税（如在零售环节征收）、非资源性消费税（大排量汽车、高尔夫球场等）、内陆油气及大型矿产类资源税（省 30% 以下）、中小型矿产类资源税（省 50% 以下）、个人所得税（省 60%）、企业所得税（省 60% ~70%）、遗产税（尚未开征，省 60%）、证券交易印花税（维持现行分配比例）、环境税（水资源、森林、滩涂，尚未开征）、增值税（纯零售环节）、出口退税（最终消费品）、营业税（营改增完成之后的生活性服务业）、烟叶税（省 40%）、大中型汽车车船税。工伤保险缴费、生育保险缴费、失业保险缴费。省级政府性基金，其中土地出让金（省 30%）。省级国有资本经营收益上缴部分。省级非税收入，其中包括车辆牌照及停车特许权使用费
市县政府	烟叶税（市县 60%）、小型汽车车船税、房产税、土地增值税、契税、耕地占用税、城镇土地使用税、城市维护建设税。市县级国有资本经营收益上缴部分。市县级非税收入。土地出让金（市县 40%）

1. 完善中央税

主要包括：一般纳税人增值税和出口退税，海关代征进口环节消费税和增值税，关税，资源性消费税（烟、酒）、燃油消费税（如在生产环节征收）、船舶吨税、海洋油气资源税、内陆油气及特大型矿产类资源税（中央 70%）、个人所得税（中央 50%）、企业所得税（中央 50%）、遗产税（尚未开征，中央 40%）、证券交易印花税（维持现行分配比例）。基本养老保险缴费、基本医疗保险缴费。中央级政府性基金，其中土地出让金收入（中央 30%）。中央级国有资本经营收益上缴部分。中央级非税收入。

2. 稳定省级收入

主要包括：小规模纳税人的增值税，金融业和生活性服务业营业税，成品油消费税（如在零售环节征收）、非资源性消费税（大排量汽车、高尔夫球场、奢

侈品、鞭炮烟火、汽车轮胎、摩托车、木制一次性筷子、实木地板)、跨省内陆油气及大型矿产类资源税(省30%以下)、中小型矿产类资源税(省50%)、个人所得税(省50%)、企业所得税(省50%)。省级政府性基金,其中土地出让金收入(省30%)。省级国有资本经营收益上缴部分。中央级非税收入,包括牌照和停车场使用费(50%)。

3. 充实市县级税收

主要包括:烟叶税(市县60%)、小型汽车车船税、房产税、土地增值税、契税、耕地占用税、城镇土地使用税、城市维护建设税。市县级国有资本经营收益上缴部分。市县级非税收入。土地出让金(市县40%)。

第六节 完善我国政府间转移支付制度的基本原则和具体方案

一、完善政府间转移支付制度的基本原则

我国转移支付制度应遵循以下基本原则:一是目标明确、方法适当;二是采用科学的分析技术和完整充分的基础数据;三是减少转移支付总量,增加市县级政府财政自给能力;四是公开透明和严格的监督管理制度。

二、完善政府间转移支付制度的具体方案

借鉴国际经验,结合我国国情,我国现行转移支付制度应作如下调整:

1. 提高中央纵向一般性转移支付比重

建立以一般性转移支付为主,专项转移支付为辅的制度体系。将现有均衡性转移支付和其他类型一般性转移支付进行整合,不断完善因素法公式,进一步将中西部地区的特殊因素加入公式。此外,应建立下转一级的转移机制,严禁地方政府越级向上级政府申请转移支付。

2. 规范并减少专项转移支付

在理顺政府间职责与财权的基础上,对现有专项转移支付项目进行清理、整合,减少专项转移支付对地方政府的配套要求,重点将专项转移支付用于重点发展和突发事件,如节能环保产业、战略性新兴产业、重大灾害救助等。

3. 建立省间和市县间横向转移支付制度,规范和增强横向平衡机制

借鉴德国横向转移支付经验,在中央政府的主导下,提倡地方政府间“互帮互助”,构建省政府之间和市县政府之间的横向转移支付体系。先行研究启动市县级横向转移支付试点,选择较有实力、省内发展水平差异较大的大省作为试点,如广东、浙江、江苏、湖北、四川。同时研究省间横向转移支付方案的可

行性。

4. 老少边穷地区特别补助

对于通过一般性转移支付和专项转移支付仍无法解决的财政缺口，在专项转移支付外设立特别补助，不设定资金配套。

5. 进一步完善现行因素法转移支付

采用客观的量化公式和能够反映各地客观实际的统计指标，针对各地区不同的主体功能，把对于农业区域、生态区域的转移支付支持进一步制度化、规范化。

参考文献

财政部《财政制度国际比较》课题组：《法国财政制度》，中国财政经济出版社 1998 年。

谷成：《财政分权下政府间税收划分的再思考》，《财贸经济》2008 年第 4 期。

贾康，白景明：《关于中国分税分级财政体制安排的基本思路》，《经济学动态》2005 年第 2 期。

李齐云：《分级财政体制研究》，经济科学出版社 2003 年版。

《美国财政体制》，《财政》1993 年第 10 期。

世界银行：《1997 年世界发展报告》，中国财政经济出版社 1997 年 8 月版。

王永钦，张晏，章元，陈钊，陆铭：《中国的大国发展道路——论分权式改革的得失》，《经济研究》2007 年第 1 期。

邢天添：《中国社会转型进程中的公共财政改革》，《山东大学学报》2008 年第 2 期。

殷德生：《最优财政分权与经济增长》，《世界经济》2004 年第 11 期。

于长革：《中国财政分权的演进与创新》，经济科学出版社，2010 年。

周琛影，田发：《构建三级政府财政：以地方财政体制变迁为视角》，《改革》2005 年第 11 期。

Arzaghi, Mohammad and Henderson, J. Vernon, "Why countries are fiscally decentralizing", Journal of Public Economics, Elsevier, Vol. 89 (7), July, 2005, pp. 1157 – 1189.

Fedelino, Annalisa and Teresa Ter-Minassian, "Intergovernmental Fiscal Relations in China", Paper prepared for the Stanford Conference on Economic Challenges in Asia, 2006.

Jin, Hehui. , Yingyi Qian, and Berry Weingast, "Regional decentralization and fiscal incentives: Federalism, Chinese style", Journal of public economics, 2005, pp89, 1719 – 1742.

Lin, J. Y. and Z. Liu, "Fiscal decentralization and economic growth in China", Economic development and cultural change, 2000, 49 (1), 1 – 21.

Montinola, G. , Yingyi Qian, Berry Weingast, "Federalism, Chinese style: the political basis for economic success in China", World politics, 1995, pp48, 50 – 81.

Musgrave, R. A. , "Theory of Public Finance: A Study in Public Economy", New York, McGraw-Hill Book Company, 1959.

Musgrave, R. A. , "Fiscal systems", Yale University Press, 1969.

Oates, W. E. , "Fiscal federalism", New York: Harcourt Brace Jovanovich, 1972.

Oates, W. E. , "An Essay on Fiscal Federalism", Journal of Economic Literature, 1999, 37

(3): 1120 - 1149.

Qi J., "Fiscal reform and the economic foundations of local state corporatism in China", World Politics, 45 (1), 1992, pp. 99 - 126.

Tanzi, V., "Fiscal Federalism and Decentralization: A Review of some Efficiency and Macroeconomic Aspects", In: Bruno, M., B. Pleskovic (eds.), Annual World Bank Conference on Development Economics, , 1995pp295 - 316.

ThieBen, U., "Fiscal Decentralisation and Economic Growth in High-Income OECD Countries", Fiscal Studies, Vol. 24, No. 3, 2003, pp237 - 274.

Wong, C., "Fiscal reform and local Industrialization: the problematic sequenceing of reform in post-Mao China", Modern China, 18, 1992, pp. 197 - 227.

Yilmaz, S., "The Impact of Fiscal Decentralization Macroeconomic Performance", National Tax Association, Proceedings of the 92_{nd} Annual Conference on Taxation, US-Atlanta, October 24 - 26, 1999, pp. 251 - 260.

Zhang, T. and H. Zou, "Fiscal decentralization, public spending, and economic growth in China", Journal of public economics, 1998, pp67, 221 - 240.

第三章　政府治理

公共管理向治理视角的转向反映了行政主体与所处环境所形成的紧张关系。一方面，公共管理的情境发生了根本性变化。这些变化主要包括：技术的飞速发展，特别是在信息管理和信息传播领域的发展；消费者、纳税人和公民的要求越来越高；前所未有的社会复杂性与多样性等。另一方面，作为社会一致性中枢的公共行政体系能力的衰减，无法应对这些变化所带来的公共问题，无力承担所产生的社会需求。在这些因素的作用下，寻找新的治理方式成为发达工业社会国家和后工业社会国家强烈而普遍的需求。

第一节　公共治理危机与政府治理理论

在复杂协调出现的地方，管理制度也必定会在那里出现。传统上，政府行为主要局限于以官僚组织直接提供公共品和服务。因此，公共管理危机的实质是复杂协调的失败，是等级制协调机制的失灵。20 世纪 90 年代以来兴起的治理理论，可以看作是对当前世界各国在回应新的治理挑战中所采纳的不同于传统公共行政的公共管理方式的总结①。

一、等级制协调机制的失灵与公共治理的危机

如果可以将治理危机归结于治理主体与治理环境的紧张关系，在环境变化是一个不可改变的事实的条件下，治理危机的主要根源就只能从治理主体中去寻找。这促使我们将研究的视角引向官僚制组织内部。

20 世纪初期，韦伯认为，官僚制是应付复杂性的有效组织形式。他说：“从纯技术的观点来说，行政组织的纯粹官僚制形态能够达到最高程度的效率。相比于任何其他形式的组织，它具有精确性、稳定性、可靠性和纪律严明的优势。”②

① 格里·斯托克：《地方治理研究：范式、理论与启示》，《浙江大学学报》2007 年第 2 期。

② M. Weber, Economy and Society, From Max Weber, ed. H. Gerth and C. W. Mills. 1973, p. 214.

在韦伯看来，按层级原则组织劳动分工是提高行政效率的需要。在这一组织内，通过对复杂的决策进行分解，将其转为细化的决策，这样，复杂的行政管理问题便被细分为可处理的、可重复的任务，同时通过组织内的信息机制给每个雇员提供有效完成职责所需要的信息，然后由一个集中的、等级制的控制中心进行协调，整合为一个运作稳定的有机过程。韦伯宣称，官僚制是政府治理的最佳组织形式。

但官僚组织内生地存在两种形式的冲突：一是决策权安排与其信息结构的背离；二是工具理性的品格与其激励结构的冲突。在快速变化的环境里，官僚制内部的这些缺陷会被激发出来，甚至被放大，最终导致以官僚制为组织载体的公共行政出现危机。

根据韦伯的主张，官僚制中的层级结构主要是一种决策权的安排。这种结构倾向于强调信息自上而下的传递，身处等级结构最高的人并不真正了解政策执行的情况，而最了解政策执行情况的人却没有决策权，他们只能通过组织内自下而上的信息通道逐级地传输信息。然而，官僚制以金字塔的形式构建，越到高层越狭窄，在处理自下而上的信息传输时，却有可能造成大量的超载或阻塞问题。事实上，官僚制的稳定性与它所依存的信息的广泛性和扩散性是不相容的。

这种背离和不相容最终会使政府所提供的公共物品与服务与公众的偏好相脱离。公众的偏好相对于公益品和服务是要变化的，但官僚组织作为公益物品和服务的提供者却无法与公众保持密切关系，因为没有任何人能够知道其他人的偏好，除非他们有机会表达自己的偏好。“如果官僚组织不允许不同社群的人表达其各种各样的偏好，那么公益物品和服务的生产者就会在没有他们服务对象个人偏好变化的信息的情况下采取行动。支出与消费者的效应没有什么关系。在消费者效应损失的情况下，生产者效率是没有经济意义的。”①

公益品的消费具有非排他性，这些物品和服务一旦提供，意味着辖区的每个人都无从选择，即便这些物品和服务与其偏好不一致，他们也只有被迫消费所供给的东西，除非个人能够向另一个管辖区移民或者足以富裕能够自己提供。即使这些公共物品和服务碰巧与公众的偏好相符合，但信息的阻隔也可能使其所提供的公共物品的规模与服务水平无法满足公众的需要，公众也要为此付出不方便的价值和等待服务的时间。而“公共机构即使有也很少考虑客户的时间和不方便的价值。……这就会出现效率上的净损失。”② 当公众对公共物品的需求超过供给时，公共物品会受到严重的侵蚀并退化，拥挤最终会造成“公地悲剧”。“在缺乏能力修改供给规划和使用条例以作为反应时，公‘益’物品可能变成一种公

---

① 奥斯特罗姆：《美国公共行政的思想危机》，上海三联书店，1999 年，第 69 页。

② 奥斯特罗姆：《美国公共行政的思想危机》，上海三联书店，1999 年，第 67 页。

‘害’物品，公地悲剧会达到极其严重或爆炸性的程度。”①

因此，公共治理的危机实际可归结于官僚制内生的激励机制失灵。

官僚组织的另一内生性缺陷是其工具理性的品格与激励结构的冲突。按照韦伯的设想，传统官僚制是建立在行政和政治相分离的基础上的，也就是说，它是价值中性的。政治取向在官僚组织之外决定，而官僚制的使命就是高效率地执行政治意图。“在这种假定下，职业官僚只不过是为其规定着完全固定行动路径的不断运转的机制上的一个小小的齿轮而已。”② 但是，根据经济学的假定，个人（包括职业官僚）是一个追求自身利益最大化的行为主体。因此，他不仅仅是工具，他还是自己行为的目的。

“官僚制组织意味着依赖等级制，要求在适当的选择方面下级服从上级的命令，如果不服从则惩罚或者处罚。……公共官员利用政府权力能够进行核心指导和控制，意味着能够动员有效的惩罚来阻止拒不合作的策略，并执行管理规划来开发共同财产资源或者生产公益物品。”因此，“官僚制组织能够减少个人选择运用有关的某些成本。”③

但是，官僚个人的“经济人”品格会使官僚制的工具理性大打折扣，并使大部分依赖这种工具理性的目标落空。图洛克分析了理性自利的个人在非常大的公共官僚制中追求最大化策略而导致的结果。“图洛克的‘经济人’是雄心勃勃的公共雇员，追求自己在官僚制中获得提升的职业机会。既然职业发展靠的是上司的有利推荐，以职业发挥为目标的公务人员会取悦他或她的上司。有利的信息将会发送；不利的信息将会受到控制。信息扭曲将会减少控制，并产生偏离由行动产生的结果的期望。这样，大规模的官僚制会变得易于犯错，在适应快速变化的条件方面迟钝笨重。通过加强控制来纠正官僚制功能失调的努力会加剧错误。”④

组织内的个人和集团会着手设计自己的使命，找机会获得附加收入，包括贪污和腐败。“为个人自利所激发的目标置换和风险规避会导致组织功能失调，因为他们会想出精巧的理由来防止可能的上级权威的审查。对一个独立的观察家来说，当与有关组织目的和目标的公开的陈述相比较时，一个组织所产生的社会后果显得更加矛盾和虚幻。”⑤ 米歇尔·克罗齐在研究了法国的官僚制之后断定，

① 奥斯特罗姆：《美国公共行政的思想危机》，上海三联书店，1999 年，第 70 页。

② 戴维·奥斯本、彼得·普拉斯特里克：《摈弃官僚制：政府再造的五项战略》，中国人民大学出版社，2002 年，第 17 页。

③ 奥斯特罗姆：《美国公共行政的思想危机》，上海三联书店，1999 年，第 69 页。

④ 奥斯特罗姆：《美国公共行政的思想危机》，上海三联书店，1999 年，第 67 页。

⑤ 奥斯特罗姆：《美国公共行政的思想危机》，上海三联书店，1999 年，第 68 页。

"官僚制组织是一种不能从错误中学习从而改正其行为的组织"。[①]

激励问题导致低效率还可能与官僚们在特定岗位上形成的经验和专用性技能有关。"层级制通过专注于技术专用性和行为预期性，而实现绩效和效率。但是，同样基于技术专用性和可预期性也使得层级制成为有能力抗拒产生变迁的外来压力的最强有力的组织。"[②] 克洛泽指出，组织制度的主要特征是僵化性，它不能轻易地适应变革。因此，它的倾向是抵制一切变化。[③] 于是，威尔逊断言，"有一点是可信的，那就是官僚体系通常是偏爱眼前（利益）胜过未来，偏爱已知胜过未知，偏爱主导性使命胜过其他与之竞争的使命。"

韦伯曾经警告说，官僚制能以其自身的逻辑不可阻挡地发展，把个体参与者贬至"齿轮"的地位，并有把人们囚禁于"铁笼"之中的潜在危险[④]。结果，大众的利益和价值判断在官僚制的形式理性中湮没了。目的消失后，工具便成为目的，至此，官僚制开始面临合法性危机。[⑤]

因此，公共治理的危机还可以归结于官僚制内生的激励机制失灵。

正如卡赞西吉尔所指出的，"传统的政府，因其垂直的上下关系、臃肿的治理体系以及事事都要横加干涉，无法适应急速变化的经济、社会、文化环境。治理危机的出现，是与问题日益复杂，参与政策制订过程的政府以及市民社会的代理事务日益多样化相联系的。"[⑥]

二、新兴治理机制的兴起与治理理论的构建

相互依存的日益扩展而又迅速变化；组织内部和组织之间、国家内部和国家之间的互动日益频繁，但又总是为时短暂地跨越原有的各种边界，这些变化使等级制的协调丧失其优越性。近年来的环境变化，等级制协调机制日益式微，但却使各种网络机制得以扩张，治理的作用上升而政府的作用下降——这种现象并非仅仅导致决策模式有规律的交替和周期性地摇摆。它表明，客观世界的结构发生了根本变化，而制定政策所围绕的重心也相应发生了变化。为了应对这些变化，改善公共行政的质量，必须重塑全新的协调机制。新兴治理机制的兴起，原因在于政治经济状况发生了深远的变化，使得自组织（self－organization）、市场机制

---

① Michael Crozier, The bureaucratic phenomenon University of Chicago Press, 1964, p. 187.

② 彼得·布劳、马歇尔·梅耶，《现代社会中的科层制》，学林出版社，2001 年，第 22 页。

③ 转引自拉法耶：《组织社会学》，社会科学文献出版社，2000 年，第 48 页。

④ M. Weber, From Max Weber: Essays in Sociology, ed. H. Gerth and C. W. Mills. New York: Oxford University Press. 1946, p. 228.

⑤ 陈国富：《官僚制的危机与政府治理模式的变革》，《南开学报》，2006 年第 4 期。

⑥ 阿里·卡赞西吉尔：《治理和科学：治理社会与生产知识的市场式模式》，载于俞可平主编，《治理与善治》，社会科学文献出版社，2000 年，第 128 页。

和其他社会协作方式在进行经济、政治和社会协调方面发挥的作用超过等级制（鲍勃·杰索普，2000）。

在批评官僚制和总结公共管理经验的基础上，经济学家和公共管理理论的研究者逐渐构建了一种旨在推进有效政府治理的理论框架。这一理论框架的基本要点是：

（一）治理目标

治理的焦点是政府如何有效地与政府内及政府外的组织互动，最终实现目标——善治。“所谓善治就是政府和民间组织、公共部门和私人部门之间的合作管理和伙伴关系，以促进社会公共利益的最大化。”①

（二）治理主体

治理的主体结构是有效政府治理的前提。在治理的视角下，公共行政的核心首先是一套复杂、动态的组织机构和行为主体。传统公共行政关注政治－行政二分带来的管理挑战，以及在官僚组织内部的政策制定、预算和实践。治理理论则认为，公共行政的主体已经超出了多层级的政府机构，而延伸至社区、志愿者和私人部门，这些部门在公共服务及项目实施中所扮演的角色是治理视角关注的重要领域。“在某种意义上，‘公共行政问题’已经跳出了公共机构的边界，现在，一种宽泛的‘第三部门’正密切地进入公共事务的执行。”② 治理成为由许多主体和组织混合而成的网络化运作③，多元化的治理主体通过相互合作，共同形成一种多中心、互动式、开放型的治理结构。

开放的网络化的治理结构为克服传统官僚制的信息机制、激励机制的失灵奠定了组织基础。

（三）治理方式

治理方式是有效政府治理的重要条件。“治理概念决定了，它所要创造的结构或秩序不能由外部强加；它之发挥作用，是要依靠多种进行统治的以及互相发生影响的行为者的互动。”④ 参与治理的行为主体在此不再形成一种等级隶属关系，而是结成一种平等的合作关系或伙伴关系。因此，现代公共治理必须克服传统官僚制的权力依赖。不能再依赖命令的方式迫使对方回应，而只能通过资源交

---

① 俞可平主编，《治理与善治》，社会科学文献出版社，2000年，第8页。

② Simon, H. A. Administrative Behavior (3rd). New York: Macmillan, 1976.

③ 格里·斯托克：《地方治理研究：范式、理论与启示》，《浙江大学学报》2007年第2期。

④ 格里·斯托克：《作为理论的治理：五个论点》，《国际社会科学》1998年第3期。

换和基于共同目标的谈判来实现。萨拉蒙指出:“在这种情况下,公共行政传统的关注点,如公共机构内部的运作,其人事管理体制、预算过程、组织结构和动力机制对计划的成功变得不再那么重要。至少,组织的内部动力机制及其与第三部门的外部关系一起成为影响成功的重要因素。”①

协调的复杂性决定了需要采用多元化的协调机制,以克服等级制下命令方式所造成的权力安排与信息结构的背离。正如斯托克所指出的,协作的复杂性并不必然要求采用等级制的命令方式,还可以有别的选择,如通过规制、市场签订合约、回应利益的联合、发展忠诚和信任的纽带等来实现。② 认识到治理机制的宽泛性能够使我们更好地理解现代公共管理的过程,并将注意力从单个地方政府单元的内部操作和管理转向地方层面的多种组织如何在环境中相互作用。

公共物品和服务的生产与公众偏好之间的关系具有特殊的意义,因为它是有效政府治理的前提,因此,公众偏好的表达以及需求的决策安排与行政绩效有着本质的关系。③ 但是,公共物品不能交换,因而不能用市场价格来衡量用户的偏好。④ 于是,投票、代表、立法、协商和对公共物品和服务不满的表达对有效政府治理而言具有重要意义。

(四)治理的合法性

治理的合法性(legitimacy)是有效政府治理的保障。现代意义上的治理,其合法性建立在参与者的共识、共同利益和共同目标确认上,而不是源自法规或政府的行政命令。因此,治理在很大意义上是一种自愿性的合作过程。“更明确地说,治理是只有被多数人接受(或者至少被它所影响的那些最有权势的人接受)才会生效的规则体系……”⑤ 斯托克指出,公共服务改革的动力不在于某种规则的推动,而是基于完全和广泛的人道主义理念。⑥ 人们因为参与网络和伙伴关系而受到激励,也就是说他们的关系是建立在相互尊重和学习的基础上的。正是共享的知识、规范和信任感使治理行为更为有效。

将治理看作是具有开放、发展、反思特征的“沟通关系”具有重要意义。

---

① 萨拉蒙:《新政府治理与公共行为的工具:对中国的启示》,《中国行政管理》2009年第11期。

② 格里·斯托克:《地方治理研究:范式、理论与启示》,《浙江大学学报》2007年第2期。

③ 奥斯特罗姆:《美国公共行政的思想危机》,上海三联书店,1999年,第69页。

④ 奥斯特罗姆:《美国公共行政的思想危机》,上海三联书店,1999年,第73页。

⑤ 罗西瑙:《世界政治中的治理、秩序和变革》,《没有政府的统治》,江西人民出版社,2001年,第5页。

⑥ 格里·斯托克:《地方治理研究:范式、理论与启示》,《浙江大学学报》2007年第2期。

拜维说："我们不能漫不经心地假设科层组织在理解和判断其制度情景时和我们的理解和判断是相同的。不考察人们的信仰及他们看问题的视角，就不可能得出任何可信的解释。"他认为，为了解释人们的行为，必须了解他们的信仰和要求，而这需要通过考察他们对自己所处位置的理解及影响他们行为和价值观的规范来获得。在拜维看来，要"把治理理解为互相竞争的信仰的政治角逐，并在传统和困境的语境中解释他们的信仰"。①

随着官僚制结构的松动，公共行政的实质理性开始还原并逐渐突显出来。民主进入现代治理理论的视野，开始成为现代公共行政合法性的来源。

（五）治理的程序性要求

治理合法性要求的提高不是要消除其程序性要求，相反，合乎程序依然是治理的合法性的一个重要来源。行政体制改革的目的，是要实现有效的政府治理，不断提高治理的实际效能。从政府的角度来讲，提高治理效能的一个重要途径，是通过合理地设置机构，完善行政流程，贯彻责任性和体现规范性，来提高政府运作效率。

责任性（accountability）是有效政府治理的一项基本原则。强化政府责任，首先有赖于通过建立健全民主选举制度，形成一个充分竞争的代理人市场。② 但是，公共责任非政府所专有，现在它已经为政府与其他许多非政府组织所共享。"社会－政治治理不是依靠国家或市场，其目标是创建一种活动模式，在其中传统的等级式管理与社会自组织相互补充，所有的公共与私人行动者都要承担干预的责任并为干预负责。"③ 公共管理者面临的主要挑战在于，确定一种激励与惩罚相结合的机制以实现预期目标。信息的自由流通为建立规范和实施惩罚提供了条件，而规范和惩罚的有效实施才能保障集体行动的长期维持。

规范性是法治原则在政府行为过程中的具体表现。政府行为规范性的重要意义在于它使社会中介组织、市场主体和普通公众得以理性地预期政府的行为，并在此基础理性谋划自己的行为，同政府形成合作性的互动关系。

第二节 政府治理的探索与政府治理模式的变革

休斯（O. Hughes）解释道："发达国家的公共部门的管理已发生转变，曾经

---

① Bevir, M. A Decent red Theory of Governance [A]. Bang, H. Governance as Social and Political Communication [C]. Manchester: Manchester University Press, 2003. pp200－221.

② 何显明：《政府转型与现代国家治理体系的建构——60 年来政府体制演变的内在逻辑》，《浙江社会科学》2013 年第 6 期。

③ 罗茨：《新治理：没有政府的治理》，《政治研究》1996 年第 154 期。

在本世纪的大部分时间中居于支配地位的传统公共行政管理的那种刻板（僵化）、层级官僚体制形式逐步转变为一种灵活的、以市场为基础的（新）公共管理形式。后者并不是一种改革事务或管理方式的微小变化，而是政府作用以及政府与公民社会关系的一种深刻的变化。”[①] 传统治理的危机源于信息和激励困境，那么，应对危机也就主要依赖信息机制和激励机制的改进。不难发现，在西方国家政府治理模式的变革中，一系列新的技术手段和制度要素被引入官僚制之中[②]。这些技术手段和制度要素可理解为用以缓解官僚制中决策权安排与信息结构的背离，用以调和官僚制工具理性品格与官僚个人品格之间的冲突。

一、引入信息管理技术，建立电子化、网络化政府

透明性是公共权力规范化运作的必然要求。建设透明政府要求建立政务信息公开制度，政府提供的信息应当全面、准确、及时，公民申请获取政府信息渠道应当畅通便捷，以切实解决政府与公民之间信息不对称问题。因此，对公共管理改革而言，利用信息技术的潜力巨大。但是，长期以来，在信息技术的利用方面，几乎所有国家的公共部门都落后于私营部门。[③]

电子政府的建立，使传统的官僚制向虚拟官僚制方向发展，促使信息传播打破地域、层级和部门的限制，克服各种物流阻碍和组织阻碍，杜绝传统组织形态和物质构成中强调分工所造成的部门分割和官僚主义，同时促使政府进行职能和机构的整合，也使政府的运作程序更加简明、畅通，这些都有助于提高政府的办事效率。

网络技术的运用使社区或市民可以将信息直接传至决策层，中间层组织信息传递功能逐渐被网络替代，这就消除了信息与决策层之间的人为阻滞，使信息传递准确、及时，避免了信息传递失真。由于互联网打破了信息垄断，人与人交往变得自由、平等，这就要求政府摆脱传统官僚制中盛行的权力本位观念。

信息技术的引入，并没有根本解决官僚制中决策权的安排与信息结构相背离的事实。因为技术可能被用来促进合作、加强传播并扩大信息共享，也可能通过设计被强行用来促进控制以及人们对规则的遵守。在虚拟的官僚体系中，官僚指令的约束看似被弱化，但实际上，规则被内嵌于信息系统，公开的监督控制和运作程序被内嵌的规则系统所取代。[④]

---

① Owen Hughes, Public Management and Administration: An Introduction (2 ed). Macmillan Press LTD, ST. Martin's Press, Inc., 1998, p. 1.

② 陈国富：《官僚制的危机与政府治理模式的变革》，《南开学报》2006 年第 4 期。

③ 约瑟夫·奈、约翰·唐纳胡：《全球化世界的治理》，世界知识出版社，2003 年。

④ 简·芳汀：《构建虚拟政府：信息技术与制度创新》，中国人民大学出版社，2004 年，第 70 页。

但是，信息化要求“信息处理的分散化与决策的分权化”。[①] 将一个国家的经济信息集中于最高决策层，让决策在整个经济体系中同时执行，这只有在应处理的信息量、决策量与可利用的资源相适应时，才是有效的。当可利用的资源有限时，集权方式面临信息处理能力和组织协调能力的制约。信息技术的发展，既使信息处理成本急速下降，但也产生了信息量的增大和信息自身的多样化。结果，集权决策结构需要处理的信息，无论信息技术怎样发展都处理不过来。这样，要应对治理的危机，除了引入信息管理技术以外，还必须引入其他制度性要素，对信息进行分散化处理和推行决策的分散化。

二、引入参与和协作机制，分散和下放公共权力

在信息技术还呈现原始状态，不同地方之间的交流很缓慢，公共机构雇员的教育程度相对很低，在这样的指挥系统中，下面信息的上传和上情下达都有充裕的时间，因此，权力集中是必要的。

但是，今天的信息技术飞速发展，即使是偏僻地区通信也立时可达，许多公共机构的雇员都受过良好的教育。托夫勒指出，“加快决定的压力猛烈地冲击着日渐增加的环境问题的复杂性和不熟悉，对此必须作出决策”，“其结果是不堪承受的、决定性的超负荷。简单地说就是政治的未来震荡”。他提出了两种可能的应对办法：“一种办法是设法进一步加强政府这个中心，不断增加越来越多的政治家、官僚、专家和计算机以竭力争取跑在迅速增加的复杂性的前面；还有一种办法是通过群策群力，让‘下面’或是允许‘外面’作出更多的决定，来减轻作出决定的负担，而不是把作出决定的权力集中在已经紧张和乱了套的政府中心。”[②]

从20世纪80年代中期开始，公民参与已经改变了公共政策领域内传统的决策方式并成为民主行政的重要特征。“尽管处在权力位置上的某些人并不情愿公民群体这样做，但是历史潮流是不可阻挡的。如果一切照此发展下去的话，在不远的将来，我们将会看到公民更直接地参与管理。”[③]

权力下放是许多国家政府行政改革的核心因素之一。权力下放不仅发生在新建立的民主国家的公共管理改革中，在那些成熟的民主国家里也非常流行。欧盟各国都遵从附属原则下放权力，即按政府应当尽可能接近被统治者的原则放权。[④]

---

① 青木常彦，奥野正宽等：《市场的作用、国家的作用》，中国发展出版社，2002年，第67页。

② 戴维·奥斯本、特德·盖布勒：《改革政府：企业家精神如何改革着公共部门》，上海译文出版社，2006年，第187页。

③ 乔治·弗雷德里克森：《公共行政的精神》，中国人民大学出版社，2003年，第37页。

④ 约瑟夫·奈、约翰·唐纳胡：《全球化世界的治理》，世界知识出版社，2003年。

运用参与管理的方法分散决策权，通过协同合作来克服等级结构造成的人们分割的僵硬隔阂。因此，分权的机构具有许多优越性。

三、引入听证等程序，调和工具理性和价值理性之间的冲突

当官僚制作为政府治理的主要组织载体时，其中的决策要受价值前提和事实前提的共同影响。通常，等级制中处于相对高位的参与者的决策掺杂较多的价值因素，而相对低位的参与者则较多地根据事实前提进行决策。两种决策借助于行政程序来体现价值理性与工具理性的融合。

但是，官僚制封闭和保守的性格可能导致它所提供的服务与公众意图相脱节，从而引起工具理性与价值理性的冲突。而听证程序以及通告－评论程序的引入，则有助于缓解这种冲突。在听证程序的运用中，关于公共事务的决策，必须以听证记录作为唯一的决策基础。因此，听证程序的运用，体现了大众参与的精神，表达了对价值选择的重视。但是，仅仅依赖听证程序未必能够促进决策的科学化（理性化）。因为，它忽视了行政官僚（行政专家）专门知识的运用。比较而言，通告－评论程序则较多地发挥了行政专家的作用，同时又吸收了听证程序的一些优点，因此，它在政府行政管理中常常被采用。

虽然通告－评论程序对官僚决策的空间施加了一些限制，但它明显表现出对官僚理性的重视。行政机构可以不受公众评论的限制，使得专家可以全面考虑事实情况，以及在正式程序中可能无法得到表达的弱势群体的利益，这有助于行政机构做出最优化选择。但是，由于限制公众参与程度，并给予行政官僚更大的空间，从而增大了官僚滥用权力的风险。因此，运用听证等程序来调和工具理性和价值理性的冲突还需要一个漫长的改进过程。

四、引入竞争和市场机制，改善公共品供给的激励

企业是市场领域里运作的层级制，它服从于市场的激励和制裁，但官僚制并不服从于这些制裁，因为它并不是通过市场获取资金。它们通常不会破产，因此不存在使官僚制的高层保证严格监督的任何压力。与其化费很大的努力去改进官僚机构的运作效率，还不如更多地依靠市场机制来提供某些公共服务。

一些传统上由政府提供的纯粹公共服务——法院和警察系统、军事力量、对外交往、传染病控制、基础研究和信息服务等等，它们为每个人提供同样的产出，并且不可能（有效地）排除不付费而享用这些服务的现象。因此，如果没有政府资助，这些服务可能根本无法提供。因此，大部分这类服务目前还是由官僚机构提供的。

但是，对官僚机构供给某些公共服务的日益不满，加上私人机构在这些公共服务的供给上所展现的效率，促使许多国家尝试由营利性私人机构和非营利性组

织提供公共服务。许多由政府资助的服务，也可以由私人部门来提供，或者存在市场化的可能性。这些服务的特征是，给它的消费者带来直接的私人收益，并且给更多的消费这些服务的公众带来预期收益。在技术上，也能够做到排斥那些不付费的消费者。这些服务通常在没有政府资助的情况下也能由私人部门来提供。

私有化是许多国家政府改革运动的起点。即使是那些纯粹的公共服务，其生产的某些部分，也可以由营利性企业按照与官僚机构的合同来提供。可以越来越多地看到民营部门通过公私合作的形式设计、投资、建设、管理甚至拥有基础设施。以美国为例，大多数官僚机构的办公楼是由私人企业修建的，大多数武器装备是由私人企业研制和生产的。私人企业还可以通过竞标提供邮政服务、消防服务、空中交通管制终端系统，甚至一些军事力量也是由一些私人企业提供的，比如部分民兵部队。1996 年，美国通过福利改革法案，开始向私有的、寻求利润的承包商开放福利事业。洛克希德——马丁公司等私人企业进入福利事业。

在拉美国家，私有化的主要形式是出售国有企业；而且出现了另一种形式的私有化——那些被视为核心的政府服务领域的私有化，越来越多的私有化从工业扩展的曾经被视为纯粹的政府领域。①

通过私人企业供给公共品，原来的直接管理便被合同约束所取代，在合同中，明确规定资源的供给和公共品的质量标准。这有助于提高未来基础设施建设项目的公共管理绩效。

利用营利性或非营利性私人企业的资源来提供公共服务，具有重要意义，它削弱了官僚机构供给公共服务的垄断权力，也有助于公民在市场中更自由地选择所需要的公共服务。这种自主性将取代过去那种强制公民接受由立法机关和官僚体制所限定的整套服务的体制。由于在供给方式和管理方面独立于官僚机构和审查委员会，因此能够显著地减少官僚价格和审查委员会的垄断权力。它们在承受市场压力的同时，市场也在为它们提供的物品发现价格，并给予其合理的回报。

五、发挥非政府组织（NGO）的优势，弥补政府治理能力的不足

在管理社会公共事务方面，非政府组织具有与官僚机构完全不同的运作方式和处事法则，因而具有自己的信息优势和激励特征。一般而言，非政府组织是高度弹性的，它的作用边界并不一定与行政区划相吻合，它在处理那些“跨地区”甚至“跨国”的公共事务时，就可以避免行政归属模糊所带来的困难。与之相反，官僚机构的权力边界是严格刚性的，特别是在处理跨国事务时，官僚机构在捍卫国家主权方面往往少有回旋的余地。官僚机构是依赖命令并通过等级制度管理社会公共事务的，但在跨国合作中，却不存在这种上下级关系，大家都是平等

---

① 约瑟夫·奈、约翰·唐纳胡：《全球化世界的治理》，世界知识出版社，2003 年。

的一员，如果依赖高度刚性的官僚机构处理跨国的社会和政治行动，必然会对一些跨国合作构成损害。

政府负担过重和过于官僚化使它在处理社会公共事务时常常力不从心，尽管政府拥有权力，但管理好社会公共事务往往需要更多的专业知识，而这是权力难以赋予的。所以，正确的做法是发动更多社会力量参与社会公共事务的管理，这样才能弥补政府能力的不足。由于 NGO 具有规模小、灵活机动、能够利用基层力量等优点，因而比较适合于填补由官僚机构留下的空白。近年来，“自助依赖”（assisted self-reliance）和“参与式发展”（participatory development）的兴起，正是非政府组织有效利用其贴近基层的信息优势将基层的能量和热情释放出来的结果。

“多头管理”使政府经常处于一种“有组织的无政府状态”，政府命令不能得到完全的执行，“政策缝隙”进一步加大，这些说明政府能力是有限的。因此，正确的做法是发动更多社会力量参与社会公共事务的管理，以弥补政府能力的不足。有人担心，非政府组织参与社会公共事务的管理会导致“权力转移”，也有人怀疑这些非国家社团是否具有能力填补国家权威退却后留下的政治真空。其实，这种担心是多余的，非政府组织参与公共事务管理所依赖的是富有弹性、贴近基层的优势，它与官僚机构正好形成一种互补合作的关系。非政府组织的有效介入可以使官僚机构从一些繁杂的社会事务中解脱出来，从而集中精力处理那些界限分明、运用刚性权力效果更好的社会事务。

第三节　中国语境下的政府治理体系

政府治理模式不是任意选择的，它与一个国家的历史演变过程有着深刻关系，因而有着明显的路径依赖性。① 经过 30 多年的改革探索，中国形成了一种富有自身特色的政府治理体系和治理结构。这些治理体系和治理结构是对过去计划体制改革的产物，同时又是进一步改革的约束条件。

一、计划经济遗产

20 世纪，政府职能和政府规模空前扩展。相对于传统国家而言，现代国家的政府不仅垄断了其统辖范围内的暴力或强制力量，而且借助于其系统化的监控、干预、规训能力，将其强制力量延伸到领土范围内的各个部分，渗透到社会生活的各个环节。“现代民族国家的产生，其目标是要造就一个国家行政力量对

---

① Tilly, Charles. The Formation of national States in Western Europe. Princeton University Press, 1975.

社会全面渗透的社会；它的形成基础是国家对社区的全面监控。”① 现代国家在试图给公民提供权利保障的同时，也建立起了对每个公民出生、婚姻、经济状态、疾病、信用等各方面信息的详细记录，行政权力因此介入到了日常生活的细枝末节，渗入了最为私密的个人行动和人际关系。②

新中国的建立，标志着具有强大政治整合能力的现代国家的诞生。高度集中的计划经济体制使政府权力空前膨胀，政府因此成为某种意义上的超级“利维坦”。通过垄断社会资源，将权力触角伸向社会生活各个角落，建立起了一个政府权力统摄一切的全能 型（Totalism）政府。全能型政府反映的是一种特殊的政府与社会关系，即政府可以按照自己的意志进入社会生活各个领域、各个角落，取代市场，管制社会。全能型政府在很大程度上是对近代中国“总体性危机”的反应。

“在社会各种制度和组织正在解体的时期，只有用政治团体的权力深入社会的每个角落，去重建各种组织与制度，去解决社会领域中的问题，才能一面重建国家，一面重建社会”。③ 在全能型政府治理模式中，政府职能的范围不受限定，政府行为几乎不存在实质性的边界。市场交易被取缔，所有经济资源的配置由政府直接安排，所有组织和个体被纳入行政化的组织体系。通过资源分配和层级隶属的组织网络，政府直接控制所有社会组织和成员，并及时将各种可能偏离政府控制的社会自主性因素清除干净。

但是，全能型政府治理模式窒息了经济发展的活力，使国家长期无法摆脱短缺经济的困境。同样，政府对社会的严密管制，也完全摧毁了社会的自组织秩序，使得整个社会秩序的维系完全依赖国家权力的强制控制。④

改革开放30多年来，中国政府的决策方式和治理模式发生了很大变化，但现实的观察表明，政府主导的全能主义依然是目前中国政府治理模式的一个明显特征。具体表现为：实现社会整齐划一，步调一致是政府管理的目标；试图通过利用信息不对称来管理社会；军令状和粗暴执法是政府管理常见的手段；追求无抗议管理，坚持社会抗议零容忍；突击式综合整治是政府经常采用的方式。⑤

---

① 吉登斯：《民族—国家与暴力》，生活·读书·新知三联书店，1998年，第146-147页。

② 何显明：《市场化进程中的地方治理模式变迁及其内在逻辑》，《中共浙江省委党校学报》2005年第6期。

③ 邹谠：《二十世纪中国政治：从宏观历史与微观行动的角度看》，牛津大学出版社（香港），1994。

④ 邹谠：《二十世纪中国政治：从宏观历史与微观行动的角度看》，牛津大学出版社（香港），1994年。

⑤ 燕继荣，变化中的中国政府治理，《经济社会体制比较》2011年第6期。

二、中央与地方

与全能型政府相对应，我国行政体制倾向于集权而非分权。周雪光将这种高度集权的行政体制概括为权威体制，但同时指出，权威体制与有效政府治理之间存在内在矛盾。[①] 权威体制的核心是政府自上而下推行其政策指令意图，上级政府在资源和人事安排上的高度统辖权。有效治理指权力、资源和治理能力应该放在有效信息的层次上，即加强基层政府的能力。在不同领域或属地管理中处理解决具体问题的可行性、有效性，尤其体现在基层政府解决实际问题的能力，例如完成自上而下的资源动员任务、公共产品提供、解决地方性冲突等等。两者之间的矛盾表现为：权威体制的集中程度越高，越刚性，必然以削弱地方治理权为代价，其有效治理的能力就会相应减弱；反之，有效治理能力的增强意味着地方政府治理权的增强，常常表现在——或被解读为——各自为政，又会对权威体制产生巨大的威胁。这一矛盾正随着中国社会的多元发展而日益明显。

周黎安则把中国目前的政府体制概括为一种“行政逐级发包”的包干制。[②] 在制度安排上，采用的是逐级代理制，即中央及各级政府将属地管理的事权（治安、就业、经济发展、公共产品提供等等）一揽子交付下一级政府，而且将下级政府官员的任命、考核和管理委托给其直接（或隔级）上级部门。

显然，中国的政府治理一直受“中央管辖权与地方治理权间的紧张和不兼容”的困扰。[③] 几千年来，这一难题并没有真正从体制上得以破解，与集权和分权反复相伴随，中央和地方之间的权利平衡点也在不断地来回摆动。

日前体制下，政府治理仍然存在一系列问题：一是政府之间的职责分工依然是一种量的分工模式，政府间只有权限的区别而没有职能的差异。政府职责分工的同构化，不仅造成了大量宏观微观职能配置错位的现象，而且极大地模糊了各级政府的刚性职责。二是“压力型体制”下的权力紧张关系，导致了事权、职责逐级下移，财力、权力逐级上收的运行态势。政策性放权虽然赋予了中央政府收放自如的自主性，却不可避免地导致了政府间行政博弈的泛滥，往往导致“一收就死、一放就乱”的局面。[④]

---

① 周雪光：《权威体制与有效治理：当代中国国家治理的制度逻辑》，《开放时代》2011年第10期。

② 周黎安：《转型中的地方政府——官员的激励与治理》，格致出版社，上海人民出版社，2008年。

③ 周雪光：《权威体制与有效治理：当代中国国家治理的制度逻辑》，《开放时代》2011年第10期。

④ 何显明：《市场化进程中的地方治理模式变迁及其内在逻辑》，《中共浙江省委党校学报》2005年第6期。

三、政府与企业

尽管政企分开改革长期被定为经济改革的主线，但中国行政体制的结构问题依然很突出，这些结构问题在国务院1998年《关于国务院政府机构改革方案的说明》中有比较清楚的描述：

现有政府机构设置的机构框架，是在实施计划经济体制的条件下逐步形成的。突出的弊端是政企不分，政府直接干预企业的生产经营活动，容易造成责任不清和决策失误，难以发挥市场在资源配置中的基础作用。同时，片面强调综合部门和专业部门的相互制约，造成部门职能重叠，政出多门，相互扯皮，办事效率低下。政府管了很多不该管、管不了、实际上也管不好的事情，现有政府机构重叠庞大，人浮于事的现象严重，这不仅滋生了文牍主义和官僚主义，助长贪污腐败的不正之风，也给国家财政造成了严重负担。中央和地方财政几乎都成了“吃饭财政”，极大地影响了政府进行社会主义建设和维护社会公共利益的能力。

中国行政体制的结构问题首先表现在政府与企业的边界模糊不清。从市场运行的角度来看，企业和官僚制是两种互补性的层级制，两者分别承担私人品和公共品的供给（这种分工不是绝对的）。但是，在我国，企业与官僚制之间并没有形成明晰的分工格局，官僚过多地卷入企业的生产经营活动，行政手段直接参与和组织私人品的供给，行政机制替代了市场机制。这种替代是一种职能“错位”，决策失误频繁发生也就是当然的事情。但职能“错位”并没有使市场机制在公共品的供给上发挥应有的作用，结果，公共品供给严重短缺。

这种“错位”导致中国官僚制丧失工具理性的品格，官僚制在缺乏从外部输入的价值和目标时，它就会追求自己的价值和目标，行政官员也就从技术官僚变成“政治家”。行政官员“身份”的变化会对官僚制的行政精神产生重要影响，它会使行政过程缺乏与公众的对话和交流，也会排斥公众对行政的参与，行政过程会变得越来越封闭。

这种利益追求的格局必然延伸到官僚制内部，由于各职能部门职权界限模糊，每个部门可能都有自身的利益，逐利的动机反过来强化了这种职权的模糊性。结果是，专业化无法在官僚制内部得以发展，技术官僚在专业知识上的优势不明显，最后导致行政效率的低下。

四、公民社会

公共事务的有效治理取决于公共机构与社会机构之间的合理分工，但这必须有决定它们之间合理分工的社会结构。哈贝马斯对早期西方社会结构转型的研究，有助于我们理解公民社会对于公共事务的治理所具有的意义。他从17世纪

的英国和18世纪的法国历史中抽象出“公共领域”这一概念。[①] 他下面的图式描述18世纪公共领域的基本轮廓：

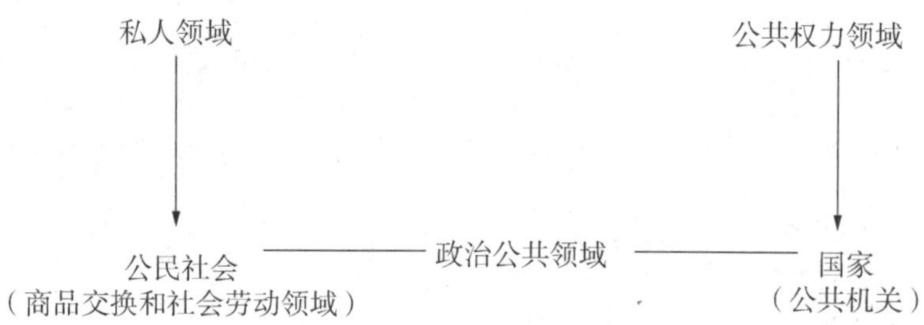

政治公共领域不仅为协调各种私人权威提供了空间，也通过它集中起公民社会的意识。公民社会通过这一领域对国家可能侵犯私人权利的行为进行监督、约束、抵制甚至抵抗。哈贝马斯认为，早期西欧社会向现代社会的成功转型，关键是这个“公共领域”保持了公民社会对国家的集体行动，并强大到可以迫使国家及其代理人只有通过保护私人权利来实现其自身的利益，从而成功地维护了公民社会和与国家之间的均衡性质。

中国的社会结构决定了并不存在所谓的“公共领域”。全能型政府对社会空间形成挤压。政治机构的权力可以随时地无限制地侵入和控制社会每一个阶层和每一个领域（邹谠，p. 3）。与之相对的是社会组织丧失了独立性，它不仅不能形成对不合理政府干预的有效制约，也失去了参与许多社会公共事务治理的机会。

沃克曼认为，中国民间组织不具有自治权（Walkman. 1993）。昂格尔和陈佩华运用（国家）合作主义解释中国社团，但他们发现，一些社团仅仅在纸面上是合作主义者，实际上是作为国家的延伸物或“传送带”在行动（Unger&Chan, 1995）。另一些研究者通过对中国社会个案的考察，发现温州商会等组织虽不具有社团主义的典型特征，但在某些方面更接近于多元主义。但多元主义的迹象不能证明中国民间社团相对于政府的独立性；相反，国家甚至通过法律规制以外的手段渗入到商会等民间组织中，以保证组织的政治可靠性。[②]

目前，中国政府依然保持着对政府以外各类主体的严格控制，社会团体的自主性依然匮缺，至多拥有所谓“镶嵌的自主性”，且在分类控制体系下，“社会

---

① 哈贝马斯：《公共领域的结构转型》，学林出版社，1999年，第22页。

② 王诗宗：《行业组织的政治蕴含：对温州商会的政治合法性考察》，《浙江大学学报》2005年第2期。

组织所发挥的作用仅仅是‘拾遗补缺’”。①

五、政策工具混搭

在公共管理中，政策工具的短缺及对其理论认知的薄弱，通常会使政府在应对社会问题的思路雷同化，给出的政策工具也千篇一律。如同彼德斯）所发现的，“一些政策制定者对特定政策工具情有独钟，使用相同的政策工具去处理几乎所有的政策问题。”比如用“编制”控制不同属性组织中公职人员的膨胀，用“运动性执法”来建构街头秩序等，这极大地影响了政府治理能力的提高，甚至危及政府的合法性。② 因此，奥斯本·盖布勒认为，现代政府诸多失灵之处“不在目的而在于手段”。③

政策工具能力的不足以及开发新政策工具步伐的迟缓，已经成为制约我国行政管理体制改革的深层原因。在现有经济文献中，政策工具的选择被视为一个理性的、线性的和技术性活动，从而忽略其内在的政治属性。一个从中央计划经济向市场经济转型社会的政府，不可避免地要承担双重职能——既要提供与旧制度相维系的公共服务，又要提供与新制度相维系的公共服务。这必然导致用于政府治理的政策工具的混搭。在实践中，不同谱系的政策工具（比如功能论、资源论和策略论）共存并一同服务于政府治理实践；一系列秉持不同价值的政策工具在政府治理中被镶嵌在一起。以深圳的公务员分类改革为例：依据《深圳市行政机关公务员分类管理改革实施方案》，此项改革的主要内容包括“职位分类”和“聘任制”两项。按职位性质、特点和管理需要，将全市行政机关公务员职位划分为综合管理、行政执法和专业技术三大职位类别。其中，综合管理类公务员仍沿用传统的公务员管理模式，而行政执法类、专业技术类公务员则适用“聘任制”这种新制度。这些行政管理工具存在一些彼此冲突的价值取向。因此，要深化行政管理体制改革，要拓展政府治理社会问题的思路，提高政府治理能力等，就需要不断提高政策工具的理论水平。④

不同体制下的“公共服务”彼此冲突，政策工具的混搭必然抵消政府服务的总体效果。因此，政府的权力不仅会保持其扩张的本性，而且为使相互冲突的政府服务达到“道德合法性”（legitimacy）所要求的效果，它还必须产生超过权

---

① 康晓光，韩恒：《分类控制：当前中国大陆国家与社会关系研究》，《社会学研究》2005 年第 6 期。

② 郁建兴，王诗宗：《治理理论的中国适用性》，《哲学研究》2010 年第 11 期。

③ 戴维·奥斯本、特德·盖布勒：《改革政府：企业家精神如何改革着公共部门》，上海译文出版社，2006 年。

④ 孙志建：《政府治理的工具基础——西方政策工具理论的知识学诠释》，《公共行政评论》2011 年第 3 期。

力本性的那种扩张冲动。

第四节 中国政府治理模式的变革逻辑

中国的政府治理面临特殊的历史条件，同时面临全球治理环境所施加的影响。有效的政府治理不存在放之四海而皆准的模式，一国的政府治理模式的构建需要应对目前所面临的复杂性的挑战，同时需要妥善处理历史所赋予的结构性遗产，因此，政府治理模式的变革逻辑是由环境、历史和预期目标共同决定的。就我国来说，政府治理模式的变革逻辑体现在实现如下几个转变。

一、从全能型政府到有限政府

在全能主义治理模式下，会形成一种惯性和循环——“政府主导”越是促成经济繁荣，社会资源便越是掌控在政府手中；社会资源越是掌控在政府手中，经济繁荣便愈加依赖于“政府主导”；政府吸取资源的能力越强，涉入社会事务越深，管理的事务范围越广，社会自治的能力便越弱，社会和民众对政府的依赖越来越强化。[①] 政府包揽社会事务，不仅导致中国行政费用增幅远远超过 GDP 的增幅，[②] 也让政府深陷于社会矛盾泥潭，成为社会冲突事件的矛头指向目标。

要实现有效治理的目标，就要改变政府治理模式，而改变政府治理模式的最好路径是在缩减政府职能范围，让全能型政府变为有限政府。[③] 因为，只有有限政府才可能是有效的政府。有限原则要求政府退出对于那些政府不该管也管不好的社会事务，也就是《中共中央关于全面深化改革若干重大问题的决定》所指出的，“最大限度减少中央政府对微观事务的管理，市场机制能有效调节的经济活动，一律取消审批”；有效原则要求政府对于那些非得由政府管理不可的社会事务，政府则必须承担责任，以最有效的方式把这些事务管理好。

但是，问题的关键显然不是全能型政府是否应该向有限政府转换，而是这种转换如何可能，以及如何实现这种转换。历史表明，政府权力的扩张，会不断蚕食社会生活的自主空间，结果是“政府越来越多地作为一个侵犯性的管理机构存在于日常生活之中”，[④] 直至将整个社会生活纳入自身的控制范围。因此，全能

---

① 何显明：《市场化进程中的地方治理模式变迁及其内在逻辑》，《中共浙江省委党校学报》2005 年第 6 期。

② 胡联合、何胜红：《我国行政成本演变态势的实证研究（1978 ~ 2006）》，《公共行政评论》2009 年第 5 期。

③ 弗朗西斯·福山：《国家构建——21 世纪的国家治理与世界秩序》，中国社会科学出版社，2007 年。

④ 戴维·赫尔德：《民主的模式》，中央编译出版社，1998 年，第 131 页。

主义本身就是这一模式转换的最大障碍。

但是，至少有两个方面的因素会促使全能型政府向有限政府转换：一是治理的复杂性；二是科层结构的碎片化。

当代社会所面临的问题，无论是保护环境、推动经济健康发展、维护良好的社区氛围，或者是协助防范犯罪等等，都没有简单的解决方案。这些问题相互依存，“任何一个行动者，不论是公共的还是私人的，都没有解决复杂多样，不断变动的问题所需的所有知识和信息；没有一个行为者有足够的能力有效地利用所需的工具；没有一个行为者有充分的行动潜力单独地主导一个特定的政府管理模式。”①

复杂性构成现代社会的一部分。② 治理的复杂性首先来自于社会各部门与不同机构之间的界限正日益模糊化。界限模糊所带来的“边缘问题”是治理复杂性的一个重要根源。例如，谁应当为人们的健康负责——公民？政府？还是企业？解决犯罪问题不能仅仅靠警察；同样，青少年教育也不能单单依赖学校。治理的复杂性还来自于大量公共事务的技术性困难。建造学校、道路和医院以及为现代生活提供清洁的水源、燃气、电力等“硬件设施”曾长期困扰每一级政府，而目前所面临的大量“软件设施”，如维持健康的社区、确保经济健康发展以应对全球化更是各级政府所面临的严峻挑战。

随着公共服务范围的扩大，公共服务的提供通常涉及许多层级与各类组织的协作。在需要复杂交流和众多参与者的协同运作中，社会关系质量和地方性知识会对治理效果产生至关重要的影响。而地方和社区治理能够提供那种自上而下的政府体系所缺乏的社会关系力量。因此，治理复杂性的解决之道在于引入非政府组织和构造网络化的社区治理（networked community governance）。③

如果说治理的复杂性是促使全能型政府向有限政府转换的外部因素的话，那么科层结构的碎片化则是促使这一转换的内部因素。

具有全能主义倾向的官僚体制并非铁板一块。科层机构在功能上相互分割，因而科层结构也呈现出碎片化，Lieberthal 将其称为“碎片化的威权主义”。④

在中国多层级的政府间关系中，中央政府和地方政府存在不同的利益诉求，

---

① Kooiman, J. Social - political governance: overview, reflections and design. Public Management 1/1, 1999.

② 格里·斯托克：《新地方主义、参与及网络化社区治理》，《新华文摘》2006 年第 18 期。

③ 格里·斯托克：《新地方主义、参与及网络化社区治理》，《新华文摘》2006 年第 18 期。

④ Lieberthal, K. Introduction: The fragmented authoritarianism model and its limitations, in K. Lieberthal &M. Oksengerg (eds.), Policy Making in China: Leaders, Structures, and Processes, Princeton University Press. 1988.

中央更关心宏观经济态势和全局利益平衡，而地方政府更关心辖区内的经济发展、财政资源规模和地区公众福利等，两者所面临的约束条件也很不一样。市场化的改革导致非国有企业的大量进入，地方官员的利益基础发生了很大变化。他们不再限于从行政上级获得资源，还可以通过与地方企业构建“地方社团主义”（local corporatism），从地方的经济发展中获得好处。这种利益联盟反过来促使地方官员更加支持市场化改革，并劝说行政上级进一步减少政府干预，给予企业家们更多的政策支持。① 地方政府对于民间组织促进经济增长、合作提供某些公共服务的重视往往超过上一级政府，而上一级政府对于民间组织政治可靠性要求通常高于地方政府。② 政府间关系的这种碎片化，为民间组织赢得了生机。③ 上一级政府基于其自身能力的考虑，通常会给予民间组织一定的自主性，并让它们与地方政府进行合作。因此，即使在全能主义模式下，“国家体系之外的推动力量”仍然有可能参与公共事务治理。④ 改革开放以来，中国发生了两个重大变化，其一是市场化带来了很大程度的经济自由，其二是民主政治（特别是基层民主）开始起步。在市场化改革中，基于私人领域的社会组织得以成长，有一定自主性的私人还可以通过社区等途径参与社区性公共事务。⑤

因此，只要坚持市场化改革方向，市场经济就会按照自己的扩展逻辑催生出一个相对自主的经济秩序，进而催生出一个自主性的社会生活空间。与此相伴的，是治理的平衡点的转移——为地方社区和公民留下更大治理的空间。⑥

二、从压力型体制到民主合作型体制

根据荣敬本等定义，所谓“压力型体制”，就是指一级政治组织为了实现经济赶超，完成上级下达的各项指标而采取的数量化任务分解的管理方式和物质化的评价体系。⑦ 政府层级间压力的传递具体体现在“责任状”上：上级把具体量

---

① David D. Li. Changing Incentives of the Chinese Bureaucracy AER. V. 88, May 1998, pp 393 - 7.

② 王诗宗：《行业组织的政治蕴含：对温州商会的政治合法性考察》，《浙江大学学报》2005 年第 2 期。

③ 王信贤：《争辩中的中国社会组织研究：“国家 - 社会”关系的视角》，台北韦伯文化国际出版有限公司，2006 年。

④ 郁建兴、王诗宗：《治理理论的中国适用性》，《哲学研究》2010 年第 11 期。

⑤ 贾西津、黄爱丽：《城市社区的参与式治理——以宁波市海曙区为例》，《地方政府创新与公民社会发展国际研讨会论文集》，浙江大学出版社，2007 年。

⑥ 格里·斯托克：《新地方主义、参与及网络化社区治理》，《新华文摘》2006 年第 18 期。

⑦ 荣敬本等：《从压力型体制向民主合作体制的转变——县乡两级政治体制改革》，中央编译出版社，1998 年。

化的指标和任务分解和落实到每个下级部门或机构，责成后者必须在规定时间内完成，如果能够完成，甚至超额完成，则可能获得行政晋升和物质奖励；否则要承担行政责任和物质惩罚。尽管在“压力型体制”下，地方政府实际拥有很大的资源和事权，但上级政府还是保留着自上而下随意干预的权力。在实际过程中，执行灵活性本身不是稳定不变的，而是因事因地而异，有待自上而下的裁决。[①]

如果说市场机制的引入终究会导致全能主义治理模式的瓦解的话，那么官僚体制内的两种权威的对峙最终会促使压力型体制向民主合作体制过渡。

官僚制内第一种权威来源于职位。官僚制组织是一种等级制，它要求下级服从上级的命令，如果不服从就会受到惩罚。爱德华认为：“科层制控制让权力通过组织本身而使权力制度化。等级制关系则把不平等的人际权力关系转变为岗位关系，把特定的人际关系抽象为具体的工作关系。”[②] 官僚制内第二种权威来自于行政管理人员个人的专门知识，这些权威依赖存在于非正式的社会网络里，依赖于对某些信息的控制。“知识本身是不承认等级的，因为没有‘高级’和‘低级’知识。”[③] 基层政府的行政管理人员由于直接面对所服务的对象，因此他们可能拥有比他们的上级更准确、更充分的当地（或当事人的）信息。对这些具有专门知识的下级来说，最有效率的组织形式不是官僚层级制，而是横向的网络结构。

在韦伯时代，由于等级制的个人职位和他的技术能力的来源之间高度地正面关联，因此，在信息革命以前，职位的权威还能通过组织原则和垄断决策的信息来源等方法得以维持。但信息革命最终打破了这种均衡，信息技术增加了下级政府人员在信息和知识方面的占有量，极大地削弱了职位权力的基础，从而对垂直型的单向度的权力运作方式提出挑战。

在压力型体制下，上级政府在决定是否向下一级政府放权时面临一个两难困境：放权有助于利用下一级政府对于当地的信息优势和改善对下一级政府的激励效果，但放权又会增加监督和控制的成本，下一级政府可能会滥用上一级政府的授权，甚至利用手中的权力与上一级政府博弈。

造成行政分权两难困境的关键在于，我国行政体制中信息获取与监督的性质，即上一级政府主要依靠自上而下收集关于下一级政府施政的信息，形成垂直监督和控制，而较少利用横向的或其他来源的信息（如民众的意见和评价）监

---

① 周雪光：《基层政府间的共谋现象：一个政府行为的制度逻辑》，《社会学研究》2008年第6期。

② 彼得·布劳，马歇尔·梅耶，《现代社会中的科层制》，学林出版社，2001年。

③ 戴维·奥斯本、特德·盖布勒：《改革政府：企业家精神如何改革着公共部门》，上海译文出版社，2006年，第200页。

督和约束下一级政府的行为。消解行政分权困境的关键在于，监督和控制下一级政府的功能不再唯一地由上一级政府完成，而是借助最优发言权的公众的评价和判断。如果让政府服务的对象——公众对政府施政的满意度纳入官员的考核范围，如果让辖区内的公众意愿能够成为影响官员仕途的重要参数，就可大幅减低上级政府在考察官员所需的信息成本和设计晋升标准方面的困难。因此，越向基层政府分权，基层政府越有可能提供适宜当地的公共服务；基层政府与民众之间的距离越近，辖区的民众越有能力监督地方政府的施政情况。民主合作体制的优势在于，同时解决了获取公众偏好的信息问题和监督地方政府的问题。

在此，我们看到了斯托克所倡导的“新地方主义”（New localism）的合理性，即在政策优先权的共识框架内，将权力和资源从集中控制向一线管理者、地方民主实体和地方消费者及社区转移，从而为处理复杂事务提供足够的治理弹性。①

当然，民主合作体制还需要一个重要的环节，就是司法和舆论对政府行为的监督和制约。如果地方政府在履行公共权力方面出现渎职或侵权行为，公民可以通过司法程序起诉地方政府，或者所有公共权力的运用都被置于舆论的监督之下。

三、从实质理性到形式理性

治理不仅依赖政府机关和各种机构，还需要公民的参与，各种利益集团、网络以及部门间的协商。治理促进了国家与社会间的互动，成为形形色色社会代理者（agents）之间的一种协作方式，也使政策的制订更为有效。但正如卡赞西吉尔指出的，公共治理强调有效的政策制定以及产出，不过真正能够更有效地满足公民期待的，是为制度造就更好的投入，即造就积极自主的公民。② 因此，从实质理性（substantial rationality）来看，所谓有效治理实际上是国家权力向社会回归，因而是一个“还政于民”的政治过程。③

从实质理性来理解，治理的目标就是“还政于民”。而如何实现这一目标，可选的途径和方式可能多种多样，但总有一种是相对最优的，实现目标的方法和过程就是形式理性（formal rationality）问题。斯莫茨指出，“归根到底，治理包括参与、谈判和协调。……在这里，程序的基本原则（为维护对话机制）至少

---

① 格里·斯托克:《新地方主义、参与及网络化社区治理》,《新华文摘》2006 年第 18 期。

② 阿里·卡赞西吉尔:《治理和科学：治理社会与生产知识的市场式模式》，载于俞可平主编,《治理与善治》，社会科学文献出版社，2000 年。

③ 俞可平:《全球治理引论》,《马克思主义与现实》2002 年第 1 期。

与实质的基本原则（为公众利益进行某种活动）同样重要。”①

相对而言，理性化的官僚制是能有效服务于实质理性，是最能保障治理目标实现的组织形式。在一个充分发展的官僚组织中，其成员按章办事，不徇私情，其成员行为受正式或非正式的规章制度的约束。因此。官僚组织的形式理性（即科层理性）既否定了政府恣意干涉的合法性，也约束了基层官员行为和执行政策的“灵活性”。“正如自从中世纪以来，所谓的迈向资本主义的进步是经济现代化唯一的尺度一样，迈向官僚体制的官员制度的进步是国家现代化的同样是明白无误的尺度……”② 或许正是因为“科层制思维的基本定式是把所有的政治问题转化为行政管理问题”，③ 满足了实质理性对稳定性和有效性的要求，官僚制才成为现代政府治理的基本组织形式（尽管现在官僚制面临重重危机）。

与理想型的官僚制比较，中国的有效政府治理所依赖的组织形式至少存在三个方面的缺陷：

第一，政治与行政之间缠绕太深，不仅无法确立形式理性的独立性，也使行政决策无法体现专业化分工的要求。从知识论角度看，中国官僚制由于没有考虑事实领域和价值领域的区分，导致决策方式与决策事务的错位。原则上，在价值领域适用集体决策，在事实领域则适用专家决策。但由于没有对事实领域和价值领域加以区分，在应该进行集体决策的价值领域，立法机关没有给出指令，也没有引入大众参与的程序，而由行政官员一手操办，最终由少数人做出价值选择，这样的选择自然难以获得大众接受；在事实领域，由于行政职权混乱造成专业化无法深入发展，行政专家的专业知识大打折扣，专家决策的理性水平也受到影响。

因此，中国行政体制改革的切入点还是政治和行政的适当分离，因为只有这样，才能对价值领域与事实领域加以区分。有了这种区分，在价值和目标的选择中，通过扩大公众参与以促进正当性；而在事实领域，强化行政专家的作用以提高决策的理性水平。在制度结构不合理的情况下，大众参与或许能够提高决策的正当性，但在行政专家主导的行政程序中，过于集中的专家权力可能导致专家无能或权力滥用，最终，大众参与沦为象征符号，成为行政官僚推行非理性的行政规则的盾牌。④

第二，由于官僚制的理性化没有完成，形式化的规范和程序一直没有成为权威的实际来源，一些重要规则、规范和程序常常不被遵从。中国目前的政府体制

---

① 克劳德·斯莫茨：《治理在国际关系中的正确运用》，俞可平主编《治理与善治》，社会可续文献出版社，2000 年。

② 马克斯·韦伯：《经济与社会》，商务印书馆，1998 年，第 736 页。

③ Merton，Robert K. Reader in Bureaucracy Glencoe，Ill：Free Press. 1952，p360.

④ 王锡梓、章永乐：《专家、大众与知识的运用》，《中国社会科学》2003 年第 3 期。

实际是一种“行政逐级发包”的包干制。[①] 在制度安排上，采用的是逐级代理制，即中央及各级政府将属地管理的事权（治安、就业、经济发展、公共产品提供等等）一揽子交付下一级政府，而且将下级政府官员的任命、考核和管理委托给其直接（或隔级）上级部门。基层政府经营其管辖范围中的种种任务时，时常不得不因事制宜而有所变通，以至于出现“偏差”，因为存在“偏差”，地方政府通常要面对来自上一级政府的压力。[②] 对中央政府来说，这些偏差不仅仅是地域差异性的反映，更为重要的是，它们隐含了对权威体制的挑战。[③]

为了治理这些“偏差”，上一级政府通常会启动“运动型治理机制”，即通过政治动员的运动性方式和渠道来贯彻落实自上而下的政策意图。这里的“运动型机制”，实际是一种政治机制，主要是指自上而下按照政治动员方式来制定或更换政策、动员资源、推广实施，因此有着随意性、非常规性的特点。运动式治理往往能够通过整合资源，超越官僚组织的程序和运作规范，在破解重大治理难题时也许能取得立竿见影的效果。但同时，运动式治理容易造成对常规程序和规范的冲击，它强化了魅力型权威，但削弱了理性权威的基础。

第三，由于形式化的规则和程序没有成为权威的基础，因而这些规则一直没有获得与它相对应的普遍主义信任结构（Structure of trust）的支持。根据帕森斯和希尔斯对“特殊主义”（Particularism）与“普遍主义”（Universalism）定义，特殊主义“凭借与行为者之属性的特殊关系而认定对象身上的价值的至上性”，普遍主义则是“独立于行为者与对象在身份上的特殊关系”。[④] 两者的区别是，支配着人们行为彼此取向的标准依赖还是不依赖存在于他们之间的特殊关系。相对而言，前者具有人格化（personal）的特征，强调“亲疏有别”，且适用范围较小；后者则具有非人格化（impersonal）的特征，主张“一视同仁”，且适用范围较大。

韦伯指出，官僚制组织的一个特点是非人格化，[⑤] 即按章办事、不苟私情。随着官僚组织形式化程度的提高，建立在规章基础上的日常运作也会逐渐成为组织行为的主流。但在中国行政体制中，我们却看到了与此相反的行政关系人缘化倾向，即在实际中，组织内部和组织间的交往在很大程度上遵循的是各种各样的

---

① 周黎安：《转型中的地方政府——官员的激励与治理》，格致出版社，上海人民出版社，2008 年。

② 周雪光：《基层政府间的共谋现象：一个政府行为的制度逻辑》，《社会学研究》，2008 年第 6 期。

③ 周雪光、艾云：《多重逻辑下的制度变迁：一个分析框架》，《中国社会科学》2010 年第 4 期。

④ Parsons, Talcott. and Edward A. Shills (eds). Toward a General Theory of Action: Theoretical Foundations for the Social Sciences. New Brunswick, NJ: Transaction. Publishers., 1951.

⑤ 马克斯·韦伯：《经济与社会》，商务印书馆，1998 年。

非正式关系和形形色色的"潜规则";政府官员花大力气经营与上级部门领导、同级同事以及各个合作单位之间的非正式关系和特殊性关系。于是,一方面法规条令、正式制度安排不断出台,另一方面非正式关系、特殊性纽带不断延伸并强化。官僚队伍人格依附普遍存在,特殊主义泛滥,以及忠诚于制度规范的精神的阙如,都表明我国行政体制一直没能达到理性化的成熟水平。①

有效政府治理依赖于行政行为的法治化。但要让行政遵循法律至上的原则,就必须赋予法律以权威性。这就需要超越对形式理性的纯粹工具主义的理解,赋予形式理性以独立的价值。一旦形式理性的独立价值得到确认,"人民利益至上"的实体目标就可以通过"法律至上"的途径来实现。

四、从国情出发与全球化视野

"全球化既是战斗的呐喊,又是难解的谜题"。② 全球化不局限于只将经济要素纳入全球范围来配置,它还使每一个国家都全方位地卷入到一个整体性的治理机制之中。在全球治理体系中,每个国家的政府治理所处的历史阶段和所面临的治理问题都不相同。因此,这要求各国政府治理改革必须从国情出发。

"对许多国家而言,政府不过是功能体制,改革的目标是完善政府的基本职能,如建立法治。对其他国家而言,改革最重要的是要适应全球经济的发展,这主要是通过国有企业的私有化来实现。对另一些国家而言,私有化比如伴随的是,建立高效的国家能力以支持新兴的私营经济。而对那些发达的工业民主国家而言,改革就是超越20世纪的官僚体制范式,建立在效率和创新能力方面更接近私营部门的政府。"③ 关于改革的不同阶段,参见表1。

表1 政府治理改革不同阶段的目标

阶段1	阶段2	阶段3	阶段4
建立法治	国有企业私有化,向市场经济发展	建立支持市场经济的政府能力	改革政府,超越传统的官僚体制范式

资料来源:修拉·卡马克,《全球化与公共管理改革》,载于约瑟夫·奈编:《全球化世界的治理》,世界知识出版社,2003年,第206页。

中国政府治理改革从根本上是要重塑政府与市场、政府与社会、政府与公民之间的关系。政府职能转变、组织结构调整、治理工具和行为方式的转换等都面

---

① 何显明:《市场化进程中的地方治理模式变迁及其内在逻辑》,《中共浙江省委党校学报》2005年第6期。

② 约瑟夫·奈、约翰·唐纳胡:《全球化世界的治理》,世界知识出版社,2003年。

③ 修拉·卡马克:《全球化与公共管理改革》,约瑟夫·奈编,《全球化世界的治理》,世界知识出版社,2003年。

临特殊的条件约束。作为改革的主体，政府治理需要政府强有力地推动；但作为改革的客体，政府治理又要求政府放弃和弱化一部分权力。善治的目标要求公民直接参与，并壮大社会自治力量，这客观上会挤压政府职能的空间，但我国的社会组织实际依附于政府，民间组织的发展实际依赖于政府的自我约束。在公共权力的运用方式上，政府必须从以往强制性命令为主转变为以合作、协商为主。中国政府治理的目标是要实现行政的法治化，即将政府权力的性质从无所不包的“行政权”转变为与立法权和司法权相对的“执法权”，也就是仅仅用以执行立法机关及其授权机构制定的规则和程序的权力。[①]

但是，全球化造成了许多事务的国家界限的模糊。“国家权威式微，以及边境的可渗透性，模糊了国内政策与国际政策间的界限。由于各方面日益开放并相互影响，各个领域的社会管理问题的差别已不再明显。从公共事务的角度思考世界事务因而也就不再是知识上的异端邪说。就多方面而言，与治理相关的问题与对国际关系的研究是相互关联的。”[②]

全球化使许多问题国际化，如金融危机、环境保护、非法移民、恐怖袭击等，显然，这些问题不能依赖单一国家的政府治理来解决，必须依靠各国广泛参与下形成的国际合作机制来解决。在这个意义上，政府治理是全球治理的基础。

全球化带来了全球公共品和服务的需求，它们不能依靠某一国的政府来供给。必须依赖政府与政府之间、政府与非政府组织的合作、公共机构与私人机构的合作。“经济合作与发展组织”早在1990年指出：

“应对经济的快速全球化并保持国际竞争力是推进公共部门制度革新的一个新的强有力的因素。处理国际问题不再是传统涉外部门（如外交部或国际贸易部）的独有职责。所有政府部委，甚至地区和地方政府各部门，都必须具有追踪、理解和处理国际问题（如协商标准、原则和规则）的能力，这些源于国际的问题正渗透到各国社会和经济的各个方面”[③]。

全球治理要求参与全球治理的各行为主体具备全球化视野和思维，了解和掌握全球治理的发展动态，取长补短。同时，也要求多元治理主体积极参与国际政治、经济规则和其他国际标准的制定，共同维护国际秩序。客观上，这会对各国

---

① 凌斌：《科层法治的实践悖论：行政执法化批判》，《开放时代》2011年，第12期。

② 克劳德·斯莫茨：《治理在国际关系中的正确运用》，俞可平主编《治理与善治》，社会科学文献出版社，2000年。

③ Organization for Economic Co - operation and Development：Public Management Developments：Survey - 1990，OECD，1990，pp. 9 - 10.

政府治理形成一种倒逼机制，促使各国政府治理改革的深入。①

参考文献

阿里·卡赞西吉尔，治理和科学：《治理社会与生产知识的市场式模式》，载于俞可平主编，《治理与善治》，社会科学文献出版社，2000 年。

鲍勃·杰索普：《治理的兴起及其失败的风险：以经济发展为例的论述》，载于《国际社会科学》，1998 年第 3 期。

彼得·布劳，马歇尔·梅耶，《现代社会中的科层制》，学林出版社，2001 年。

陈国富：《官僚制的危机与政府治理模式的变革》，《南开学报》2006 年第 4 期。

戴维·奥斯本、彼得·普拉斯特里克：《摈弃官僚制：政府再造的五项战略》，中国人民大学出版社，2002 年。

戴维·奥斯本、特德·盖布勒：《改革政府：企业家精神如何改革着公共部门》，上海译文出版社，2006 年。

戴维·毕瑟姆：《官僚制》，吉林人民出版社，2005 年。

戴维·赫尔德：《民主的模式》，中央编译出版社，1998 年。

弗朗西斯·福山：《国家构建——21 世纪的国家治理与世界秩序》，中国社会科学出版社，2007 年。

格里·斯托克：《作为理论的治理：五个论点》，《国际社会科学》1998 年第 3 期。

格里·斯托克：《新地方主义、参与及网络化社区治理》，《新华文摘》2006 年第 18 期。

格里·斯托克：《地方治理研究：范式、理论与启示》，《浙江大学学报》2007 年第 2 期。

哈贝马斯：《公共领域的结构转型》，学林出版社，1999 年。

何显明：《市场化进程中的地方治理模式变迁及其内在逻辑》，《中共浙江省委党校学报》2005 年第 6 期。

何显明：《政府转型与现代国家治理体系的建构——60 年来政府体制演变的内在逻辑》，《浙江社会科学》2013 年第 6 期。

胡家勇等：《构建有效政府》，中国社会科学出版社，2009 年。

胡联合、何胜红：《我国行政成本演变态势的实证研究（1978 ~ 2006）》，《公共行政评论》2009 年第 5 期。

吉登斯：《民族—国家与暴力》，生活·读书·新知三联书店，1998 年。

贾西津、黄爱丽：《城市社区的参与式治理——以宁波市海曙区为例》，《地方政府创新与公民社会发展国际研讨会论文集》，浙江大学出版社，2007 年。

简·芳汀：《构建虚拟政府：信息技术与制度创新》，中国人民大学出版社，2004 年。

简·莱恩：《新公共管理》，中国青年出版社，2004 年。

康晓光、韩恒：《分类控制：当前中国大陆国家与社会关系研究》，《社会学研究》2005

---

① 例如，在减少政府赤字方面，西欧国家政府进行政府管理改革的最大推动力是达到马斯特里赫特条约的目标。该目标要求各国政府将外债减至国内生产总值的固定比例上，正是因为面临满足欧盟规则要求的重大压力，匈牙利、希腊和意大利才开启了政府改革运动。参见约瑟夫·奈编，《全球化世界的治理》，世界知识出版社，2003 年，第 192 页。

年第6期。

克劳德·斯莫茨：《治理在国际关系中的正确运用》，俞可平主编《治理与善治》，社会科学文献出版社，2000年。

拉法耶：《组织社会学》，社会科学文献出版社，2000年。

理查德·斯格特：《组织理论》，华夏出版社，2002年。

凌斌：《科层法治的实践悖论：行政执法化批判》，《开放时代》2011年第12期。

罗茨：《新治理：没有政府的治理》，《政治研究》1996年第154期。

罗西瑙：《世界政治中的治理、秩序和变革》，《没有政府的统治》，江西人民出版社，2001年。

马克斯·H·博伊索特：《知识资产：在信息经济中赢得竞争优势》，上海世纪出版集团，2005年。

马克斯·H·布瓦索：《信息空间：认识组织、制度和文化的一种框架》，上海译文出版社，2000年。

马克斯·韦伯：《经济与社会》，商务印书馆，1998年。

马丽娟：《治理理论研究及其价值述评》，《辽宁行政学院学报》2012年第10期。

帕特里克·敦利威：《民主、官僚与公共选择》，中国青年出版社，2004年。

乔治·弗雷德里克森：《公共行政的精神》，中国人民大学出版社，2003年。

青木常彦，奥野正宽等：《市场的作用、国家的作用》，中国发展出版社，2002年。

荣敬本等：《从压力型体制向民主合作体制的转变——县乡两级政治体制改革》，中央编译出版社，1998年。

萨拉蒙：《新政府治理与公共行为的工具：对中国的启示》，《中国行政管理》2009年第11期。

萨瓦斯：《民营化与公私部门的伙伴关系》，中国人民大学出版社，2002年。

赛奇：《盲人摸象：中国地方政府分析》，杨雪冬、赖海榕主编《地方的复兴——地方治理改革30年》，社会科学文献出版社，2009年。

孙柏瑛：《当代地方治理：面向21世纪的挑战》，中国人民大学出版社，2004年。

孙志建：《政府治理的工具基础——西方政策工具理论的知识学诠释》，《公共行政评论》2011年第3期。

泰勒：《市民社会的模式》，亚历山大、邓正来主编《国家与市民社会——一种社会理论的研究路径》，中央编译出版社，2002年。

汪丁丁：《社会的官僚化与"公务员热"》，东方网，2006年12月7日。

王诗宗：《行业组织的政治蕴含：对温州商会的政治合法性考察》，《浙江大学学报》2005年第2期。

王锡梓、章永乐：《专家、大众与知识的运用》，《中国社会科学》2003年第3期。

王信贤：《争辩中的中国社会组织研究："国家－社会"关系的视角》，台北韦伯文化国际出版有限公司，2006年。

文森特·奥斯特罗姆：《美国公共行政的思想危机》，上海三联书店，1999年。

威廉姆·A·尼斯坎南：《官僚制与公共经济学》，中国青年出版社，2004年。

修拉·卡马克：《全球化与公共管理改革》，约瑟夫·奈编，《全球化世界的治理》，世界知识出版社，2003 年。

徐勇：《治理转型与竞争——合作主义》，《开放时代》2001 年第 7 期。

薛刚：《全球化视域中的中国政府治理变革》，《中州学刊》2009 年第 4 期。

燕继荣，变化中的中国政府治理，《经济社会体制比较》，2011 年第 6 期。

俞可平：《全球治理引论》，《马克思主义与现实》2002 年第 1 期。

郁建兴，周俊：《公共事务管理中的公民社会——中国公民社会发展路径的批判与反思》，《21 世纪》2008 年第 4 期。

郁建兴、王诗宗：《治理理论的中国适用性》，《哲学研究》2010 年第 11 期。

约瑟夫·奈、约翰·唐纳胡：《全球化世界的治理》，世界知识出版社，2003 年。

周雪光：《基层政府间的共谋现象：一个政府行为的制度逻辑》，《社会学研究》，2008 年第 6 期。

周雪光：《权威体制与有效治理：当代中国国家治理的制度逻辑》，《开放时代》2011 年第 10 期。

周雪光、艾云：《多重逻辑下的制度变迁：一个分析框架》，《中国社会科学》2010 年第 4 期。

周黎安：《转型中的地方政府——官员的激励与治理》，格致出版社，上海人民出版社，2008 年。

邹谠：《二十世纪中国政治：从宏观历史与微观行动的角度看》，牛津大学出版社（香港），1994 年。

Aghion, P. and Jean Tirole. 1997. Formal and Real Authority in Organizations. *Journal of Political Economy* 105: 1 – 29.

Bevir , M. A Decent red Theory of Governance [A]. Bang , H. Governance as Social and Political Communication [C]. Manchester : Manchester University Press , 2003. 200 – 221.

David D. Li. Changing Incentives of the Chinese Bureaucracy AER. V. 88, May 1998, pp 393 – 7.

Grindle, M. S. , Good enough governance: poverty reduction and reform in developing countries, in Governance : An International Journal of Policy, Administration, and Institutions 17 (4), 2004.

Kooiman, J. Social-political governance: overview, reflections and design. *Public Management* 1/1, 1999.

Lieberthal, K. Introduction: the fragmented authoritarianism model and its limitations, in K. Lieberthal &M. Oksengerg (eds.), Policy Making in China: Leaders, Structures, and Processes, Princeton University Press. 1988.

M. Weber, Economy and Society, From Max Weber, ed. H. Gerth and C. W. Mills. 1973

M. Weber, From Max Weber: Essays in Sociology, ed. H. Gerth and C. W. Mills. New York: Oxford University Press. 1946.

March, J. and Simon, H. A. Organizations, New York: Wiley, 1958.

Merton, Robert K. Reader in Bureaucracy Glencoe, Ill: Free Press. 1952.

Michael Crozier, The bureaucratic phenomenon University of Chicago Press, 1964.

Organization for Economic Co-operation and Development: Public Management Developments:

Survey - 1990, OECD, 1990.

Owen Hughes, Public Management and Administration: An Introduction (2 ed). Macmillan Press LTD, ST. Martin's Press, Inc., 1998.

Parsons, Talcott. and Edward A. Shills (eds). Toward a General Theory of Action: Theoretical Foundations for the Social Sciences. New Brunswick, NJ: Transaction. Publishers., 1951.

Simon, H. A. Administrative Behavior (3rd). New York: Macmillan, 1976.

Tilly, Charles. The Formation of national States in Western Europe. Princeton University Press, 1975.

Unger, J. &Chan, A. China's corporatism, and the east Asian model, in The Australian Journal of Chinese Affairs 33 (Jan.), 1995.

Walkman. JR, F. The civil society and public sphere debate, in Modern China 19 (2) 1993.

White, G. Prospects for civil society in China: a case study of Xiaoshan city, in Australian of Chinese affairs 29. 1993.

第四章　改革政绩考核制度

理论界和实践部门一般认为，我国现行政绩考核制度是以经济增长考核为中心的晋升锦标赛。这种政绩考核制度极大激励了地方政府发展经济的热情，促进了多年来我国经济的持续高速增长。但是，经济高速增长伴随着许多社会问题的长期积累，目前已程度惊人，如粗放型增长、收入分配不平等、地区差异、环境恶化、医疗等社会保障体系落后、市场秩序紊乱、少数官员腐败与政府职能错位等等。所有这些问题与现行政绩考核制度给地方政府及其官员所提供的激励存在很大关系。

2003 年党的十六届三中全会提出系统的科学发展观，要求各级政府按照科学发展观要求树立正确的政绩观。2006 年中共中央组织部下发了《体现科学发展观要求的地方党政领导班子综合考核评价试行办法》，要求改变单纯强调 GDP 增长的考核方式，从更加综合的角度对地方官员的政绩进行考核。然而，改革政绩考核体制，转变政绩观的进展并不顺利，原有的政绩考核体制的负面影响依然突出，矛盾仍在累积并有进一步激化的趋势。党的十八届三中全会进一步提出“完善发展成果考核评价体系”的要求。习近平总书记一再指出，不能简单以国内生产总值增长率论英雄，必须建立科学的政绩考核评价体系。[①] 2013 年中共中央组织部颁发了《关于改进地方党政领导班子和领导干部政绩考核工作有关问题的通知》，政绩考核制度改革又提上了日程。理清政绩考核制度的内在逻辑，找出制约政绩考核制度改革的症结，是推动政绩考核制度改革的关键。

本章在对我国政绩考核制度内在理论逻辑进行梳理的基础上，分析政绩考核制度改革面临的主要障碍，提出我国政绩考核制度改革的思路。具体内容安排如下：首先分析我国现有政绩考核制度的理论渊源，接着对我国现有政绩考核制度实践进行剖析，再追综近年来我国政绩考核制度改革轨迹，最后分析政绩考核制度改革的难点与出路。

---

① 《习近平总书记系列重要讲话读本》，学习出版社、人民出版社，2014 年，第 58 页。

第一节 政府治理与政绩考核

政绩考核是政府治理的重要手段，政绩考核与政府治理存在密切联系。理解政绩考核制度的内在逻辑及其演变规律，有必要从政府治理相关理论入手。

一、政府治理

“治理”一词来自威廉姆森的交易费用经济学，基本内涵是使交易费用最小化的组织设计和制度安排。“治理”更进一步的含义是指有效对应委托—代理问题的组织安排。对于公司而言，治理（即公司治理）是股东、董事会、经理等利益相关人之间的委托—代理关系所导致的组织安排，对于政府而言，治理（即政府治理）则是指公民、政治家、政府官员之间的委托—代理所导致的组织安排。① 政府治理的核心是如何将政府官员的仕途与反映社会需求的一定标准相联系，从而解决政治领域中的委托—代理问题。

政府治理与企业治理不同。根据泰勒尔的分析，② 政府治理在以下几个方面区别于企业治理：一是政府面临着多个维度的目标，相比之下，企业的目标非常明确，就是追求利润最大化；二是政府提供的服务大都属于垄断供应，缺乏竞争，其工作绩效缺乏可以比较的基准，并且难以测度；三是政府作为一个代理人，有着多个委托人，如消费者、企业、退休金领取者等，并且这些委托人的目标各不相同；四是政府的所有权是相对分散的。因而，政府治理比企业治理更加困难。

政府治理的特征源于政府官员的自由裁量权和政府所肩负的职责的特殊性质。③ 一方面，政府权力所受约束越少，政府官员的自由裁量权就越大，而由于这些权力的垄断性而变成“合法伤害权”，它就有可能从“援助之手”转变为“攫取之手”；④ 另一方面，政府职责具有多维度、多任务的特征且不易量化。政府目标需要考虑诸如消费者剩余、生产者利润、社会公平、环境污染等等，加之政府许多服务具有相当的垄断性，如何激励政府官员就成为各国行政治理的

---

① 周黎安：《转型中的地方政府——官员激励与治理》，格致出版社、上海人民出版社 2008 年版，第 36 - 37 页。

② Tirole，Jean. 1994，“The Internal Organization of Government”，*Oxford Economic papers*，46：1 - 29.

③ 周黎安：《转型中的地方政府——官员激励与治理》，格致出版社、上海人民出版社 2008 年版，第 13 页。

④ 陈抗、Hillman、顾清扬：《财政集权与地方政府行为变化》，《经济学》（季刊）2002 年第 2 卷第 1 期。

难题。

从微观角度揭示政府运行的微观激励基础是理解政府治理的关键所在。在政治比较集中的体制下，政绩考核是政府治理的重要手段。从理论上讲，如果能够为政府的各种目标寻找到与其相应的可测量的政府工作业绩变量，那么只要按社会利益最大化原则给这些不同业绩赋予不同权重，就可以建立起完善的政绩考核制度，通过货币激励机制诱使政府组织实现社会福利最大化。[①] 但现实中，要精确测量政府组织中官员们的工作业绩往往十分困难。有些政府目标（如经济增长、就业增加等）是能够测量的，而有些政府目标（如垄断规制、社会公正等）则难以测量。并且，可测量政府目标与不可测量政府目标经常会发生冲突。根据Holmstrom 和 Milgrom 的多项任务委托—代理理论，如果通过货币补偿激励政府官员去实现可测量的目标，那么，那些不能测量的目标会由于没有货币补偿的激励而得不到重视，[②] 从而会带来激励的扭曲。

在任何社会，政府官员或政治家都关心仕途和晋升，差别只在于决定政治仕途的具体机制不同，他们的行为就不同。由于通过货币补偿激励政府官员努力工作在契约设计上存在着上述困难，晋升制度以及各种监督制度就构成政府体制中最重要的激励约束机制。在晋升的激励和监督的约束下，官员们的工作动机不再是眼前直接物质回报，而是未来获得更多的晋升机会。为了增加未来晋升的可能性，官员们会通过努力工作去争取最好的政绩，以树立良好的官场形象和声誉。[③]

二、我国的地方政府治理

我国的政府系统由中央政府、省级政府、地市级政府、县级政府以及乡镇政府五个级次组成。从广义的角度，地方政府包括地方党委、人大、政府、政协、法院、检察院等组织。在现行政治体制下，党管干部的原则使得党委在各个地方政府组织中发挥着核心作用。尽管各政府机构以及各政府官员之间存在着博弈，但各个政府机构是在地方党委的统率之下，以地方党委书记为首的领导层在地方政府机构中发挥着核心作用[④]。地方权力相对集中于地方主要领导手中。因此，可以用地方官员来代替地方政府作为考察对象，而晋升激励也是基于地方官员的激励手段。关于中国地方政府的作用往往有一个误解，就是认为，作为中央政府

---

① 王小龙：《中国地方政府治理结构改革：一种财政视角的分析》，《人文杂志》2004 第3 期。

② Holmstrom, Bent and Paul Milgrom, 1991, “Mult - Task Principal Agent Analyses”, *Jorunal of Law*, *Economics and Organization*, 7, Special Issue.

③ 王小龙：《中国地方政府治理结构改革：一种财政视角的分析》，《人文杂志》2004 第3 期。

④ 越来越多的省区采取了党委书记、人大主任一人担方式，更强化了这种特征。

的代理人，地方政府应该就是中央政策的忠实执行者，何谈地方政府的特殊地位和角色而言。[①] 事实并非如此，历来地方政府都有相当大的权力。

（一）地方政府的地位

历史上中国就是一个行政上高度集权的国家，同时，由于幅员辽阔，传统上中央几乎把所有的事务均委托于地方政府具体实施，事权高度集中于地方政府。周黎安称之为一种特殊的治理体制——行政发包与属地管理。[②] 即中国政府间关系属于一个组织内的发包关系，即从中央开始，把几乎所有行政事务逐级发包给下级政府，直到最基层。属地化行政发包制可以追溯到遥远的古代，它是集权者在交通、通信技术落后的情况下为了减少中央决策和监督负担而设计的一种治理制度。在中央集权体制下，属地化行政发包制促进了中央、地方间一种合作与利益制衡机制的形成。

即使在计划经济时代，中国地方政府所控制的产品的计划和配置权、人事任命权往往多于苏联。[③] 改革开放后，随着地方分权的不断深化，地方进一步获得了大量的行政权、经济管理权和财权。随着地方权力的不断上升，中央和地方的关系不再仅仅是改革前的命令和服从关系，更多演变成了一种协商、谈判的关系。[④] 通过谈判协商达到一致的决策机制有助于多方利益的表达，更好地实现多方利益的平衡。

（二）地方政府与中央政府有不同目标函数和约束条件

地方政府作为独立的利益主体，与中央政府有着不同的目标函数。改革以来，中央权力的下放带来了地方政府身份的变化：一方面，它是中央政府在一个地区的代理者，它要服从中央的利益；另一方面，它又是一个地区的所有者，可以通过组织与运用经济资源来增进自己的利益。地方政府与中央政府有不同的利益诉求。[⑤]

同时，中央政府与地方政府有不同的约束条件，主要表现在以下三个方面。

---

① 周黎安：《转型中的地方政府——官员激励与治理》，格致出版社、上海人民出版社2008年版，第9页。

② 周黎安：《转型中的地方政府——官员激励与治理》，格致出版社、上海人民出版社2008年版，第21页。

③ 周黎安：《转型中的地方政府——官员激励与治理》，格致出版社、上海人民出版社2008年版，第9－10页。

④ 最为典型的例证就是1994年分税改革过程中，中央政府与各省级政府之间一对一的谈判。

⑤ 中央更关心宏观经济的走势、全局的利益平衡和社会福利的状况。地方政府则更关心辖区内的财政资源的多少，经济发展的状况和公众的福利情况。

（1）任期约束不同。地方政府与中央政府的一个重要区别是他们的任期约束是不同的。中央政府的任期约束可能是软的，也可能是硬的，但在任何体制下，地方政府的任期约束一般都是硬性的[①]。在这种情况下，地方政府可能更倾向于追求短期租金或利益的最大化，放弃对社会长远发展有利的产权结构。从这种意义上讲，“国家悖论”往往更容易发生在地方政府身上。

（2）竞争性不同。“统一的中央政府拥有疆域内排他性和强制性管辖权，除非移民，否则居民无法退出管辖，即使逃离本国，别国政府也没有义务接受”。[②]因而，尽管经济全球化势不可挡，但各国之间的要素流动仍是相当不充分的，从而国家之间的竞争也并不充分。而地方政府显然缺乏区域内的强制性管辖权，尽管地方政府可以对要素的流动施加影响，但因为居民在国内即使不能完全自由流动，其迁移成本比移民国外也要低得多，同时其他生产要素（如资本、技术）的流动则相对更为方便。因而与国家之间相比，地方政府之间的竞争更为充分。相对于中央政府来说，地方政府更加没有权力垄断资源，地方政府间的竞争是一个相对来说更加充分的竞争市场，这迫使地方政府必须“学好”。[③]当然也可能诱发其短期的机会主义行为。

（3）地方政府具有信息优势。地方政府拥有更多的私人、局部信息，比如辖区企业和居民的偏好，尤其是在执行中央政策方面，关于政策执行的方向、力度和效果更多控制在地方政府手中，其中不可避免地夹杂着地方政府自己的利益，中央政府要具体监督非常困难。

地方政府与中央政府有着不同的目标，同时面临着不同的约束条件。这些结构性差异在根本上决定了两者之间在激励和行为方面的重大差异。[④]如果要理解地方政府在中国改革开放过程中所扮演的独特角色，就必须从这个结构性差异出发。

（三）我国地方政府治理的特征

从组织设计角度看，中国地方政府治理目的是要解决中央和地方政府之间存在的协调和激励问题。实质是中央政府向地方政府分派多个任务，同时设计合理

① 对地方官员的任期和任职年龄有往往有更严格的规定，我们常听到的所谓“为官一任，造福一方”的说法，即从一个侧面反映了地方官员对自己任期的预期。

② 青木昌彦：《比较制度分析》，上海远东出版社 2001 版，第 155 页。

③ 赵晓：《竞争、公共选择与制度变迁——从“抓大放小”看体制转轨中政策效率改善的原因》，《中国社会科学评论》2003 年第 1 期。

④ 周黎安：《转型中的地方政府——官员激励与治理》，格致出版社、上海人民出版社 2008 年版，第 13 页。

的激励机制，促使地方政府按中央政府的意愿完成任务。[①] 行政治理的核心就在于设计一个合适的激励结构，限制随意处置权成为合法伤害的可能性，鼓励政府官员以激励兼容的方式促进行政目标的实现。[②]

在中国，政府官员手中的自由裁量权更具有特殊性：一是行政权力巨大，二是所受约束有限。[③] 市场化改革以来，虽然计划手段被取消了，但政府仍然控制着大量重要的经济资源（如资金、土地、产业政策等）。同时，中国长期以来流行的属地化分级管理模式也赋予了地方政府相当的行政治理权力，地方政府所受的水平监督和制约非常有限，而主要靠上级政府对其进行监督和制约，但上级政府所拥有的信息有限，这种垂直监督非常困难。中国的行政治理呈现出高度集权和高度分权相统一的特征。

在解释中国转轨过程中的高经济增长时，经济学家普遍观察到地方政府在中国经济增长中起到的重要作用。“中国特色的联邦主义”是一个有影响的解释框架，[④] 是从政府体制角度解释中国经济增长奇迹最具影响力的理论。该理论认为，中国地方政府的强激励有两个基本点：一是行政分权，中央政府从 20 世纪 80 年代初开始就把很多经济管理的权力下放到地方，使地方政府拥有相对自主的经济决策权；二是以财政包干为内容的财政分权，中央把很多财权下放到地方，实施财政包干，使得地方可以与中央分享财政收入。财政收入越高，地方的留存就越多，其中预算外收入则 100% 留存。正是这两方面的激励使得中国地方政府有那么高的热情去维护市场，推动地方经济增长。所以，这一假说也被表述为市场维护型联邦主义。周黎安对“中国特色的联邦主义”置疑，[⑤] 认为，虽然行政与财政分权确实构成地方政府激励的重要来源，但“中国特色的联邦主义”与中国现实还存在出入。

从政府官员的晋升激励角度研究中国政府内部治理的特征是区别于“中国特色的联邦主义”理论的一种观点，这种观点认为，虽然财税激励无疑构成了地方

---

① 佟健、宋小宁：《中国地方政府治理——一个多任务道德风险模型》，《南开经济研究》2009 年第 3 期。

② 周黎安：《转型中的地方政府——官员激励与治理》，格致出版社、上海人民出版社 2008 年版，第 18 页。

③ 周黎安：《转型中的地方政府——官员激励与治理》，格致出版社、上海人民出版社 2008 年版，第 14 页。

④ Montinola, G., Yingyi Qian, Berry Weingast, 1995, “Federalism, Chinese Style: the Political Basis for Economic Success in China”, *World Politics*, 48: 50－81. Qian, Y. and G. Roland, 1998, “Federalism and the Soft Budget Constraint”, *American Economic Review*, 88: 1143－1162. Jin Hehui, Yingyi Qian and Berry Weignast, 2005, “Regional Decentralization and Fiscal Incentives: Federalism, Chinese Style”, *Journal of Public Economics*, 89: 1719－1742.

⑤ 周黎安：《中国地方官员的晋升锦标赛模式研究》，《经济研究》2007 年第 7 期。

政府行为重要动力，但作为处于行政金字塔之中的地方政府官员，除了关心地方的财政收入之外，自然也关心其在“官场”升迁的机遇，而这种激励在现实中可能是更为重要的。①②③ 晋升是地方官员的最主要目标，因而晋升激励在地方政府治理中发挥了重要作用。

三、地方政府治理与政绩考核

如前所述，中国是经济上分权和政治上权力集中的国家。地方政府拥有很大的行政权力，所受的下层与水平监督和制约有限，主要受上级政府的垂直监督和制约。如何有效地激励和约束地方政府，是政府治理需要解决的关键问题。

现行体制下，政绩考核是上级政府激励与约束地方政府的主要手段。政绩考核是由上级政府部门提出相关任务的标准，对下级的实施和完成情况进行考察，并予以相应的奖惩。如前所述，由上级来对下级进行政绩考核主要面临着两方面困难：一是信息不对称和政府目标难以测量；二是多任务考核难题所带来的激励扭曲。

我国上级政府在考核下级官员的绩效时明确采用了一种“相对绩效评估”的方法。即完全根据各代理人业绩的相对排名，而不是他们业绩的绝对值来支付代理人的报酬，并且奖励额度是事先设计的，即为晋升锦标赛模式。

政治晋升是地方政府官员的主要目标。晋升锦标赛作为政治相对集权下的一种政府治理的模式，是指上级政府对多个下级政府部门的行政长官设计的一种晋升竞赛，竞赛优胜者将获得晋升。竞赛标准由上级政府决定，它可以是GDP，也可以是其他可度量的指标。这里涉及的地方官员主要是各级地方政府的行政首脑。

晋升锦标赛是由上级政府直至中央政府推行和实施，行政和人事方面的集权是其实施的基本前提之一，而晋升锦标赛本身可以将关心仕途的地方政府官员置于强力的激励之下。因此，晋升锦标赛是将行政权力集中与强激励兼容在一起的一种治理政府官员的模式，它的运行不依赖于政治体制的巨大变化。周黎安认为，④ 从20世纪80年代开始的地方官员之间围绕GDP增长而进行的“晋升锦标赛”模式是理解政府激励与增长的关键线索之一。

---

① Blanchard, Oliver, Andrei Shleifer, 2001, “Federalism with and Without Political Centralization: China versus Russia”, *IMF staff Papers*, 48: 171 - 179.

② Maskin, Eric, Yingyi Qian, Chenggang, Xu, 2000, “Incentives, Scale Economies and Organization Forms”, *Review of Economic Studies*, 67: 359 - 378.

③ Whiting, Susan, 2001, *Power and Wealth in Rural China: The Political Economy of Institutional Change*, Cambridge University Press.

④ 周黎安：《中国地方官员的晋升锦标赛模式研究》，《经济研究》2007年第7期。

第二节 我国政绩考核制度的实践

从正式制度上看，改革开放以后的中国似乎并不存在一个从中央到省、从省到地市、从地市到县乃至乡镇的层层放大的、将政治提拔和经济增长，或主要经济指标直接挂钩的考核体系。Li 和 Zhou、[①] 周黎安等[②]运用中国改革以来的省级水平数据系统地验证了省级官员的升迁概率与省区 GDP 的增长率呈显著的正相关关系，并且上级政府在考核下级官员的绩效时理性地运用相对绩效评估的方法来减少绩效考核的误差，增加了其可能的激励效果。当然，陶然等[③]对“官员晋升锦标赛竞赛理论”从逻辑和实证上提出了置疑。乔坤元[④]结合先验和后验的方法，发现只有经济增长符合考核指标的条件，并且显著正向影响官员的晋升概率，这说明我国的确存在一个以经济增长为主要考核内容的官员晋升的锦标赛机制。到目前为止，地方官员为了政绩和提拔而促进经济增长这个观点不仅在学术界得到越来越多的认同，而且在大众媒体上也几乎成为“共识”。

在行政和人事方面相对集权的体制下，晋升锦标赛由上级政府直到中央政府推行和实施，将关心仕途的地方政府官员置于强激励之下。这使得我国地方官员发展经济的热情世界罕见，促进了我国经济 30 多年的高速增长。但另一方面，晋升锦标赛作为一种强激励，也产生了一系列的扭曲性后果，给我们的发展带来了一系列负面问题。

一、政绩考核制度的实施

我国正式的政绩考核制度是从 20 世纪 80 年代开始建立的。1973 年，中央组织部首次提出了要考核干部的德、能、勤、绩。1979 年，中央组织部下发了《关于实行干部考核制度的意见》，要求逐步完善对干部的考核制度，各地区、各门要按照德才兼备的原则，根据各行业不同职务的干部胜任现职所应具备的条件，制定明确具体的考核标准和考核内容。1983 年，全国组织工作座谈会提出要对党政领导干部实行年度考核，规定德、能、勤、绩四个方面，着重考核干部的工作实绩。

---

① Li Hongbin, Li - An Zhou, 2005, “Political Turnover and Economic Performance: the Incentive Role of Personnel Control in China”, *Journal of Public Economics*, 89: 1743 - 1762.

② 周黎安、李宏彬、陈烨:《相对绩效考核：关于中国地方官员晋升的一项经验研究》,《经济学报》2005 年第 1 期。

③ 陶然、苏福兵、陆曦等:《经济增长能够带来晋升吗？——对晋升锦标竞赛理论的逻辑挑战与省级实证重估》,《中国经济学》2010 年刊。

④ 乔坤元:《我国官员晋升锦标赛机制：理论与证据》,《经济科学》2013 年第 1 期。

1986年，经中央批准，中央组织部发出了《关于调整不胜任现职领导干部职务的几个问题的通知》，强调要以改革的精神妥善调整不胜任现职领导干部，坚决实行干部职务能上能下，能下能上，逐步从制度上保证德才兼备、具有开创精神的干部能够脱颖而出，激励广大干部为实现新时期的宏伟目标而发奋向上、勇于竞争的精神，使整个干部队伍始终保持朝气和活力。从1988年开始，全国试行对地方党政领导干部的年度工作考核制度，考核的对象包括全国地、县党委和领导干部。对县（市、区）党政领导干部实行由上级领导机关负责，同级党委全体委员和同级人民代表大会常务委员会参与的考核制。对于干部的绩效考核制度的逐步完善，成为上级政府控制和保证领导干部促进经济发展和社会稳定的重要手段。

在政绩考核的实践中，一个非常突出的问题就是，有些地方考核工作绩效主要偏重经济指标，而忽略了领导干部的其他方面。究其原因，一方面在当时的经济环境下，经济发展确实是我们面临的主要矛盾；二是经济发展指标比较容易衡量，而其他社会发展指标则相对不易衡量。这带来了激励扭曲和发展不平衡，也引起了人们对原有政绩考核模式的反思。

党的十六届三中全会提出了科学发展观，2003年底的中央经济工作会又提出要树立正确的政绩观，这为领导干部的政绩考核提出了新要求。2006年中央组织部下发了《体现科学发展观要求的地方党政领导班子综合考核评价试行办法》，强调改变单纯强调GDP增长的考核方式，从更加综合的角度对地方官员的政绩进行考核。

二、我国的政绩考核制度实质是一种晋升锦标赛

我国的政绩考核制度实质是一种晋升锦标赛。晋升锦标赛作为一种激励和治理手段绝非改革开放以来的发明，它内嵌于中国两千多年的官僚体制之中。在改革前就常被使用，如20世纪50年代的合作化运动、“大跃进”时期各省市竞相就粮食产量大放“卫星”，以及人民公社化运动，都可以看作是一种以政治忠诚为标准的政治竞争的结果。① 改革以来，我国的晋升锦标赛制度主要有以下特点：

（一）以经济绩效为主的晋升标准

改革开放以来，我国政绩考核制度的主要变化体现在考核标准的变化上，地方首长在任期内的经济绩效取代了过去的政治忠诚。② 这种转变的契机则是十一

---

① 周黎安：《转型中的地方政府——官员激励与治理》，格致出版社、上海人民出版社2008年版，第89页。

② 周黎安：《转型中的地方政府——官员激励与治理》，格致出版社、上海人民出版社2008年版，第91页。

届三中全会以来的拨乱反正和全党工作重心的转移。经济工作开始成为全党工作的重心，经济改革和发展成为各级党委和政府的头等大事，因而经济绩效也就成了干部晋升的主要指标之一。在20世纪80年代初邓小平提出了改革党和国家领导制度的重要思想，包括强调干部队伍的年轻化、知识化和专业化，鼓励老干部的离休退休，引入任期制和年龄限制。1984年中央决定下放干部管理权限，确定了下管一级的干部管理体制，使得省级政府可以通过任命权对下级政府发动经济竞赛，并使得晋升锦标赛模式得以向省以下传导。这一系列举措均为改革开放以来新型晋升锦标赛奠定了制度基础。

（二）逐级淘汰的晋升程序

中国行政体制由中央、省、市（地区）、县和乡镇五级政府构成。中国地方官员之间的晋升锦标赛采取了多层级逐级淘汰的程序。[①] 中央政府对省级政府实行晋升锦标赛，而中国“块块”行政管理体制在不同层次上的同构性使得晋升锦标赛得以向省级以下地府传递。晋升锦标赛可以发生在中央以下的任何一级地方政府之间。即如果中央在省级领导干部之间采取以GDP为基础的锦标赛竞争，省级官员就必须提高其辖区内的GDP增长水平。为此，他们可能会在辖区内的市一级推行GDP锦标赛竞争，而市又会在县一级推行锦标赛竞争，如此一层层地往下推进。各级地方政府官员都在不断放大的锦标赛激励下，为了仕途而努力。这也可以很好地解释多年来各级地方政府在经济发展指标上的层层加码，行政级别越低的地方官员提出的指标越高。

从地方政府官员晋升路径来说，地方官员从最低的行政职位一步一步提拔，进入一个典型的逐级淘汰的锦标赛结构，面临着极为激烈的竞争。它的最大特征是，进入下一轮的选手必须是上一轮的优胜者，每一轮淘汰出局的选手就自动失去下一轮参赛的资格。比如说，县长因为某种原因没有获得提升，退居二级，或者直接退休了，或者被罢免了，那么，他（她）就不可能再进入下一轮更高职位（如市长和省长）的竞争，这就是逐级淘汰。每一位参与人必须在本轮获胜才有资格进入下一轮。这样就给地方官员施加了很大的压力，形成一种非常激烈的晋升竞争。更关键的是，中央对每一级别的行政干部的任职都有最高年龄的限制，实行强制退休制，所以从政者必须在一定年龄升到某个级别，否则就没有进一步晋升的机会了。

近年来国家对干部任职的年龄要求越来越趋于年轻化，这使得晋升竞争变得更加激烈，而新一轮竞争错过提拔机会就可能永远没有晋升机会，这势必影响到

---

① 周黎安：《转型中的地方政府——官员激励与治理》，格致出版社、上海人民出版社2008年版，第89页。

地方官员的晋升策略和行为激励。

三、晋升锦标赛的激励机制

晋升锦标赛如何解决政府官员的激励问题？与市场失效相对应的政府失效的核心是政府官员的激励未能与委托人的利益协调一致，带来政治领域的委托代理问题。因此，设计一个合理的行政治理结构将有助于规范政府官员的激励，从而降低交易费用和避免行为扭曲。

在政治相对集权的背景下，上级政府对下级政府进行监督面临着一系列困难。一是地方政府实际上具有很大的控制权。政府官员手中往往拥有较大的自由裁量权，往往会构成对社会的“合法伤害权”，对地方经济发展构成一种严重的障碍。二是现有体制下，地方政府所受的水平监督和制约非常有限，而主要靠上级政府的垂直监督，但上级政府所拥有的信息有限，面临着监督激励依次递减及如何监督监督者的难题，监督成本高昂。解决这些困难是晋升锦标赛制度得以实施的关键。晋升锦标赛的激励机制主要有以下几方面特点：

（一）奖励承诺比较可信

与行政和财政分权相比，晋升锦标赛的一个突出优点是奖励承诺比较可信。[①] 这种可信度来自两个方面：一是晋升指标比较透明，各参与人都能观察到各自的业绩和委托人是否按照事前宣布的规则兑现承诺；二是提拔竞赛优胜者并不花费委托人的额外资源，因为职位在事前是固定的，如果空缺的话，无论如何需要提拔一人填补它，因此在决出优胜者之后委托人没有改变事前承诺的激励。[②] 从这个意义上说，委托人做出的提拔优胜者的承诺比用巨额奖金奖励优胜者（如财政包干契约）的承诺要可信得多，因为后者取决于委托人的财政状况，而且事后容易滋生不兑现的动机。而财政包干制在执行过程中，上级政府因财政困难经常改变过去的合约承诺。行政分权也是可调整和可逆转的，近年来中央与地方、省与地方的行政权限一直处在变动之中，所以分权承诺的可信度是相当有限的。而晋升锦标赛为地方官员提供了一个可置信的激励方式，弥补了其他方式（如行政和财政分权改革）在提供持久激励方面的不足。

（二）晋升锦标赛是一种强激励

如前所述，政府职责是多维度和多任务的。根据多任务下的委托－代理理

---

① 周黎安：《转型中的地方政府——官员激励与治理》，格致出版社、上海人民出版社 2008 年版，第 99 页。

② Malcomson, James, 1984, “Work Incentives, Hierarchy, and Internal Labor Markets”, *Journal of political Economy*, 92: 486－507.

论，如果激励的设计只是基于一些可测度的指标，很容易导致代理人的努力配置扭曲，即精力完全集中在可测度的任务，而忽略不可测度但同样重要的任务。[①] 在这种情况下，弱激励形式是一种常见的安排，即将代理人的报酬与绩效基本脱钩，以谋求代理人对多任务低水平但较为平衡的努力配置。晋升锦标赛是一种强激励的形式，政府官员的晋升高度依赖于一些可测度的经济指标，等于将那些不容易测度的指标排除在考核范围之外。中国经济增长面临的许多问题都是这种配置扭曲的结果。为什么中国政府会采用这种强激励方式呢？

如前所述，现有地方政府主要面临上级政府的垂直监督，所受的水平方向的监督和制约非常有限。给定政府目标的多维性和多任务特征，如果上级政府采取弱激励方式，让官员的晋升与当地经济增长和其他可测度的经济指标脱钩，采取一种模糊和主观评价方式决定官员的政绩，势必导致地方官员的自由处置权最终变成了官员偷懒、受贿或不作为的特权。[②] 由于垂直监督面临高昂的信息成本和监督成本，而地方政府拥有较大的实际控制权和自由裁量权，采用以 GDP 增长为基础的晋升锦标赛模式对地方官员手中不受监督和制约的自由处置权进行一种强制性引导，虽然带来一系列负面影响，但比弱激励下政府的不作为、偷懒甚至腐败要好。

（三）逐级淘汰的传递效应

晋升锦标赛模式具有逐级淘汰的多层的晋升竞争结构，在两个方面进一步强化了激励效应。[③] 首先，逐级淘汰的多层级的晋升竞争结构使得省区级领导的晋升激励可能逐级传递给最基层的地方官员。而且，在逐级传导过程中，这种激励作用是逐渐放大的。其次，逐级淘汰的多级晋升竞争结构使得地方官员在相对绩效评估和地方官员相互竞争之上还增加了一个激励的新来源，那就是职业前景激励。Holmstrom 认为，[④] 经理人的工作回报不仅来自于获得的工资，而且更多地来自于其将来的升迁机会和被其他公司雇用的机会。层级的职业晋升结构意味着从基层开始的地方官员必须在官场长久地工作和表现，而地方官员在任何一个职位上的表现都会被上级政府的组织部门所关注，成为组织人事部门评估其潜在能力

---

① Holmstrom, Bent and Paul Milgrom, 1991, "Mult – Task Principal Agent Analyses", *Jornal of Law, Economics and Organization*, 7, Special Issue.

② 周黎安：《转型中的地方政府——官员激励与治理》，格致出版社、上海人民出版社 2008 年版，第 101 页。

③ 周黎安：《转型中的地方政府——官员激励与治理》，格致出版社、上海人民出版社 2008 年版，第 100 页。

④ Holmstrom, Bengt, 1999, "Mangerial Incentives Problems: A Dynamic Perspective", *Review of Economic Studies*, NO. 1, Special Issue: Contracts (Jan., 1999): 169 – 182.

的基础。因此，地方官员在一个职位上表现好，不仅帮助他（她）赢得同级晋升竞争的优胜，而且还为未来的晋升创造更大的机会。

（四）竞争机制促进了地方发展环境的优化

中国自改革开放以来推行的以经济增长为基础的晋升锦标赛，以及它在各级地方政府间的放大机制，实际上让每一级政府都处于增长竞争格局。通过在地方政府之间引入竞争机制，这在相当程度上解决了监督激励依次递减和信息不对称的问题，从而降低了监督成本。政府之间引入竞争机制，促进了各地发展环境的优化。

地方政府之间增长竞争，首先意味着各地围绕重要生产要素的流入展开区域经济竞争。为了吸引生产要素，各地方需要做好产权保护，提供良好的政策环境。尽管我国司法意义上的产权保护做得不够，晋升锦标赛带来的竞争压力在相当大程度上改变了政府部门对重要生产要素（如资本）的态度，政府部门的垄断租金大幅度被削减，弥补了正式产权保护和司法制度的不足。

因此，晋升锦标赛是企业产权得到保护、政策环境得以优化的一个基础。[①] 晋升锦标赛作为一种地方官员的治理机制提供了中国特色的产权保护和其他有助于企业发展的政府服务，它主要不是通过司法改革实现的，而是通过改变政府官员的激励实现的。在这种意义上说，晋升锦标赛是对正式产权保护和司法制度的一种重要替代。

同时，晋升锦标赛激励下，中国地方政府的权力相对集中于一把手，客观上有助于克服“政治公地悲剧”。所谓的“政治公地悲剧”，是指每一个政府部门都想对企业进行“搜刮”，而不考虑其搜刮对别的政府部门的负外在性，最终导致过度“搜刮”。[②] 当权力过度集中到少数领导手中，他们所面临的增长激励就可以对所属各个政府部门形成强有力的约束，这比权力分散在各个政府部门、各自为政容易避免政治公地悲剧的产生。在很多地方重要企业往往挂有“重点保护企业”牌子，就是这方面的例证。

从政治经济学的视角，政府官员可能受到各个利益集团的影响，使得政府出台的公共政策成为特殊利益集团获利的工具，出现政府被利益集团“捕获”的现象。[③] 在中国，地方政府也会受到一些利益集团的影响，但在晋升锦标赛体制

---

① 周黎安:《转型中的地方政府——官员激励与治理》，格致出版社、上海人民出版社2008年版，第97页。

② Shelifer, Andrei and Robert Vishny, 1993, “Corruption”, *Quarterly Journal of Economics*, 108: 599-618.

③ Stigler, George, 1971, “The Theory of Economic Regulation”, *Bell Jorunal of Economic*, 2: 3-21.

下，这些利益集团或多或少对当地经济增长是有利的。这是因为，如果地方官员的根本利益在于政治晋升，在于辖区的经济增长，那么，一切利益诉求必须与经济增长的要求相兼容。[①] 必须指出的是，在地方官员与地方利益集团极有可能形成各种利益联盟的情况下，晋升锦标赛的强激励客观上起到了避免政府官员被固定或狭隘利益集团捕获而抑制经济增长的作用。

四、晋升锦标赛模式的缺陷及影响

以经济增长为基础的晋升锦标赛极大的调动了地方官员调动一切要素发展经济的热情，赋予了地方官员非常强的激励去吸引外资，扶持企业，修建基础设施，提供良好的政策环境。但是也应该看到，这种模式自身存在一系列缺陷，在支撑高速增长的同时也带来一系列的激励扭曲，有些问题还非常严重，直接影响了居民的生活福利，制约了中国长期经济增长的潜力。

（一）晋升锦标赛模式的缺陷

1. 无法保证官员对居民的偏好做出反应

经济发展的最终目标是实现居民福利的最大化。科学发展观也要求地方政府必须遵循“民众本位”的价值选择，各项政策制定、执行、评估指标的设定都应符合民众的实际需求和偏好。

在现行的政绩考核制度下，由于官员任免权在上级，辖区内居民和企业无法直接影响地方官员的仕途，因而地方官员往往不能对居民和企业的多样化偏好做出足够和有效的反应。在政绩考核过程中，缺乏辖区居民的偏好显示机制。事实上，政绩考核是以 GDP 增长指标或其他一些经济指标替代辖区居民的偏好。这在特定的经济发展阶段并不会带来问题。当经济发展水平比较低，绝大多数人的温饱问题没有解决时，发展经济和提高收入就是绝大多数人的主要诉求，以经济发展来替代居民的偏好具有一定的合理性。

但是，当经济发展水平以及人们的收入提高到一定程度时，人们的偏好和需求日趋多样化，简单的 GDP 增长，甚至绿色 GDP 增长已不能准确代表辖区内居民高度多样化的偏好结构。可以经常看到，一些地方政府为了完成上级的各项政治、经济、社会指标而往往无视民众的实际状况与市场经济规则，出现了地方政府利益同地方人民的意愿和偏好相脱离的现象，社会矛盾激化和群体性事件的爆发的根源就在于此。

2. 多任务下的激励扭曲问题

---

① 周黎安:《转型中的地方政府——官员激励与治理》，格致出版社、上海人民出版社 2008 年版，第 98 页。

地方政府往往面临多项任务，而且，各项任务完成的难易程度不同，完成的可测度程度也有差异，因而，一些对于居民来说很重要的任务可能无法（或不易）计入到政绩指标体系中。根据多任务委托—代理理论，追求利益最大化的地方官员就会把所有的努力转向容易实现并且容易测度的任务，而忽略同样重要，但不容易测度的任务。

在以 GDP 增长为核心的政绩考核制度下，地方官员的激励扭曲体现在以下两个方面：

一是地方官员只关注那些能够被考核的指标，而对那些不在考核范围内或者不易测度的后果指标不予重视。于是，地方官员会把绝大部分由政府直接或间接控制的资金和资源投入到能够刺激经济增长和财税增长的项目上，如基础设施的建设、开发区建城市改造和对企业的各种支持上。而教育、医疗和廉租房等方面的投资由于周期长、见效慢，只会影响长期的经济增长，对于官员有限任期内的经济绩效贡献不大，所以地方官员不愿意在这上面占用稀缺的投资资源，导致这些本应由政府提供的公共物品供给严重不足。

二是以 GDP 增长为基础的晋升锦标赛竞争诱导了地方官员的机会主义行为。由于上级对下级的垂直监督难免面临信息不对称的困扰，一些地方官员为了给上级政府创造一个良好形象，会利用自己的信息优势，热衷于华而不实、劳民伤财的政绩工程；只关心自己任期内所在地区的短期经济增长，而忽略所带来的环境污染和能源消耗等负面影响；对下级政府层层加码，下达各项需要达标的任务，甚至编造虚假经济增长数字。这种情况在缺乏经济资源和机会的落后地区尤明显，而最终对经济的长远发展和居民的福利带来损害。

除了上述扭曲之外，晋升锦标赛还使得政府官员同时在经济和政治上竞争，而经济竞争由于受到以零和博弈为特征的政治竞争的支配而出现了资源配置扭曲的现象，如中国区域发展中的政府非合作倾向，包括我国长期存在的地方保护和重复建设问题。[①] 在中国多级同构性行政体制下，省级政府的晋升激励会一级一级地转化为地区（市）、县和乡（甚至村）的增长激励。[②] 上级政府的激励扭曲会在下面多层的行政治理中不断放大，进一步加剧了问题的严重性。

3. 晋升博弈下的软预算约束问题

现在中国的地方政府已积累了大量的债务，潜在风险较大等问题也逐步暴露。地方政府债务问题的根源在于晋升博弈制度所带来的预算软约束问题。为了在经济竞争中获得有利地位以增进政治晋升的机会，地方官员会动用一切政策手

---

① 周黎安：《晋升博弈中政府官员的激励与合作——兼论我国地方保护主义和重复建设问题长期存在的原因》，《经济研究》2004 年第 6 期。

② 周黎安：《转型中的地方政府——官员激励与治理》，格致出版社、上海人民出版社 2008 年版，第 116 页。

段（包括财政和金融工具）支持企业扩张，这种只重数量、忽视质量的扩张很容易形成企业经营绩效低下和政府的财政赤字和负债。因为预期中央政府不可能让地方政府陷于财政破产的境地，这种预期又进一步助长了地方政府粗放型的财政支出行为。只要预期在短期内能够取得经济绩效获得晋升，地方官员则不会考虑债务风险问题。同样，地方官员热衷于土地出让，而土地出让金是对土地未来70年收益的贴现。只考虑现期获得财政资源，不考虑未来财政收入能力，也与目前的晋升锦标赛模式密切相关。

（二）晋升锦标赛模式的负面影响

晋升锦标赛的激励模式既是中国高速经济增长的制度源泉，但由于晋升锦标赛模式存在的缺陷，同时也是当前经济面临的各种重大问题的主要根源。

1 成为中国经济增长方式转变的障碍

[①]我国地方政府面临的是自上而下的垂直监督和制约。由于晋升职位是有限的，晋升锦标赛具有一种“赢家通吃”和“零和博弈”特征，一人提升必降低别的竞争者的晋升机会，[②] 地方官员面临着激励的晋升竞争。一方面，极大地调动了地方政府发展经济的热情，使得中国过去30多年取得了举世瞩目的经济成就，经济总量跃居世界第2位，外汇储备世界第一。另一方面，地方官员为赢得晋升竞争，不计成本和代价，成为粗放型增长的制度根源。为了吸引投资，地方政府官员往往压低要素价格。比如土地价格常被人为压低，甚至出现“零地价”；资金成本因利率过低或政策贷款或担保也被人为压低。与此同时，劳动力成本因劳动保障和社会福利的不健全被人为压低，企业生产的环境成本也因为地方政府的纵容而低估。扭曲的要素价格促成了中国的粗放型增长，成就了中国的世界制造大国，但由于增长质量不高，实质上只能称为世界“加工大国”。更为严重的是，许多地方不顾重复建设和地区自然资源环境的压力，发展与本地方资源环境不相协调的产业，带来了严重的环境污染和能源消耗。

面对中国经济经济增长的各种问题，中央早在20世纪90年代就提出转变经济增长方式的战略，但是多年来进展并不顺利。只有根除传统增长模式的激励基础，转变经济发展方式才能真正落到实处。

2. 阻碍了政府职能转变

市场经济条件下，政府的主要职责是为社会发展提供各种必要的公共物品，而不是直接参与经济活动。早在1998年，中央提出财政体制从传统的“建设性”

---

① 周黎安：《转型中的地方政府——官员激励与治理》，格致出版社、上海人民出版社2008年版，第119页。

② 周黎安：《晋升博弈中政府官员的激励与合作——兼论我国地方保护主义和重复建设问题长期存在的原因》，《经济研究》2004年第6期。

财政向“公共财政”转型，强调政府公共支出的重点由过去的经济建设支出（如基建投资）逐步过渡到以教育、医疗卫生与社会福利等公共产品的支出。然而，这一转型显得非常艰难而缓慢。我国的教育、医疗卫生、就业、住房、社会保障等民生性公共服务供给短缺，其中教育支出占GDP比重严重不足，长期难以达到4%的目标，远远低于发达国家的5%。医疗卫生个人支付比例过高，医疗设施城乡差距过大。并且社会保障水平还很低，社会保障的覆盖面较窄。①

党的十八届三中全会决定提出加快政府职能转变的要求，指出经济体制改革的核心是处理好政府与市场的关系，使市场在资源配置中起决定性作用。政府要大幅度减少对资源的直接配置。政府的职责和作用主要是保持宏观经济稳定，加强和优化公共服务，保障公平竞争，加强市场监管，维护市场秩序，推动可持续发展，促进共同富裕，弥补市场失灵。

由于公共财政的执行在很大程度上依赖于地方政府的参与，导致政府职能转型缓慢的根源在于目前地方政府所面临的激励。由于地方官员任期有限，面临着极为激烈的晋升竞争，任期内经济指标的高低决定了他们在晋升锦标赛中的排位。教育、科技和医疗卫生这些投入只能对长期增长产生影响，短期内无法“兑现”为经济增长。虽然公众对于教育、医疗和住房问题的关心超过任何其他方面，但他们无法直接决定地方官员的任免，所以公众关心的问题很难像经济增长那样被地方官员所关注。

事实上，晋升锦标赛让地方官员对本地经济发展负责，从而使得地方官员一方面是地区经济增长的参赛运动员，同时又是辖区内市场竞争的裁判员，这种双重身份使得地方政府可以利用裁判员的身份做运动员的事情。他们不惜一切手段去获得经济发展，这其中包括一些不利于培育和维护市场秩序的手段，如纵容本地企业生产假冒产品，违规为企业办理市场进入手续或信贷担保。晋升锦标赛的激励制度与市场经济下的政府职能定位存在着严重冲突，因而已成为政府职能转变的障碍。② 这是中国经济市场化过程中面临的最严重的障碍之一。

第三节　改革政绩考核制度的探索

多年来单纯以GDP增长为基础的官员政绩考核方式饱受各界批评和质疑。中央提出“科学发展观”和“和谐社会”的新施政理念以来，为进一步完善现有政绩考核制度，克服原有模式的缺陷，从中央到地方都在进行积极的探索。目

---

① 乔俊峰：《中国如何跨越“中等收入陷阱”——基于地方政府治理转型视角的分析》，《现代经济探讨》2013年第9期。

② 周黎安：《转型中的地方政府——官员激励与治理》，格致出版社、上海人民出版社2008年版，第119页。

前，政绩考核制度改革主要沿着两个方向进行：一是完善政绩考核指标体系。如提出绿色 GDP 新概念，加大其他社会发展指标的权重，淡化 GDP 增长在指标体系中的地位；二是考核方式的变化。如在上级组织部门考核下级官员的基础上引入民众的满意度，并尝试对于官员的选拔进行差额选举等。

一、完善考核指标体系

（一）绿色 GDP 的探索

由于 GDP 指标本身没涵盖资源和环境的成本，用其衡量发展成果存在偏颇。绿色 GDP 的概念正是基于这一问题而产生。绿色 GDP 着眼于环境保护的角度，一般是指从 GDP 中扣除自然资源耗减价值与环境污染损失价值后的剩余的国内生产总值。① 2004 年 3 月国家环保总局和国家统计局共同启动了“绿色 GDP”项目，即绿色国民经济核算研究项目。绿色 GDP 核算试图从传统的 GDP 中扣除自然资源耗费成本和环境退化成本，以便更好地衡量地区经济发展的状况。该项目于 2005 年在全国十个省市开展了试点。2006 年 9 月国家环保局和国家统计局发布了中国第一份《绿色 GDP 核算报告》。然而这个项目经过 3 年的研究最后因为种种原因而被无限期推迟，其中一个重要原因是环保部门和统计部门在发布的内容和方式上有重大分歧，同时绿色 GDP 核算也遇到了一些来自地方政府部门的阻力。关于如何进一步推进和实施绿色 GDP 核算，社会各个方面争议较大，目前进展缓慢。

（二）节能减排问责制

然而，当绿色 GDP 评价体系遇到重重阻力而搁浅之时，为了治理中国日益严重的环境和能源问题，中央政府最终采取了对地方政府节能减排的问责制和责任状，这实际上是一种含有晋升锦标赛因素的行政发包制的运用。

国家发展和改革委员会主任徐绍史指出，2014 年我国进一步节能减排强化目标责任制和问责制②。具体措施包括：出台 2014—2015 年节能减排低碳发展行动方案，督促各地区制定具体实施办法，抓好工作落实；开展节能减排目标责任评价考核，考核结果向社会公布，接受社会监督；对考核结果为未完成的地区，必要时由国务院领导同志约谈省级政府主要负责人，有关负责人在考核结果公布后 1 年内不得评优树先和提拔重用，暂停该地区新建高耗能项目的节能评估审查和新增主要污染物排放项目的环评审批。

---

① 丘丽云：《绿色 GDP 与干部政绩考核》，《广东社会科学》2006 年第 2 期。

② 《节能减排考核未达标省级领导或将被约谈》，中新网，http：//www. chinanews. com/gn/2014/04 -21/6088652. shtml，2014 年 4 月 21 日。

（三）更综合的考核指标体系

由于以 GDP 为核心的政绩考核饱受诟病，改革政绩考核制度的重要思路就是建立更综合全面的考核指标体系。2006 年中央组织部下发了《体现科学发展观要求的地方党政领导班子综合考核评价试行办法》，改变单纯强调 GDP 增长的考核方式，从更加综合的角度对地方官员的政绩进行考核，考核的指标更强调一个地区的经济发展水平，比如包括人均 GDP 及其增长、人均财政收入及其增长、城乡居民收入及其增长等方面统计数据和评价意见，其核心是，从综合角度来考核经济发展程度，经济绩效仍是政绩考核制度的主要内容。

一些地方进行了政绩考核改革的探索。2008 年开始，湖南省长沙县探索了政绩考核的新模式，强调“四个坚持”：一是坚持实施分类考核，对不同类型的乡镇设置不同的考核指标和权重；二是坚持绿色发展，把生态建设和环境保护放在与经济社会建设同等重要的地位；三是坚持注重公众参与，把社会公认度评估工作作为考核科级领导班子及成员的重要组成部分；四是突出结果的运用，将考核结果与“面子、位子、票子”三挂钩，取得一定成效。[①]

年 12 月中央组织部发出了《关于改进地方党政领导班子和领导干部政绩考核工作有关问题的通知》，其核心内容是超越经济发展成果来考核发展的绩效。通知进一步强调不能仅仅把地区生产总值及其增长率作为考核评价政绩的主要指标，提出了政绩考核要突出科学发展导向、完善政绩考核评价指标、对限制开发区域不再考核地区生产总值、加强对政府债务状况的考核、加强对政绩的综合分析、选人用人不能简单以地区生产总值及增长率论英雄、实行责任追究、规范和简化各类工作考核。实质内容是强调超越经济发展，从综合的社会发展角度来考核政绩，使考核由单纯比经济总量、比发展速度，转变为比发展质量、发展方式、发展后劲。

总体来说，完善考核指标体系就是由过去的单目标考核转化为多任务的考核。如前所述，多目标考核的难点在于各个指标完成的难易程度是不同的，同时，各指标的可测量程度也不尽相同，给综合指标考核的实施带来困难。这也是尽管 2006 年就提出改变单纯依赖 GDP 考核体系难以见效，2013 年又不得不重提建立更综合的政绩考核指标体系的原因。

二、改革政绩考核方式

改革政绩考核制度另一个方向就是从政绩考核方式入手，引入多元的考核主

① 杨懿文、张庆红、周志远：《GDP 蜕变之路——湖南省长沙县实施绿色政绩评估的探索与实践》，新华出版社 2014 年。

体，改革单向的垂直的政绩考核方式。

（一）将民众满意度纳入政绩考核

2006 年中组部《体现科学发展观要求的地方党政领导班子综合考核评价试行办法》明确规定，在政绩考核过程中，应该根据民意调查的群众满意度，分析当地经济建设、政治建议、文化建设和党的建设等方面的状况与成效。民意调查可以委托有关部门或社会中介组织完成，可以通过入户调查、发放问卷、政府网站评议等方式在社会各个阶层的干部群众中进行幸福指数、满意指数、安全指数的调查。目前各地都在尝试如何把民众的满意度纳入政绩考核，一些地方明确引入民意调查机制。

2006 年，山东省青岛市应用计算机辅助电话调查技术，由社情民意调查中心对所辖 12 个区市党委、政府履行职责的绩效情况进行民意调查，并将调查结果运用于目标绩效考核。2008 年德州和青岛两市的市长分别带市直部门“一把手”到济南参加“地方大考”时，增加了采用电话随机访问的形式，调查当地常住居民对该市党委、政府的评价。[①] 河北省对一些区、市党政领导班子实施绩效综合考核评价时也明确引入民意调查机制。2004 年底，甘肃省政府委托兰州大学中国地方政府绩效评价中心，对政府绩效进行评价，参与评价的是当地民营企业。这项由第三方评价政府工作的活动被外界称为“兰州实验”或“甘肃模式”。

从 2008 年 7 月起，中央组织部委托国家统计局每年在全国 31 个省、区、市以及中央和国家机关、中央企事业单位开展组织工作满意度民意调查。这标志着在官员考核和任免方面引入民众满意度的改革思路从局部地区的试验正式走向全国范围内的推广。民意调查的主要内容包括干部群众对组织工作、组织干部形象、干部选拔任用工作的满意度以及对组织工作的具体意见和建议。调查采取抽样问卷的方式，在中央机关、省、市、县、乡、村各层次的干部和群众中抽取 8 万人开展调查，2008 年 7 月已经组织实施了第一次问卷调查。中组部选择国家统计局作为第三方进行问卷调查是为了保证民意调查的客观性、中立性和代表性。这项调查 2008－2013 年已经实施了 6 次。

在如此大的范围内进行民众满意度的抽样调查在新中国的历史上还是第一次，它旨在改革过去单纯由组织部门进行干部评估和选拔任用的方式，增加干部任命过程的公众参与度。这标志了中国干部人事制度的重大变革，随着民众满意度在地方官员升迁过程中发挥的作用逐渐增大，地方官员将不仅仅要对上级政府负责，还必须同时对辖区内的民众负责，其施政理念和行为势必发生重大变化。

---

① 《中国官员政绩考核、政府绩效评估体系悄然变化》，《人民日报》2008 年 7 月 4 日。

对地方官员的“双重”考核可以在一定程度上克服传统的“单重”考核所无法避免的激励扭曲问题，对于平衡地方官员的激励结构意义重大。

（二）考核主体的变化

在干部绩效考核中加入民众满意度，不仅仅是在绩效考核中加入了一项新的指标，它的意义远远超过这一点。民众满意度涉及政府服务的对象——民众对地方政府执政方方面面的主观感受和综合评价，只要满意度调查问卷设计合理，抽样原则符合中立性、客观性和代表性原则，那么它所包含的信息就是丰富的、真实的和无偏的。在这个意义上，它和其他可能反映地方官员政绩的指标（如绿色GDP或犯罪率）就是不同的指标概念。当然，党委组织部门如何将满意度调查的结果纳入官员绩效考核评估的过程，对于官员的任免到底将产生怎样的影响，还有待进一步观察。

（三）深圳政治体改革的探索

2008年，深圳市在政治体制改革方面的举措更加引入注目。深圳市在党政两方面实施市、区两级的差额选举制度，并允许参选人（包括自荐和党员联名推选人员）在一定范围内开展竞选活动。深圳市拟将首先在区政府换届中试行区长差额选举，扩大副区长的差额数量，候选人在一定范围内进行公开演讲、答辩，由同级人大差额选举出区长、副区长，为以后条件成熟时进行市长选举积累经验。深圳在2014年5月举行的第五次党代会上明确提出，加大公推公选、竞争上岗等竞争性选拔方式的力度，到2015年，至少一半新提拔局级以下干部通过竞争性选拔方式产生，随后首批公选8个正局级干部。[①] 在实质意义上扩大党内民主、差额选举和候选人竞选无疑将成为中国未来干部人事制度改革的一个方向。如果说绿色GDP和引入满意度还是沿着如何寻找更为科学合理的绩效考核指标、完善晋升锦标赛模式的基本思路，那么，党内民主和差额选举将代表一种跳出传统晋升锦标赛的新思路，让广大党员和群众逐渐成为政府代理的最终委托人。

第四节　改革政绩考核制度的难点与出路

政绩考核制度对于地方政府行为有着重要的导向作用。改革政绩考核制度是切实转变政府职能、转变经济发展方式的内在要求。2013年12月中组部印发的

① 《公选8个正局级干部 深圳政治体制改革迈入深水区》，中国网，http://www.china.com.cn/policy/txt/2010-08/26/content_20795583.htm——2010年8月26日。

《关于改进党政领导班子和领导干部政绩考核工作通知》，是对党的十八届三中全会决议中“完善发展成果考核评价体系”、“改革政绩考核机制”等内容的落实。

按照中组部通知的要求，改革政绩考核制度的核心是“纠正单纯以经济增长速度评定政绩的倾向”，进一步强化包含经济发展、民生改善、社会和谐进步、文化建设、生态文明建设、党的建设等多面内容的综合性政绩考核评价指标体系，并强化资源消耗、环境保护、约束性指标。改革政绩考核制度的关键就是由原来的单目标考核，转变为综合的多目标考核。如何落实中央精神，改革政绩考核制度，切实政府转变职能，转变经济发展方式还面临着巨大挑战。

一、改革政绩考核制度的难点

政绩考核制度的实施主要面临两方面的困难：一是多目标考核难题；二是信息不对称难题。

（一）多目标考核难题

如前所述，代理人面临多项任务时，不同任务的考核难度往往是不一样的，代理人会将更多精力放在更容易显示的任务上。实际上，在正式的考核体系，对官员的要求一直是多方面的，经济增长从来不是唯一的指标。尤其是近十年来，在政绩考核体系中一直刻意淡化经济增长指标的影响，但仍然没能改变 GDP 是最重要考核指标的现实。

在政绩考核体系中经济指标被强化，一方面是由于我国特定的发展阶段，尤其是经济相对落后地区，面临的经济发展压力更大，因而经济增长指标难以改变其在考核中的硬指标地位；另一方面，经济发展指标相对比较客观，比较容易测度，而其他社会发展、民生、文化建设等指标则不易测度，也难以与其他地方进行竞争和比较。同时，按这一原则产生的竞争结果也相对公平。因而，经济增长指标在政绩考核中仍然居于中心地位。

淡化 GDP 指标，综合更多的指标，建立完善政绩考核指标体系是进一步改革的方向。但如何解决不易考核的指标的衡量问题，仍是不可回避的难题。同时，多目标的考核可能带来的一个问题是，它会让官员的行为变得无所适从。因为，在一个比较复杂的体系之下，官员的某个具体行为对最终考核分数的影响将变得更加模糊和主观。

（二）政绩考核的信息问题

政绩考核的核心是信息问题。信息完全的情况下，政绩考核就可以简化为一个技术问题。只要设计科学合理的考核指标以及相应权重，就可以据此算出各地的政绩，然后就可以对地方政府进行有效的激励和约束。然而，上级考核下级、中央考核地方总会面临着信息不对称和信息不完全的问题。这一方面会提高考核成本，另一方面会导致地方利用自己的私人信息，使得上级考核难以达到预期的目标。

二、改革政绩考核制度的思路

无论是信息问题，还是多任务考核的难题，都可以通过政绩考核方式的改革而得以缓解。克服政绩考核中难题的出路在于，进一步改革单一的绩效考核模式，建立自上而下与自下而上相结合的考核机制。

（一）建立由上而下与由下而上相结合考核机制

市场经济下的政府更多地定位于提供公共服务，因此对官员考核更多应该集中于在服务指标上，但服务质量往往难以通过具体指标来测量。比如官员在环保、医疗、教育等方面的表现，由上级通过设计考核指标来量化，面临不小的困难。但是这些服务的质量公众都可以直接体验到，如果让公共服务的受众来直接评价，就不需要通过指标量化。这一方面解决了信息不对称的问题；另一方面也使得公众的偏好能够进入政绩考核体制中。

（二）发挥人大、政协等体制内力量改进政绩考核组织方式

如何建立和完善由下而上的考核机制，各地方已经进行一系列的探索，包括群众满意度调查机制的引入等。另一条可行的途径是通过现有各级人大系统来实现。各级人民代表大会是权力机关，代表人民群众行使权力，地方政府向本级人大报告工作，对本级人大负责。人大对政府工作的监督评价不仅体现在对政府工作报告的审议上，还应有大量前期的调研以掌握充分信息。绩效评估活动应该是各级人大对政府评价监督的重要方式，理应将绩效评估纳入到人大对政府的监督体系中。人大或政协可以在现有组织体系的基础上，建立民众对政府服务的质量进行投票的机制，并使其成为政绩考核制度的主要内容。

对官员政绩进行评估的投票，使政府公共服务的直接对象——民众与企业能直接影响地方官员的任命。这个力量可以矫正量化考核机制的缺陷。因此，自下而上考核的监督机制变得很重要。自下而上的考核机制不仅是自上而下考核机制的补充，并且能够从根本上的解决信息不对称问题。

（三）健全民主决策体制

进一步推进政绩制度改革必然涉及对现行决策体制的改革。地方政府绩效评估不是一个简单的技术过程，而是一个政治过程，这与权力配置的基本制度密切

相关。从技术上完善绩效评估指标体系相对比较容易，而真正实现评估机制的改革，保证科学发展观的落实，在具体实施过程中肯定会遇到多方面的阻力。

进一步改革政绩考核制度对于贯彻落实科学发展观和国家的长治久安具有不可估量的重大意义，但并不是任何人都能从这个过程中受益。绩效评估体系改革必然会使得上级政府的评价权力相对弱化，下级政府政绩以及干部的好坏不再完全由他们说了算，因而必然影响其切身利益。较为完善的评估体系也会使得地方政府每一位工作人员的行为选择集缩小，必须投入更大的精力做好工作。因而他们也可能成为改革的阻力。这就需要各级政府尤其是高级领导干部，切实提高思想观念和道德素质，为了人民的利益，为了国家的可持续发展，勇于“自我约束”、“自我剥夺”。

当前我国面临发展转型的重要阶段，改革政绩考核制度也面临着前所未有的机遇。随着改革开放和现代化建设的不断深入，我国社会发展的深层次矛盾和问题的积累和暴露，以及中央政府的高度重视，都为改革政绩考核制度提供了新的契机。

参考文献

陈抗、Hillman、顾清扬：《财政集权与地方政府行为变化》，《经济学》（季刊）2002 年第 2 卷第 1 期。

乔俊峰：《中国如何跨越“中等收入陷阱”——基于地方政府治理转型视角的分析》，《现代经济探讨》2013 年第 9 期。

乔坤元：《我国官员晋升锦标赛机制：理论与证据》，《经济科学》2013 年第 1 期。

［日］青木昌彦：《比较制度分析》，上海远东出版社 2001 年版。

丘丽云：《绿色 GDP 与干部政绩考核》，《广东社会科学》2006 年第 2 期。

陶然、苏福兵、陆曦等：《经济增长能够带来晋升吗？——对晋升锦标竞赛理论的逻辑挑战与省级实证重估》，《中国经济学》2010 年刊。

佟健、宋小宁：《中国地方政府治理——一个多任务道德风险模型》，《南开经济研究》2009 年第 3 期。

王小龙：《中国地方政府治理结构改革：一种财政视角的分析》，《人文杂志》2004 年第 3 期。

杨懿文、张庆红、周志远：《GDP 蜕变之路——湖南省长沙县实施绿色政绩评估的探索与实践》，新华出版社 2014 年版。

周黎安、李宏彬、陈烨：《相对绩效考核：关于中国地方官员晋升的一项经验研究》，《经济学报》2005 年第 1 期。

周黎安：《晋升博弈中政府官员的激励与合作——兼论我国地方保护主义和重复建设问题长期存在的原因》，《经济研究》2004 年第 6 期。

周黎安：《中国地方官员的晋升锦标赛模式研究》，《经济研究》2007 年第 7 期。

周黎安：《转型中的地方政府——官员激励与治理》，格致出版社、上海人民出版社 2008 年版。

赵晓:《竞争、公共选择与制度变迁——从“抓大放小”看体制转轨中政策效率改善的原因》,《中国社会科学评论》2003 年第 1 期。

朱长存:《地方分权、晋升激励与经济增长:基于文献的思考》,《社会科学战线》2009 年第 4 期。

朱长存、顾六宝:《地方政府行为模式多样性的经济学分析》,《河北学刊》2005 年第 3 期。

朱长存、刘文霞:《科学发展观导向的地方政府绩效评估改革》,《产业经济论坛》2008 年第 4 期。

Blanchard, Oliver, Andrei Shleifer, 2001, “Federalism with and Without Political Centralization: China versus Russia”, IMF staff Papers, 48: 171 – 179.

Holmstrom, Bengt, 1999, “Mangerial Incentives Problems: A Dynamic Perspective”, *Review of Economic Studies*, NO. 1, Special Issue: Contracts (Jan. , 1999) : 169 – 182.

Holmstrom, Bent and Paul Milgrom, 1991, “Mult – Task Principal Agent Analyses”, *Jorunal of Law, Economics and Organization*, 7, Special Issue.

Jin Hehui, Yingyi Qian and Berry Weignast, 2005, “Regional Decentralization and Fiscal Incentives: Federalism, Chinese Style”, *Journal of Public Economics*, 89: 1719 – 1742.

Li Hongbin, Li-An Zhou, 2005, “Political Turnover and Economic Performance: the Incentive Role of Personnel Control in China”, *Journal of Public Economics*, 89: 1743 – 1762.

Malcomson, James, 1984, “Work Incentives, Hierarchy, and Internal Labor Markets”, *Journal of political Economy*, 92: 486 – 507.

Maskin, Eric, Yingyi Qian, Chenggang, Xu, 2000, “Incentives, Scale Economies and Organization Forms”, Review of Economic Studies, 67: 359 – 378.

Montinola, G. , Yingyi Qian, Berry Weingast, 1995, “Federalism, Chinese Style : the Political Basis for Economic Success in China”, *World Politics*, 48: 50 – 81.

Qian, Y. and G. Roland, 1998, “Federalism and the Soft Budget Constraint”, *American Economic Review*, 88: 1143 – 1162.

Shelifer, Andrei and Robert Vishny, 1993, “Corruption”, *Quarterly Journal of Economics*, 108: 599 – 618.

Stigler, George, 1971, “The Theory of Economic Regulation”, *Bell Jorunal of Economic*, 2: 3 – 21.

Tirole, Jean. 1994, “The Internal Organization of Government”, *Oxford Economic papers*, 46: 1 – 29.

Whiting, Susan, 2001, Power and Wealth in Rural China: The Political Economy of Institutional Change, Cambridge University Press.

第五章　行政审批制度改革

党的十八大报告指出，必须切实转变政府职能，深化行政体制改革，创新行政管理方式，增强政府的公信力和执行力，建设法治政府和服务型政府。[①] 行政审批制度改革是政府职能转变的重要突破口，有利于政府把工作重点由管制经济转向创造良好发展环境、提供优质公共服务、维护社会公平正义等上来；有利于约束和规范行政行为，推进依法行政；有利于发挥市场在资源配置中的决定性作用；有利于从源头上预防、阻止和治理寻租和腐败。

推动行政审批制度改革，需要理清以下理论和实践问题：为什么要进行行政审批制度改革，行政审批制度的制约因素有哪些，政府究竟应该审批哪些项目，如何保证行政审批制度改革的顺利推进。

第一节　行政审批制度改革的原因

行政许可是指行政机关根据自然人、法人或者其他组织依法提出的申请，经依法审查，准予其从事特定活动、认可其资格资质或者确立其特定主体资格、特定身份的行为。[②] 行政审批是行政机关对经济、社会事务实行事前管理的一种手段，包括行政许可审批和非行政许可审批。从新中国成立到改革开放前，我国一直实行高度集中的计划经济体制，行政审批几乎涉及各行各业，政府主要通过行政审批来履行职责和实现资源的配置。新中国建立初期，行政审批作为一种政府行为，对保持社会秩序稳定、保障指令性计划的顺利实施和有限资源的合理配置发挥了作用。1978 年以后，随着经济市场化程度不断提高，原有行政审批制度的优势逐步丧失，弊端则日渐凸显。

第一，行政审批没能实现优化资源配置的目的。行政审批的重要职能是合理配置资源，但实践效果并不明显。2004 年以来，行政审批一直被政府作为抑制产能过剩的重要手段。为防止投资一哄而上和重复建设，中央部委综合运用法

① 《中共中央关于全面深化改革若干重大问题的决定》，人民出版社，2013 年。

② 杨景宇：《关于〈中华人民共和国行政许可法（草案）〉的说明》，《全国人民代表大会常务委员会公报》2003 年 5 月。

律、经济、技术及必要的行政手段，严格项目审批，把钢铁、水泥、平板玻璃、煤化工、多晶硅、风电设备等六大行业确定为调控和引导的重点。然而，到2013年，不仅原产能过剩行业的问题没有得到缓解，就连为避免盲目和无序建设已经建立严格准入标准的多晶硅、风电设备、新材料等新兴产业也出现严重产能过剩。① 相比之下，家电、服装等走上市场化轨道的行业，靠市场机制的优胜劣汰，没有出现严重的产能过剩。这说明，一些行政审批并不能解决资源优化配置问题，对于那些审批无法解决的结构性问题，完全可以交给市场去解决。

第二，行政审批容易产生寻租、滋生腐败。市场主体为了缩短项目审批时间或干脆绕过行政审批，往往采取行贿的办法。一些审批官员也会利用手中的审批权向市场主体收费，甚至索取贿赂。因此，过多行政审批会增加设租和寻租空间。正因为如此，很多审批部门不仅不愿意放弃审批权，还会千方百计争取更多审批权。据不完全统计，全国性行政许可事项最多时达4000多项，各省、自治区、直辖市行政许可也在2000项以上。② 行政审批设置过多过滥，程序繁琐，法律规定不明确、不统一，已成为滋生腐败的温床。据张维迎估计，废除政府审批，GDP会增加30%，腐败至少可以减少50%。③

第三，行政审批增加了市场主体的经营成本，降低了市场主体的经济效率。行政审批过多，审批时限过长，审批规定不严，审批过程和审批行为不规范，自由裁量权过大，审批监督不到位，都会增加交易费用，提高经济运行的成本。再加上收费过高，官员设卡和故意拖延，给经济带来的摩擦就更大。根据海南省人大代表邢诒川介绍，一个投资项目从获得土地到办完房产证，需要经过30多项审批，盖上百个章，整个审批流程按政府规定的时限是272个工作日，实际花费的时间远远超过272个工作日，少则1年，多则3年。审批流程多、部门多、不正之风多，企业花钱也就多。海南现代科技集团副总裁谢滔说，一个防雷项目动不动就收费数十万元，还需要排队，不高兴还拖一阵。办白蚂蚁检测预售许可证就要收几万元。④ 与此形成鲜明对比的是，2013年，广弘控股由于享受广州市行政审批提速的好处，仅贷款利息一项就节省1200多万元。⑤ 可见，过多过滥的审批，大大增加企业经营成本，降低经营效率，还使企业错失大量市场机会。

---

① 徐州市发展和改革委员会、徐州市信息中心主办：《十大部委联合抑制产能过剩 推进产业结构调整》，《决策参考》，2009年10月28日 http://www.docin.com/p-41461447.html.

② 江涛：《以公民权力规范政府审批权——行政许可法之公民内涵解读》，《人民政坛》2004年第6期。

③ 张维迎：《废除审批腐败至少可减50%，GDP可增30%》，http://finance.ifeng.com/opinion/zjgc/20120313/5740848.shtml。

④ 吕宝林：《人大代表“晒”行政审批“长征图”》，《甘肃经济日报》2014年2月17日。

⑤ 《一张图引发的改革：颠覆审批流程799天压至37天》，中央机构编制网。

第二节 行政审批制度改革的进程

我国行政审批制度改革可以追溯到20世纪70年代末期深圳等经济特区对外经济领域进行的简化审批和放权让利方面的探索，随着经济市场化的推进和经济体制改革的深入，行政审批改革的步伐逐步加快，并开始向社会领域、文化领域、行政领域拓展，成为目前政府推进政府职能转换的一个重要环节和抓手。

我国行政审批制度改革大致可以分为五个阶段：

第一阶段：1978－1992年。行政审批的探索阶段，特点是在原有体制框架内对企业和地方政府放权。1958－1978年曾有过行政性分权，但不成功，原因是把改革的重点放在了中央向地方政府的放权让利上，没能给企业必要的独立地位。[①] 基于这一认识，改革初期的重点是扩大国有企业的自主权，政府逐步减少对企业生产经营活动的审批，把分配权和生产经营管理权放给企业。为调动地方政府的积极性，中央还简化了基本建设上的审批程序，下放了审批权限，将文教、卫生、投资、外汇等原来由中央集中审批的项目交由各级地方政府分散审批，减少了审批环节，提高了效率。1984年以后，为进一步增强企业活力，中央将企业的管理权部分下放给地方政府。[②]

第二阶段：1992－1997年。党的十四大提出市场在国家宏观调控下对资源配置的基础性作用，这就要求转变政府职能。一方面，政府加强宏观调控和部门监管，强化社会管理职能，做到宏观管好；另一方面，减少具体审批事务，通过政企分离、政社分离减少对企业或其他微观领域的直接管理，做到微观放开。这一阶段，政府对审批者的角色定位和审批目的都作了调整。政府对企业的行政审批已经不再是所有者对其财产的直接控制，而是作为公共事务管理者对市场主体的管理，一些投资项目也由审批制逐步改为登记备案制。[③]

第三阶段：1997－2001年。这一时期，地方政府是行政审批制度改革的主要推动者。各地政府为了吸引和留住外部投资，加速本地区经济发展，纷纷采取了领导督办、相关部门集中办公、限时完成审批，或者省略有关部门的审批环节、事后补办手续等临时性措施来克服行政审批制度带来的障碍。20世纪90年代末期以后，深圳、厦门、北京、广东、辽宁、四川、海口等省市陆续把取消和

---

① 吴敬琏：《当代中国经济改革教程》，上海远东出版社，2010年P125－130。

② 秦亦夫：《里程碑意义的改革——行政审批制度改革回顾与展望》，《中国经济周刊》2006年第46期。

③ 徐增辉：《改革开放以来中国行政审批制度改革的回顾与展望》，《经济体制改革》2008年第3期。

下放审批项目、缩小审批范围作为行政审批制度改革的首要内容。[①] 通过大幅度削减行政审批项目，规定审批内容，明确审批条件，严格限定审批人员的自由裁量权，设定审批时限，制定严格的审批操作程序，简化审批手续，强化审批监督，公开审批内容，建立一套便民的审批方式和监督措施，试图突破行政审批制度的障碍，达到改善投资环境、提高地方综合竞争力的目的。[②]

第四阶段：2001－2013 年。国务院全面部署行政审批制度改革。地方性行政审批制度改革只能在有限的范围内解决企业或投资者的特定问题，无法突破制度性障碍改善营商环境。地方性改革也可能因法律法规的缺乏而导致行政权力的滥用。只有中央政府领导的全面行政审批制度改革，才能从根本上解决现行审批制度与市场经济不相容的问题。2001 年 9 月，国务院成立行政审批制度改革工作领导小组，在监察部设立了国务院行政审批制度改革工作领导小组办公室，国务院领导同志担任领导小组组长，全面启动行政审批制度改革。为保证行政审批制度走向制度化、规范化和法制化，2004 年 7 月出台了《中华人民共和国行政许可法》，行政审批制度改革有了法律依据。党的十七大以来，为适应国务院机构改革的需要，取消了原国务院行政审批制度改革工作领导小组，成立了由监察部牵头、中央编办和发展改革委等 12 个部门组成的行政审批制度改革工作部际联席会议，负责深入推进行政审批制度改革。各地区和国务院各部门都建立了改革工作领导机构。根据中国机构编制网的数据计算，从 2001—2013 年 3 月，国务院已经取消了行政审批事项 2463 个，占原有总数的近 70%。[③]

第五阶段：新一届政府成立以来。行政审批制度改革的深化阶段。新一届政府将行政审批制度改革放在更为突出的位置，将其作为政府职能转变的突破口和重要抓手。不仅希望通过审批改革放权给社会、市场和地方，释放经济活力，还希望通过审批制度改革推进政治体制改革，逐步完善行政管理基础制度建设。2013 年 6 月，国务院明确将行政审批制度改革工作牵头单位由监察部调整为负责全国行政管理体制和机构改革以及机构编制日常管理工作的中央编办，国务院行政审批改革办公室设在中央编办。改革的推动因素由原来的外部力量变为政府自身力量，侧重点则由原来的放权给地方转变为放权给企业、市场、社会和地方。[④] 新一届政府的改革开始触及到实质性领域，不仅取消和下放了过去慎重议妥的“确需保留”事项，还取消了部分法律、法规所规定的审批事项。行政审批事项的取消和下放速度远超预期。2013 年“两会”上，李克强总理提出要在本届政府任期内将国务院各部门 1700 多项行政审批事项再削减 1/3 以上。截至

① 刘文海：《行政审批制度改革的进展和问题》，中国价值网，2008 年。

② 廖扬丽：《我国行政审批制度改革研究》，中共中央党校，2004 年。

③ 根据中央机构编制网数据计算得出。

④ 薛澜：《行政审批改革的最大难点》，《人民论坛》2013 年第 25 期。

2014年7月22日，新一届政府共取消和下放了408项行政审批事项。[①]当然，后续审批改革将会触及到更实质、更核心的利益，改革的难度将会加大。

第三节 行政审批制度改革存在的问题和制约因素

从2001年国务院部署行政审批制度全面改革以来，国务院有关部门和各级地方政府纷纷取消和下放了大量行政审批事项，逐步清理大量非行政许可事项，行政审批制度改革取得明显成效。但仍然存在大量问题，一些地方和部门行政审批事项依然较多，审批行为不规范，审批程序繁琐、审批时限过长、办事效率低下，已经取消或调整的审批项目未能得到完全落实；由于触及到地方和部门利益，改革阻力较大，一些地方和部门改革的推进速度过缓，执行力度不够，存在部分隐性审批行为，含金量高的核心事项不愿触及；行政审批项目，特别是非行政许可审批项目，设定依据不严，管理不规范，随意性较大；行政审批中依然存在职能交叉、层级过多、权责脱节和多头审批等问题；与行政审批制度改革相关的部分法律法规相对滞后；一些地方和部门重审批、轻监管或监管不到位；行政审批的监督制约机制尚不健全，监控不足、权力滥用、权钱交易、官商勾结等腐败现象屡有发生。

一、我国行政审批制度存在的问题

第一，审批拖沓冗长。行政审批流程繁杂，审批涉及的部门太多，有些部门对同一个项目的审批要涉及内部的几个科室。对于一些初步方案的审批，往往还会出现多环节多层次的重复审批，导致企业的时间成本和财务成本大大增加。在2014年海南省“两会”上，人大代表邢诒川“晒”出了用A3纸张制作的长达5页的“行政审批长征图”。该图显示，一个投资项目从土地获得到办理房产证，需经过土地获取、方案审查、工程许可、联合图审、施工许可、预售许可、竣工验收、房产证办理等8个阶段，10多家部门，30多个审批环节，100多个图章，全程最少需经历272个审批日。[②]

第二，交叉审批。由于现阶段行政机关职能交叉重叠普遍存在，同一事务多个机关都有权管理，而行政机关大都通过设置行政审批来管理事务。由于行政机关内部管理信息不能共享，同类事项重复交叉审批的现象大量存在。行政机关在设置审批时不考虑行政管理的总成本，只从本部门便利出发，造成多部门、多环

---

① 由中央机构编制网数据计算得到。

② 王晖余：《“行政审批长征图”背后的无奈与期待》，《新华每日电讯》2014年2月16日。

节审批，加重了企业和社会的负担，影响了行政机关的办事效率。[①] 海南省人大代表邢诒川举例说，一个规划报建必须经过 8 个政府部门，每个部门都派人到现场查看。这些部门不是统一协调时间去查看，而是各自为政，分批分次到现场查看，企业仅仅接待报建和验收人员就达 10 多次。审批流程多，审批部门多，自然会增加直接成本和间接成本。[②]

第三，审批种类繁多，标准不统一。我国行政审批形式多样、名称不一，诸如审批、核准、批准、审核、同意、注册、许可、认证、登记、签证、检验、年检等几十种。从行政许可的性质、功能和适用条件角度来说，大致可以划分为五类：普通许可、特许、认可、核准、登记。[③] 2004 年 8 月国务院办公厅出台《关于保留部分非行政许可审批项目的通知》后，行政机关基本认为行政审批包括行政许可和非行政许可两类，但对如何区分行政许可和非行政许可，一直没有明确的标准和办法。而不同种类的行政审批在具体操作上却没有明显的差别，国家的法律、法规对此也没有明确和具体的规定。这不仅增加了地方、部门执行和清理行政审批事项的难度，也给行政审批事项的“边减边增”提供了合理依据，甚至对国家法制的统一性和权威性造成损害。

第四，行政审批依据不充分，主体、条件、内容和程序不明确，过程不透明。行政审批必须遵循合法性、合理性、效能性、责任性和公开性五项原则，其设立要邀请相关领域专家参与论证，并充分听取管理相对人、社会公众的意见和建议。[④] 不符合上述五原则，没有法律法规依据，就不能对公民、企业和其他社会组织提出限制性规定，不能进行登记、年检、监制、认定、审定。然而，许多上级政府只是要求“核查”“备案”“监督落实”“参与管理”“加强监督”“加强协调”的事项，下级政府却把它们变成审批事项。有些地方和部门依据某些“红头文件”或者是“红头文件”的精神，甚至越权制定的地方性规章和规范性文件来设定审批事项；有的行政审批甚至没有任何依据，完全不符合依法行政要求。行政审批权设定主体不明，导致从中央到地方，层层设定行政审批。一些行政审批权的设定不是为了满足社会公益需要，而是为了满足行政管理的需要，甚至是为了谋求部门利益。一些事项的审批内容、审批条件和审批程序不明确，与审批申请相关的信息往往也不公开，规定的条件和标准常常使用“一般”“一定

---

① 何欣荣，叶锋：《行政审批改革“五连发”，还剩哪些硬骨头?》，《新华每日电讯》2014 年 2 月 17 日。

② 王晖余：《“行政审批长征图”背后的无奈与期待》，《新华每日电讯》2014 年 2 月 16 日。

③ 《关于行政审批制度改革问题》，http：//www. fsxzfw. gov. cn/sgdt/1547. jhtml.

④ 江涛：《以公民权力规范政府审批权——行政许可法之公民内涵解读》，《人民政坛》2004 年 6 期。

的”“相应的”等模糊表述，甚至审批内容、条件等都是由审批部门和审批人员自行确定的，审批的设置往往只反映部门或地方的单方意愿。审批条件和审批内容的模糊性，强化了审批人员的自由裁量权和审批的随意性，为经办人和官员盲目扩大审批对象和范围、公权私用、公权滥用和以权谋利提供了便利。①

第五，重前置审批，轻事中事后监管。在审批管理的完整执行链条中，事中监管和事后监管都是不可缺少的重要环节。然而，大多数行政主管部门只注重前置审批和收费，却忽视平时的监管；只注重审批权力，却轻视审批责任；以审批代替监管。重前置审批、轻事中事后监管的结果是，行政机关不考虑建立一套监管和责任追究机制来约束审批主体、监督主体的行为，也没有将行政审批的设定主体、实施主体和监督主体三者分离。事中事后监管和约束机制缺失，导致行政审批部门在取消某一审批事项时，也完全放弃了应该承担的监管责任，造成监管缺位；行政审批主体往往只批不管、一批了事，甚至通过违法、越权、滥发许可证谋取个人私利。重前置审批，轻事中事后监管，最终导致行政审批失效，审批项目质量不高，效益不好，甚至出现非法转让、倒卖、出租、出借许可证现象。即使存在年审这种监管，往往也是以收取年费为目的。从某种程度上说，监管不是为了保证审批事项的高质量完成，而是沦为获取部门甚至个人利益的工具。

二、行政审批制度改革中存在的问题

迄今为止，我国行政审批制度改革取得了明显的成绩，但也存在一些问题。

第一，非行政许可审批项目比重过大，且存在上升趋势。随着行政审批制度改革推进，行政许可项目在减少，而非行政许可项目却在增多。据报道，在中部某省的省级行政审批事项中，有 200 多项是非行政许可审批，约占全部审批事项的 30%。而在南部某省份公布的行政审批事项目录中，行政许可事项 515 项，非行政许可审批事项达到 198 项。在中部一个地级市进行的第八轮行政审批制度改革中，本级行政审批事项削减 126 项，仍保留 217 项，其中行政许可 151 项、非行政许可 66 项。该市行政服务中心管委会审批服务管理处负责人说：“每次行政审批制度改革都要精简一批项目，但总体看来成效有限，究其根源是非行政许可项目的增长太快。”②

第二，简政放权过程中存在“边减边增”现象。从 2001 年中央政府决定进行行政审批制度改革以来，几乎每一年都有一些行政审批事项被废止。但由于行政审批改革带有“割肉”性质，很多政府部门对改革持抵触情绪，于是“割肉”

① 万静：《近七成政府部门行政审批不透明》，《法制日报》2012 年 2 月 21 日。

② 《非行政许可审批大量存在 职能部门不愿放权成主因》，《半月谈》2013 年 9 月 12 日。

式改革变成“割韭菜”式改革。[①] 为规避上级的改革要求，一些地方政府和主管部门把次要的、含金量不高的审批事项砍掉，把重要的、含金量高的审批事项保留；为完成任务，把一项大的审批分为多项小的审批，如果上级政府规定取消审批事项的数量，地方政府和部门就会按照审批小项的数量上报；地方政府和部门还对原有审批项目进行改头换面，把审批改成核准或备案。这种“边减边增”、“明减暗增”消解了改革的良好初衷，行政效率没有明显提高。

第三，行政审批制度改革重数量、轻质量。党的十六大以来，精简、取消和下放了大量行政审批项目，从数量上看，行政审批制度改革取得了巨大成效。[②] 但当前行政审批制度改革绩效的认定标准不明确，又涉及地方和部门利益，为完成中央政府规定的改革目标，各地各部门都把数量和比例作为衡量行政审批制度改革成功与否的标准。为了达到数量标准，一些地方政府和部门就把那些难以操作、收费少的行政审批事项予以取消；有些地方则把那些本不应该取消的复杂的、管理责任大的审批事项取消了；还有一些地方和部门在取消行政审批事项的同时，大量增加不受《行政许可法》约束的非行政许可审批项目，例如，将行政审批改为“备案”、“登记”，但却是强制性的；一些地方政府将部分审批权转移到下属的事业单位或者与政府部门有千丝万缕联系的中介机构，换汤不换药；市县一级的政府本来不能够设定行政审批，但却保留不少以“红头文件”设定的管理事项，这些管理事项与行政审批一样，增加了企业的办事难度，造成了效率和经济损失。[③]

第四，存在大量隐性审批。随着行政审批制度改革的推进，一些显性审批项目被清理了，但隐性的审批行为大量存在。隐性审批中最顽固的是行政审批中的第三方“中介服务”。[④] 这些中介服务组织有的是对各类活动主体的行为进行权威性认定，从事具有官方色彩的协调、联系、评优等活动；有的是进行有偿服务、咨询。地方政府不愿意取消的行政审批项目，采取变相保留的方式，交给挂靠在政府各部门的事业单位和政府指定的各类公司、行业协会、商会、中介等社会组织，这些组织将专业服务变成变相审批，与政府部门利益挂钩。很多办事人员和企业发现，以前在政府部门办理的很多项目，现在转移到检测机构和行业协会中去了。虽然行政审批项目大量减少，但需要前置评估的项目却增

---

① 杨仕省：《行政审批改革道阻且长》，《华夏时报》2013 年 9 月 23 日。

② 宋世明：《实现取消和下放行政审批事项数量和质量的统一》，中国政府网 2013 年 12 月 10 日。

③ 应松年：《行政审批制度改革：反思与创新》，《人民论坛·学术前沿》2012 年第 3 期。

④ 申孟哲，叶晓楠：《简政放权拒绝“阳奉阴违”》，载《人民日报（海外版）》2014 年 3 月 27 日。

加很多，凡涉及发改、经济信息、住建、国土、规划等部门，要想职能部门受理审批，必须先到中介机构进行评估、鉴定、认证及检测等。一些地方政府通过设立扶持项目、评奖评优项目、命名挂牌项目等隐性审批进行公共资源的政策性分配。这种隐性审批将企业的大量时间消耗在中介服务上。据测算，中介服务所用时间占整个审批服务时间的60%～70%。而且，大多数第三方“中介服务”机构不是独立的市场主体，竞争不充分，造成中介业务耗时长、态度差、收费高、效率低。

三、制约行政审批制度改革的因素

第一，执政理念。权力本位、官本位和人治理念影响深远。权力本位理念往往会使一些官员将人民赋予的权力变成官员管制社会的强制力，将政府服务机关变为从人民手中获取利益的职能机构；官本位思想使许多行政人员不能摆正自己的位置，始终以一种居高临下的姿态从事行政工作，官僚主义、形式主义；人治思想以礼代法，这种治理方式不仅表现为执法难以到位，而且行政行为的任意性大，个人意志高于法律。这些理念显然与现代依法行政、服务型政府和责任型政府的理念格格不入。计划经济时期形成的行政审批制度，实际上是把市场对资源的配置权交给了政府，行政审批就是一种工具，就是一种直接的权利。而传统的执政理念又使行政人员具有“审批情结”，并把审批权作为一种谋取利益的手段，随意使用和支配。削减政府的审批权力对政府官员来说不仅意味着身份、地位的下降，还会因权力的削弱带来个人和部门利益的损失。审批制度改革是一种制度变革，不可避免地受到传统政治、经济、文化的影响。①

第二，地方或部门利益。改革能否顺利推进，取决于地方或部门赖以存在的物质基础和利益能否顺利实现调整。行政审批为审批人员追求部门和个人利益提供了机会。因此，审批制度改革实际上是部门权力和利益格局的重新调整和分配，是一场政府主导的对自身利益进行调整的革命。改革进入深水区，必然触及审批所带来的许多显性或隐性利益，必然会遭到一些人的极力反对。由于非行政许可项目的增设比行政许可项目的增设简单得多，而现行法律、法规又没有为非行政许可与行政许可划分明确的标准，这就为规避《行政许可法》约束，将行政许可项目变成非行政许可项目留下机会，造成非行政许可领域失去必要的控制，从而导致行政审批制度改革难以落实到位。

第三，现行财政体制。政府部门的经费应该来源于财政预算拨款，收支由财政部门统一管理。但我国政府为了减轻财政负担，允许一些部门通过创收来解决

---

① 胡琴：《当前行政审批制度改革的执行困境及其动因分析》，《学理论》2010年第28期。

其部分支出。受利益的驱使，一些部门便借审批收费谋利，甚至通过部门立法将行政审批收费合法化，而各部门对财政管理之外的资金又可以自由支配，因此，现行财政体制从某种程度上为地方和部门滥设行政审批事项提供了动力。①

第四，改革动力不足。道格拉斯·诺斯认为，制度存在路径依赖。也就是说，制度变迁一旦走上某一途径，它就会沿着既定的方向发展并自我强化。初始制度选择会强化现存制度的刺激和惯性。② 我国现行的以审代管的行政审批制度也存在路径依赖，并不断得到强化，而且行政审批制度改革属于行政机关的自我革命，因此，必须有足够强大的力量才能克服改革中的各种阻力。从实践看，行政审批制度改革还缺乏足够大的推进动力。

第五，行政法制存在缺失和局限。一是行政法制不健全。虽然我国2004年颁布了《行政许可法》，但缺乏配套法律，特别是一些相关的基础性法律体系（如行政程序法）。单个法律的颁布实施不仅不能解决已有的矛盾，而且其实施也会出现各种障碍和问题。二是相关行政法律的缺位。《行政许可法》确立了行政许可的补偿制度，却没有《行政补偿法》；《行政许可法》规定了行政许可的公开原则，却缺乏相应的法律保障。三是法律文本的局限性。法律只能是原则性、概括性的，不能为每一种不同的情况提供具体答案，这就为行政机关扩大自由裁量权提供空间，影响了行政法律的约束力。例如，在行政审批事项的设定上，《行政许可法》只作了非常概括性的规定，具体判断则需由行政审批设定机关做出，这就赋予了它们很大的自由裁量权。③

第六，改革配套措施跟进不及时导致行政部门对改革遗留问题的担忧。大规模取消和下放行政审批项目，必须考虑由此导致的富余人员的分流与安置问题。《行政许可法》颁布实施后，针对人员分流和安置问题的政策措施尚未建立。除此之外，行政审批制度改革还涉及行政许可收费制度的取消，这必然导致部分行政机关经费困难，与此相应的配套财政措施又没能跟上。相关问题不解决，既得利益者就会消极应对甚至阻挠改革。

---

① 周天勇等著：《中国行政体制改革30年》，格致出版社，2008年，第133－140页。

② 道格拉斯·诺斯：《理解经济变迁过程》，中国人民大学出版社，2008年，第13－22页。

③ 洪威雷等：《行政审批制度改革法治化进程中的障碍分析》，《湖北大学学报（哲学社会科学版）》2007年第4期。

第四节　行政审批范围的确定

一、行政审批的理论基础

《中共中央关于全面深化改革若干重大问题的决定》指出，经济体制改革的核心问题是“处理好政府和市场的关系，使市场在资源配置中起决定性作用和更好发挥政府作用”，这是我们在审视行政审批制度时的理论出发点。

关于市场和企业的作用，许多经济学家都有经典论述。亚当·斯密认为，自由企业制度和自由市场机制完全能够实现资源配置和经济发展，他反对政府对企业实施过多管制，认为国家管制的结果只会将劳动由较有利的用途改到不利的用途，其年产物的交换价值不仅不会增加，还会减少。[①] 哈耶克认为，资源配置决策必须依赖有关的信息和知识，而这些信息和知识分散在千百万人手中，计划当局不可能拥有或收集到全部信息，因而难以做出资源配置的正确决策。即使计算机的普及和使用给制订经济计划提供了方便，但由于市场上产品的千差万别，消费者需求的巨大差异和变化多端，价格的变化无常，计划当局也难以及时、准确地收集和处理复杂的信息。市场机制通过价格体系来交流和传递信息，每个市场主体通过价格机制发现自己所需要的信息，并不断试错，从而保证资源的最佳配置。[②]

然而，由于垄断、外部性、公共产品和不完全信息的存在，市场会失灵。哈丁的“公地悲剧”、唐斯等人的“囚徒困境”以及奥尔森的“集体行动的逻辑”等理论模型都说明，个人的理性行动可能带来集体非理性的结果。市场失灵理论为政府行政审批提供了理论基础，即政府通过行政审批这只“有形之手”，来校正、阻止市场失灵的发生。当然，政府也会失灵，因此，行政审批的范围不能太大，审批事项不能太细。“市场失灵”理论和“政府失灵”理论为划分市场与政府边界，确定行政审批合理范围提供了基本思路。

二、市场失灵与行政审批

市场失灵的存在为政府规制提供了理论基础。政府规制有信息规制、标准规制、法律规制和事前审批等多种形式。行政审批是政府规制的一种，它影响直接，但存在时效差、干扰市场运行和经常失误等方面的问题。因此，当市场无法有效发挥作用而需要政府规制时，首先应该选择法律调节、信息规制和标准规制

① 亚当·斯密：《国民财富的性质和原因的研究》，下卷，商务印书馆，1988 年，第 29 页。

② 姚开建主编：《经济学说史》，中国人民大学出版社，2003 年第 351 – 357 页。

等与市场运行内在逻辑较吻合的调节手段，只有当其他手段不足以校正市场失灵时，才考虑采用行政审批的办法。为了保证行政审批的合理性，需要探讨行政审批的主要领域。

第一，自然垄断与行政审批。

有些经济活动存在规模经济、范围经济或成本次可加性，其产品或服务由一家或少数几家企业来生产可降低单位成本，或者由同一家企业来生产多种产品比几家企业分别生产这些产品成本要低，或者由单一企业供应整个市场的成本小于多家企业分别生产的成本总和。这时，就需要政府通过审批等手段对从事这些经济活动的企业的数量进行限制，以利用规模经济和范围经济，此时，进入审批成为必要。但限制经营者数量会形成寡占或独占的市场格局，在位经营者极易利用自己的垄断地位提高产品或服务价格，获得垄断利润，损害消费者利益。这就需要政府对这些行业的产品或服务价格进行审批，防止在位企业操控价格。进入限制的另一后果是，消费选择空间变窄，经营者极易通过垄断地位降低产品或服务质量，消费者难以得到全面、稳定、安全、高效和便捷的售中和售后服务。为保障消费者利益，需要政府制定相应的质量和服务标准，并依法严格实施。

第二，负外部性与行政审批。

负外部性是指一个主体（生产者、经营者、消费者等）的行为对其他主体或社会造成了不利甚至有害影响，而它自身却不承担由此产生的成本。有些负外部性可以通过征税、补贴和明晰产权等制度设计加以解决，但仍有一些负外部性是无法通过诸如此类的技术手段来加以解决的，这时就需要政府通过行政审批对这些具有负外部性的经济活动加以限制和规范，[①] 尤其是那些对人身健康、人身安全、公共安全和国家安全造成危害，对环境造成严重污染的各种活动，政府通过行政审批把它们限制在可控和社会、环境可承受的范围之内。比如，对易燃、爆炸、放射性、毒害性、腐蚀性物品及其他危险物品的生产、运输、保管、销售等进行的行政审批。这类行政审批涉及对经营主体生产经营条件、资质和资格的严格审查。与负外部性有关的行政审批主要涉及环境保护、公众安全和健康。[②③]

第三，信息不对称和行政审批。

交易双方的信息不对称会产生逆向选择和道德风险，从而损害处于信息劣势一方的利益。解决信息不对称的方式有多种选择，如政府可以强制要求处于信息优势的一方充分披露信息，也可以通过制定标准来规制处于信息优势一方的经营者的行为，借以消除信息不对称所带来的不利后果。但行政审批也是缓解信息不

① 清也一治：《外部性问题和政府干预》，《现代外国哲学社会科学文摘》1996 年第 5 期。

② 徐邦友：《行政审批制度透视》，《浙江社会科学》2003 年第 3 期。

③ 盛洪：《环境保护、可持续发展与政府政策》，《生态经济》1999 年第 6 期。

对称不利后果的一种可供选择的方式。[①]

金融领域、医疗领域是信息不对称比较严重的领域。由于高度的专业性，在金融和医疗领域，交易双方拥有的信息量相差悬殊，很容易产生利益侵占和不负责行为，并有可能导致系统性经济风险和社会信任危机，这就需要通过行政审批对进入者的资格条件进行限制，以规范主体的资质来规范主体的行为。以金融领域为例，大部分资金都是储户和投资者的，金融机构的经营者拥有信息优势，骗子和过度鲁莽的企业家更有积极性利用金融机构从事高度投机性的活动。行政审批通过资质审查，可以在一定程度上将骗子和过度投机者排除在金融市场之外。[②] 在医疗领域，医生与患者信息不对称，医院和医生处于信息优势，他们会利用这种信息优势来谋取利益，侵害患者利益，造成医疗资源的浪费。这就需要对医疗机构和医药机构的设立进行行政审批。食品生产关系公众的身体健康，且存在一定程度的信息不对称。为了保证食品的安全卫生，需要对食品的生产、流通等经营活动进行某种行政审批。[③]

三、设立行政审批事项的基本原则和行政审批的大致范围

运用“市场失灵”理论和“政府失灵”理论，我们可以确定设立行政审批事项的基本原则：凡是市场能够解决的事项，就不需要政府审批，完全交给市场主体自主决策；对于那些市场失灵而政府能够很好解决的事项，可以通过设立政府审批来加以解决；[④] 对于市场和政府“双失灵”的事项，如果市场失灵所造成的危害极其严重，如对人身健康、公共安全、生态环境可能会造成不可逆的损害，则需要通过政府审批将其限制在可控和可承受的范围内，否则，仍交由市场来调节。

根据世界各国行政审批的实践经验，[⑤] 关系到公民、社会、国家和人类利益的特殊行业和经营活动，关系到公民生命、自由、财产的特殊行业，一般需要行政审批。据此，我们可以大体确定行政审批事项的范围：①直接涉及国家安全、公共安全、全国重大生产力布局、经济宏观调控、生态环境保护以及直接关系人身健康、生命财产安全等特定活动，需要按照法定条件予以批准的事项；②有限自然资源和战略性资源的开发利用、公共资源配置以及直接关系公共利益的特定

---

① 梁发芾：《审批增则市场死 审批削则市场活》，《中国经营报》2014 年 2 月 4 日。

② 弗雷德里克·S。米什金：《货币金融学》，中国人民大学出版社，2011 年，第 45－48 页。

③ 滕月：《信息不对称与食品安全监管》，《哈尔滨商业大学学报（社会科学版）》，2009 年第 2 期。

④ 胡家勇：《转型经济学》，安徽人民出版社，2003 年，第 222－226 页。

⑤ 季正发：《关于行政审批制度改革问题》，中国政府法制信息网。

行业的市场准入；③重要公用事业、公益性服务、网络型自然垄断环节的定价；④直接关系公共安全、人身健康、生命财产安全的重要设备、设施、产品、物品，需要按照技术标准、技术规范，通过检验、检测、检疫等方式进行审定的事项；⑤利用财政资金的投资项目；⑥ 需要确定主体资格的企业或者其他组织的设立；⑦ 提供公众服务，并且直接关系人身健康、生命财产安全的职业、行业，需要具备特殊信誉、特殊条件或特殊技能等资格、资质的事项。

当然，随着经济的发展，社会的进步，技术条件的改进，有些现在需要审批的事项可能不再需要审批，有的可以通过政府规制来实现，有的甚至可以直接交由市场机制和社会组织去完成，政府只需做好事中事后的监管。

四、国务院各部门行政审批项目

2014 年 8 月国务院行政审批改革办公室公布了国务院有行政审批事项的 60 个部门的行政审批事项汇总清单，包括国务院各部门目前正在实施的 1195 项行政审批事项[①]，其中行政许可项目 847 项，非行政许可项目 348 项，子项 707 项，行政许可项目数占行政审批项目总数的 70.9%，非行政许可项目占 29.1%。行政审批主要集中在税务总局（85 项）、林业局（74 项）、证监会（63 项）、民航局（56 项）、新闻出版广电总局（51 项）、交通运输部（49 项）、农业部（46 项）、国土资源部（44 项）、工业和信息化部（37 项）、保监会（34 项）、水利部（33 项）、公安部（30 项）、环境保护部（30 项）、食品药品监管总局（29 项）、质检总局（28 项）、海洋局（28 项）、发展改革委（26 项）等 17 个部门。行政审批子项的分布也相对集中，质检总局 65 项，均为行政许可；发展改革委 60 项，行政许可 41 项；知识产权局 51 项，行政许可 4 项；国防科工局 44 项，行政许可 27 项；农业部 42 项，行政许可 37 项。[②] 从总量上看，行政审批事项较以前大幅减少，但现存的事项中，行政许可事项比例过大，非行政许可事项数目也依然可观，并且很多非行政许可项的设定都有法律依据，可见，我国行政审批制度改革的任务依然艰巨。

第五节　深化行政审批制度改革的政策建议

一、取消、下放或简化前置性审批

加快转变政府职能，更好地发挥市场在资源配置中的决定性作用，必须取消

① 根据国务院审改办公开各部门行政审批事项汇总得出。

② 依照国务院审改办公开各部门行政审批事项汇总清单计算得出。

应由企业自主决策、市场自行调节、社会自我管理的行政审批项目；取消那些可以采取事后监管和规制管理的审批事项；取消违法以及法律依据不足的事项；调整和合并重复审批、多头审批的事项；下放那些直接面向基层、量大面广、有地方管理更方便更有效的经济社会事项；取消社会组织能够自主管理或公民能够自主决定的事项；分解那些权力大、容易发生寻租行为的事项。保留关系科技安全、信息安全、生态安全、资源安全、核安全、政治安全、国土安全、军事安全、经济安全、文化安全、社会安全、生产安全、食品安全，涉及重大生产力布局、战略性资源开发和重大公共利益的审批事项。对于保留的审批事项，应该改进审批方式，尽量将前置性审批改为后置性审批，简化审批程序，规范管理程序，提高效率。

二、全面清理非行政许可审批事项

非行政许可审批事项，必须纳入行政审批事项的，严格依法纳入行政许可事项，以保证行政部门依法行政。一些部门和地方利用“红头文件”等对公民、企业和其他社会组织提出的限制性规定，缺乏法律法规依据、不能按照法定程序设定的登记、年检、监制、认定、审定，以及准销证、准运证等，要一律取消；已取消事项不得变相保留或恢复，已转交给行业协会等非政府组织承担的不得使用财政资金，不得向企业或社会摊派费用。同时，行业协会等非政府组织要与政府脱钩。

三、增加行政审批的透明度

确需设置的行政审批事项，要建立权力清单制度，向社会公开。清单之外，不得实施审批，真正做到“法无授权不可为”；通过建立权力内容清单和程序清单，明确规定各个审批事项的审批环节、审批时限等，逐步推行全程网上审批制度，让公权力运行全过程公开透明；制定责任清单，列明政府职能部门各审批事项的事中、事后监管措施，保证监管落实到位；制定负面清单，统一市场准入制度，各类市场主体可以依法平等进入清单之外的领域，让市场主体真正做到“法无禁止即可为”。

四、提高行政审批效率

提高行政审批服务的效率，首先要优化行政审批部门设置、职能配置、工作流程，打破部门之间界限，让各部门在同一平台同时作业；将可以合并的审批业务进行合并，将行政审批的程序由“串联”改为“并联”，并交由一个牵头部门负责组织、协调，监督和督促其他部门在规定的时间内完成审批任务，实现决策权、执行权、监督权的相互协调和相互制约。推进网上审批，让行政相对人及时了解审批进展，并通过电子监察系统和群众监督，提高审批人员的服务效率和服务质量，落实绩效管理和责任，实现服务程序“零对接”、服务质量“零差错”和服务对象“零投诉”。[①] 引入竞争机制，将政府审批服务外包，通过合同、委托等方式向社会购买审批服务。

五、搞好审批运行机制的法治化工作

实现审批的法治化。依照成本效益原则，建立行政审批的成本收益分析机制，采用经济评估法论证审批的合理性和科学性，确定行政审批的范围。不仅如此，还需要完善程序法。通过修改现行的《行政诉讼法》，将行政审批行为纳入司法审查范围；修改《国家赔偿法》相关条款，将政府的审批行为纳入司法的控制范围之内。市场主体因政府滥用行政审批权力而导致的损失，《国家赔偿法》要保证给予相应的赔偿。政府必须设立的审批事项，要依法明确设定标准、严格审批内容、明确审批条件、减少审批环节、简化审批程序、严格审批时限、增加审批的透明度，积极鼓励专家、学者、媒体和社会公众广泛参与。[②]

六、加强事中事后监管，坚持放管并重

取消、下放审批权力，不是放任和放责，而是要求政府将更多的时间和精力放在加强和改进监管、引导和规范市场主体行为，加强公共服务和保障民生等方面。[③] 虽然一些项目的前置性审批取消了，但它们建成投产后的环保、安全等问题，需要监管部门加强监管。对于那些事前事中监管难度大，或者事前事中监管容易造成设租寻租的项目，可加强事后监管。为保证事中事后监管的有效性，一是要理出“责任清单”，明确政府该如何管理市场，做到“法定责任必须为”；二是将过去那种“以我为中心”的管理理念调整为“以市场主体为中心”的理念；三是在下放审批权力时，实现责任和权力同步下放，放活和监管同步到位；四是改变随意性大的市场监管方式，将年度月度检查改为按确定的比例随机抽查，通过公开“摇号”方式来确定每年被查的对象，被摇到的对象，要一查到底。五是加快建立经营异常名录和黑名单制度，通过建立市场主体信用等基础数据统一平台，推进政府信息共享，推动建立自然人、法人统一代码，把问题企业和违法经营者列进去，用技术手段保证监管制度的刚性。一旦违法，企业和经营者就要受到重罚，甚至倾家荡产，其劣迹输入基础数据平台，终身不得抹掉，严

---

① 沈峰：《行政审批“零收费”更要服务“零门槛”》，《广州日报》2012 年 9 月 3 日。

② 黄丽陆：《构建适应市场经济要求的审批制》，《公共行政》，2006 年第 5 期。

③ 王澜明：《深化行政审批制度改革应“减”“放”“改”“管”一起做——对国务院部门深化行政审批制度改革的一点看法和建议》，《中国行政管理》2014 年第 1 期。

重者可能因此终身不得在该领域从业;[①] 六是在社会组织提供部分公共服务和公共物品时，政府部门要将社会组织之间的竞争性行为、政府与社会组织之间的交易行为全程公开，接受监管部门和社会公众的监督，保证社会组织提供公共服务和公共物品的数量、质量、效率。

七、建立健全公共财政体系，遏止部门利益

将各级政府和部门的收支统一纳入国家预算，建立公共财政制度。除了财政部门，任何行政管理部门均不能通过审批创收，不能随意设置收费项目。必须收费的项目，要在制度设计上切断它与执行机关和执行人员的利益关系。工商、质检、交通、城管以及公检法等部门人员由财政全额供养。[②]

八、约束政府的行政审批权力

从多方面约束政府的行政审批权。将政府的审批权力限制在《行政许可法》规定的范围之内；政府进行审批决策和执行审批时，必须允许行政相对人参与进来，以保证决策程序的公开和透明；最大限度地利用新闻和网络等媒体的舆论监督；实行审批和监管质量终身责任制和责任倒查问责制，等等。

九、加强政府监管

在大幅度压缩行政审批的同时，加强对市场主体的监管。建立统一的网上信息数据库和公开查询系统，将食品、药品、化妆品，生物制剂、医疗设备和放射性产品、水、能源、土地、环境资源、生态资源、生产安全等领域的准确信息及时输入数据库，并保证公众能随时查询，监管部门要及时依法通过网络向社会公开监管过程、监管信息及产品、资源信息；建立污染源、产品原产地等可追溯制度和最严格的源头保护制度、食品质量标志制度、水资源节约和防止污染制度、合理开发和利用能源制度、土地用途管制制度、建立灾害隐患排查治理体系、安全预防控制体系和完整的生态文明制度体系，从制度上保证产品、技术和生产的安全、社会秩序的稳定、资源和能源的合理利用;[③] 建立环境治理和生态修复制度，以改善环境资源和生态资源；建立完善的损害赔偿、终身责任追究制度及责任倒查机制。

参考文献

《中共中央关于全面深化改革若干重大问题的决定》，人民出版社，2013 年。

---

① 刘畅：《全面推进社会征信体系建设》，《经济日报》2011 年 4 月 1 日。

② 周天勇等著：《中国行政体制改革 30 年》，格致出版社，2008 年，第 133 – 140 页。

③ 冯忠泽：《中国农产品质量安全市场准入机制研究》，中国农业科学院，2007 年。

江涛：《以公民权力规范政府审批权——行政许可法之公民内涵解读》，《人民政坛》2004年第6期。

吕宝林：《人大代表“晒”行政审批“长征图”》，《甘肃经济日报》2014年2月17日。

吴敬琏：《当代中国经济改革教程》，上海远东出版社，2010年。

秦亦夫：《里程碑意义的改革——行政审批制度改革回顾与展望》，《中国经济周刊》2006年第46期。

徐增辉：《改革开放以来中国行政审批制度改革的回顾与展望》，《经济体制改革》2008年第3期。

刘文海：《行政审批制度改革的进展和问题》，中国价值网，2008年。

廖扬丽：《我国行政审批制度改革研究》，中共中央党校，2004年。

薛澜：《行政审批改革的最大难点》，《人民论坛》2013年第25期。

王晖余：《“行政审批长征图”背后的无奈与期待》，《新华每日电讯》2014年2月16日。

何欣荣，叶锋：《行政审批改革“五连发”，还剩哪些硬骨头?》，《新华每日电讯》2014年2月17日。

万静：《近七成政府部门行政审批不透明》，《法制日报》2012年2月21日。

杨仕省：《行政审批改革道阻且长》，《华夏时报》2013年9月23日。

宋世明：《实现取消和下放行政审批事项数量和质量的统一》，中国政府网2013年12月10日。

应松年：《行政审批制度改革：反思与创新》，《人民论坛·学术前沿》2012年第3期。

申孟哲，叶晓楠：《简政放权拒绝“阳奉阴违”》。《人民日报（海外版）》，2014年3月27日。

胡琴：《当前行政审批制度改革的执行困境及其动因分析》，《学理论》2010年第28期。

道格拉斯·诺斯：《理解经济变迁过程》，中国人民大学出版社，2008年。

洪威雷等：《行政审批制度改革法治化进程中的障碍分析》，《湖北大学学报（哲学社会科学版）》2007年第4期。

亚当·斯密：《国民财富的性质和原因的研究》下卷，商务印书馆，1988年。

姚开建主编：《经济学说史》，中国人民大学出版社，2003年。

清也一治：《外部性问题和政府干预》，《现代外国哲学社会科学文摘》1996年第5期。

徐邦友：《行政审批制度透视》，《浙江社会科学》2003年第3期。

盛洪：《环境保护、可持续发展与政府政策》，《生态经济》1999年第6期。

梁发芾：《审批增则市场死 审批削则市场活》，《中国经营报》2014年2月4日。

弗雷德里克·S。米什金：《货币金融学》，中国人民大学出版社，2011年。

滕月：《信息不对称与食品安全监管》，《哈尔滨商业大学学报（社会科学版）》，2009年第2期。

胡家勇等：《转型经济学》，安徽人民出版社，2003年。

季正发：《关于行政审批制度改革问题》，佛山市人民政府行政服务中心（http://www.fsxzfw.gov.cn/sgdt/1547.jhtml）。

沈峰：《行政审批“零收费”更要服务“零门槛”》，《广州日报》2012年9月3日。

黄丽陆：《构建适应市场经济要求的审批制》，《公共行政》2006年第5期。

王澜明:《深化行政审批制度改革应“减”“放”“改”“管”一起做——对国务院部门深化行政审批制度改革的一点看法和建议》,《中国行政管理》2014 年第 1 期。

刘畅:《全面推进社会征信体系建设》,《经济日报》2011 年 4 月 1 日。

周天勇等著:《中国行政体制改革 30 年》,格致出版社,2008 年。

冯忠泽:《中国农产品质量安全市场准入机制研究》,中国农业科学院,2007 年。

第六章　政府监管

政府监管是指政府为实现某些公共政策目标，依据有关法律法规，对特定产业中微观经济活动主体的进入、退出、资质、价格以及涉及国民健康、生命安全、环境保护和可持续发展等行为进行引导、干预和规范。目前，政府监管已成为现代市场经济条件下维护经济健康发展和社会公平的必备内容，几乎所有行业都或多或少地涉及了政府监管，人们的生产生活无不与之密切相关。科学有效地开展政府监管工作，解除过度监管和改革不合时宜的监管内容，对于市场配置资源的决定性作用和政府职能的正确履行，具有重要意义。

第一节　政府监管的特征

政府监管[①]涉及的领域较为广阔，相关理论具有一定的深度和专业性，难以猝然予以系统性地阐述，作为必要的理论铺垫，这里从必要性、普遍性、复杂性、有限性等特征入手，简单扼要地对政府监管及其相关理论进行概括性描述。

一、政府监管的必要性

市场作为资源配置的基本手段，在经济效率方面具有明显的优势。但是从理论和现实中我们也可广泛看到，单纯由市场形成的资源配置格局往往不尽是有效的或公平的，这可概括为以下四个方面：

第一，各种市场失灵问题的广泛存在导致很多时候市场无法有效率地配置社会资源。具体地，由于技术条件和某些人为因素，部分商品市场是垄断性（非竞争性）的，这将造成该种商品供给的不足和价格的偏高，引致社会福利损失；普遍存在的市场交易双方信息不对称将造成道德风险和逆向选择问题，导致欺诈性交易盛行，扰乱正常交易秩序；由于产权界定不清晰和交易成本过高等原因，经济社会活动中广泛存在外部性问题，即某些微观主体的活动给其他微观主体造成损失时未能给予相应地补偿、带来收益时未能获取相应地回报，前者如工厂排

① “监管”的英文为 Regulation，也译作规制或管制。

污、居民区噪音等，后者如技术创新的扩散、新产品的模仿等；某些物品具有公共品属性，导致了市场机制下私人不愿供给或供给不足，如城市绿地、公共基础设施等，但与此同时这些物品对于经济发展和群众生活却又是不可或缺的。

第二，市场分配的结果有可能是过于不平等或不公平的，乃至会影响到社会的和谐稳定。一是微观主体在资源、区位、经济、文化等方面的禀赋往往存在外生的差异，这在市场机制下将直接导致收入、财富分配的不平等。二是市场过程具有随机特征，诸如外来冲击等不可预期事件常常给同一种经济活动带来较大的机会成本差异，也即成本与收益的过分脱节。三是与其他要素不同的是，劳动力要素在市场价格形成方面具有一定的下限和公平偏好。一方面，劳动者要求至少获得生存工资，而劳动市场出清的工资水平可能低于生存工资水平，由此可能造成的较高失业率和人民生活困顿，无论从道德的角度还是从维护经济社会稳定的角度来讲都是难以接受的；另一方面，如果市场形成的劳动收入差别过大，那么即使这一结果是有效率的，其仍旧会引发部分低收入阶层的不满，滋生一系列不稳定因素，进而造成公共福利的损失。

第三，市场结果并不总是与公共利益或国家利益最大化目标相一致。一是经济活动中常会遭遇“囚徒困境”式的问题，[①] 如地区间市场分割、公共资源过渡消耗等，使得个体理性行为最终汇总成了一种共输的局面，可能的总体福利改善无法实现。二是即使市场形成了帕累托最优的状态，[②] 也要考虑到国家利益作为一种特殊的集体利益，在有些时候并不能机械地从属于全球福利最大化目标。典型地，包括我国在内的广大发展中国家普遍不愿在市场机制形成的全球分工体系中被锁定在低附加值环节，而是希望发展和壮大自己的民族工业。这往往需要在产业初期给予民族工业一定的单边贸易保护、对关键技术装备力争自主研发而不是从国外购买。由此形成的福利损失并不能简单地从市场效率方面予以否定。

---

① “囚徒困境”是1950年美国兰德公司提出的博弈论模型。两个共谋犯罪的人被关入监狱，不能互相沟通情况。如果两个人都不揭发对方，则由于证据不确定，每个人都坐牢一年；若一人揭发，而另一人沉默，则揭发者因为立功而立即获释，沉默者因不合作而入狱十年；若互相揭发，则因证据确实，二者都判刑八年。由于无论对方如何决策，选择“揭发”的策略都会给自己带来相对更少的刑期，使得囚徒无法信任对方，最终形成互相揭发的局面，而不是同守沉默。

② 帕累托最优（Pareto Optimality），也称为帕累托效率（Pareto efficiency），是指资源分配的一种理想状态，假定固有的一群人和可分配的资源，从一种分配状态到另一种状态的变化中，在没有使任何人境况变坏的前提下，使得至少一个人变得更好。帕累托最优状态就是不可能再有更多的帕累托改进的余地。换句话说，帕累托改进是达到帕累托最优的路径和方法。

第四，一些非价值物品[①]的市场交易将会给社会福利带来直接的损害，但市场却会给予其正价格。这方面典型的例子便是毒品。众所周知，吸食毒品并上瘾不仅有害于人类的健康，还可能引致其他一系列严重危害公众利益的行为，如传染艾滋病等各种流行性疾病、为筹措毒资而实施抢劫偷窃等犯罪行为，但是，市场本身并不能识别其“善恶”，依然会一视同仁地形成正的交易价格，并且，其市场供给越有效，危害反而越大。其他诸如香烟、酒精类饮料等大众化消费品，虽然危害程度相对较低，但分布却非常广泛，几乎遍及日常生活。

面对市场的上述缺陷，要更好地发挥市场在资源配置上的优势作用，实现公共利益的最大化，建立相应的政府监管机制是非常必要的。并且，政府在强制力、规模经济和低交易成本方面的优势，也使得政府监管较之行业自律、利益相关者谈判等机制在应对市场缺陷时更加有效。

二、政府监管的普遍性

市场缺陷的广泛存在使得相应的政府监管也具有了普遍性，现代社会中，人们生产生活的方方面面都难与政府监管活动分开。

第一，众多的市场失灵因素和对于公平正义的关注，引发了涉及价格、数量、进入和质量等方面的经济性政府管制。首先，水电煤气供应等公共服务行业、航空铁路管道运输业、石油天然气开采业等与国计民生密切相关的行业都具有显著的自然垄断特征，为了在维持垄断所带来的较高生产效率的同时，防止产品定价过高和增加有效供给的数量，政府往往会对这些行业实施价格或数量方面的管制；其次，随着现代商品的极大丰富和产品内含技术水平的愈益复杂，越来越多的商品令人们无法有足够的时间成本和专业知识对其质量和效用进行评估，由此引致了越来越多的关于产品信息公开和质量标准制定等方面的政府监管行为，以保护消费者的正当权益。最后，诸如粮油盐糖、公共交通、教育卫生、邮政服务等具有日常性、保障性、普惠性商品服务的日常供给，应着眼于满足包括低收入群体、农村居民在内的社会各个阶层的基本需求，为此，各国政府普遍对其实施了价格、数量、进入方面的管制。[②]

第二，伴随着人们收入和生活水平的提高，对健康、安全和环境的要求也不断提升，由此引致了社会性政府管制在范围和内容方面的快速扩展。首先，现代

---

① 非价值物品，又称非优效品，是指人们不根据自己的最优利益消费的物品或对其的消费损害社会利益的物品。

② 进入管制的主要作用在维护交叉补贴机制。如在邮政服务业中，为边远地区居民提供低价普惠服务往往无法弥补相应的成本支出，为此，政府需要给予从事该服务的邮政机构以某些高回报业务的专营权力，以平衡总的收支。例如，承担普惠服务责任的中国邮政被允许从事邮政储蓄、邮票发行等高回报业务，而其他民营快递公司则被禁止进入这些业务领域。

社会中人类的生产生活方式引致了愈益严重的环境污染，吸烟等日常消费活动时常对周围人群的健康带来危害，政府经常会通过征收环境税、针对性罚款等方式限制这些负外部性活动；其次，对于食品药品等涉及健康安全的商品，消费者囿于相关知识和技术手段的缺乏往往难以辨识其可靠性，政府往往将通过质量认证、建立追责体系等方式保障信息劣势方的利益；最后，像煤矿开采等某些高危工作岗位，虽然安全事故的发生会通过赔偿抚恤等方式内化为企业的成本，但相对于改善生产条件的成本支出而言仍不足以激励管理者充分降低事故发生率，对此，政府常会通过额外的惩罚和强制性安全标准的实施来进一步内化企业的事故成本，提高安全生产水平。

第三，为追求垄断收益，许多生产者都会在条件允许的情况下致力于构建人为的市场垄断或进一步削弱当前的市场竞争程度，这使得反垄断成为政府监管需常抓不懈的内容。首先，诸如电信、石化、航空运输等寡头垄断行业中，在位的生产者数量较少，易于通过兼并、合谋等方式实现完全垄断式的经营；其次，许多具有竞争性的行业可以通过行政权力转变成垄断行业，其做法包括颁发特许经营的行政许可证和地方政府对外地商品设置进入壁垒；最后，通过一些暴力行为和集体行为，如欺行霸市的黑社会性质活动和从业者自主形成行会式组织等，也能够形成地域性的市场垄断。几乎可以说，任何行业都能够通过上述三种方式提高垄断程度，并且现实中这样的情况也的确俯拾即是。由此可见，以反垄断为目标的政府监管，其范围几乎涉及全社会各个行业。

三、政府监管的复杂性

现实中的人类活动和相应的环境条件具有丰富的多样性和无尽的复杂性，相应地，政府监管的设计和实施也十分复杂。以现实问题和政策效果为导向的政府监管理论的发展，充分展示了这一点。

最初，对监管的实施者——政府，监管理论延续了古典经济学的传统，将其假设为与公共利益同偏好的“慈善政府”，认为其在监管政策的制定和执行过程中扮演的是斯密的“守夜人”角色。由于70年代信息经济学正处于起步阶段，对信息不对称的分析亦没有纳入到最初的监管理论之中。在上述基础上，形成了公共利益范式下政府拥有完全信息的一系列监管方案。其中包括边际成本定价的Dupuit－Hotelling模型（Dupuit，1844；Hotelling，1938）、[①] 最优偏离边际成本定

① Dupuit, J., On the Measurement of the Utility of Public Work, International Economics Paper, 2, 1952, translated by R. H. Barbak from “de al Mésure de l'Utility des Travaux Publics”, Annales des Ponts et Chaussees, 2nd series, 1844, 8; Hotelling, H., The General Welfare in Relation to Problems of Taxation and of Railway and Utility Rates, Econometrica, 6 (3): 242 - 269, 1938.

价的 Ramsey－Boiteux 模型（Ramsey，1927；Boiteux，1956）、[①] 平均成本定价的回报率模型（Joskow & Schmalensee，1986）[②] 和 Averch－Johnson 模型（Averch & Johnson，1962）[③] 等。在实践操作过程中，这一系列的监管方案遇到了各种各样的问题，以致监管较之未监管并没有对社会福利带来更优的效果，甚至还会带来负面的效果。比如，一般而言被监管企业要比政府更加了解自身的生产结构等方面的信息，为了获取更多的收益，其有着强烈的动机向政府隐瞒对自身不利的信息。对此，政府要获取真实的信息，一方面要花费一定的调查成本，但考虑到市场经济条件下企业的经营状况和环境往往面临着较大的波动，要求一个合理的监管价格必须是动态最优、频繁调整的，这就难免会令政府的信息搜集成本大得难以承受，以致会高于最优监管状态下的社会效率提升；另一方面，现实中政府的信息调查渠道往往是有限的，这就使得即使在不考虑信息搜集成本时，精确获得企业财务、生产结构等方面的信息也将变成一项近乎不可能完成的任务。在无法克服信息不对称的条件下，边际成本定价、拉姆齐（Ramsey）定价和平均成本定价不仅难以促使垄断市场结构的经济效率向最优水平靠近，而且还会激励被监管企业产生其他的一些低效率行为，如 Averch & Johnson（1962）所探讨的 A－J 效应表明，回报率监管下企业会有着固定资产过度投资的倾向。

为了克服“信息对称”这一非现实假设给监管实践所带来的困难，信息经济学的“委托—代理”和机制设计理论被逐步引入到监管理论的框架之中，从而推动了激励性监管理论的产生和发展。相比其他监管理论而言，该系列的研究进展要显得更为前沿，成果数量也更为丰富，如 L－M 模型（Loeb & Magat，1979）、[④] V－F 模型（Vogelsang & Finsinger，1979）[⑤] 和 F－V 模型（Finsinger &

---

① Ramsey, F. P., A Contribution to the Theory of Taxation, Economic Journal, 37 (145): 47－61, 1927; Boiteux, M., On the Management of Public Monopolies Subject to Budgetary Constraints, Journal of Economic Theory, 3 (1): 219－240, 1971.

② Joskow, Paul L., and Richard Schmalensee. 1986. “Incentive Regulation for Electric Utilities.” Yale Journal on Regulation, 4 (1): 1－49.

③ Averch, H. and Johnson, L. 1962. Behavior of the Firm under Regulatory Constraint. American Economic Review 52 (5), pp. 1053－1069.

④ Loeb, W. and W A. Magat. A Decentralized Method for Utility Regulation [J]. Journal of Law and Economics, 1979 (22): 399－404.

⑤ Vogelsang, I. and Finsinger, J., 1979, A Regulatory Adjustment Process for Optimal Pricing by Multiproduct Monopoly Firms [J]. Bell Journal of Economics, 20 (1): 157－171.

Vogelsang，1985）、[①] B－M 模型（Baron & Myerson，1982）、[②] ISS 模型（Sappington & Sibley，1988）[③] 和 ISS－R 方案（Sibley，1989）、[④] 委托—代理模型（Laffont & Tirole，1986；Sappington，1991）、[⑤] 价格上限监管（Acton & Vogelsang，1989；Littlechild，1983）。[⑥] 但是，激励性监管所设计的方案往往极为复杂，以致实践中难以应用。也正是因为模型形式的复杂，使得其难免要依赖于一系列严格的外在假设以尽可能地避免技术处理上的困难，这就导致监管方案与现实情况之间依旧存在着鸿沟。

除了信息对称之外，传统监管理论另一个饱受质疑的假设便是公益性的"慈善政府"。这种在同一个逻辑层面上将企业行为和政府行为完全对立、将企业家与政治家人格截然两分的方式，显然过于绝对化和自相矛盾。20 世纪 60 年代以来，随着阿罗不可能定理和奥尔森集体行动理论的提出，公共选择理论逐渐兴起。进入 70 年代后，公共选择的思想被引入监管理论，形成了监管俘获这一分支。沿着这一脉络发展出了 Stigler 模型（Stigler，1971）、[⑦] 最优监管政策模型（Peltzman，1976）、[⑧] 政治均衡模型（Becker，1983；Viscusi et. al，1995）、[⑨] 抽租模型（Mc Chesney，1987）[⑩] 等。进一步地，70 年代末 80 年代初，信息不完

---

① Finsinger，J.，and Vogelsang，I. 1989. "Strategic Management Behavior Under Reward Structures in a Planned Economy." Quarterly Journal of Economics 100（1）：263－270.

② David Baron and Roger Myerson，"Regulation a Monopolist with Unknown Cost" Econometrica，Vol. 50，No. 4，July 1982，pp. 911－930.

③ David E M Sappington，D S Sibley Regulating without Cost Information：The Incremental Surplus Subsidy Scheme［J］International Economic Review，1988，29：297－306.

④ Sibley，David，1989，"Asymmetric Information，Incentives and Price－Cap Regulation". Rand Journal of Economics，392－404.

⑤ Laffon，J. J and J. Tirole. Using Cost Observation to Regulate Firms［J］. Journal of Political Economy，1986（1）：614－641；

⑥ Acton and Vogelsang，1989，"Introduction" to Price Caps Symposium，Rand Journal of Economics，Vol. 20，No. 3：369－72；Littlechild，S. Regulation of British Telecommunications Profitability［M］. London：HMSO，1983.

⑦ George. Stigler. The Theory of Economic Regulation［J］. Bell Journal of Economics，Spring，1971.

⑧ Sam Peltzman，1976，Toward a More General Theory of Regulation，Journal of Law and Economics，19：211.

⑨ Becker，G. S. 1983："A Theory of Competition Among Pressure Groups for Political Influence"，Quarterly Journal of Economics，98，371－400；Viscusi，W. K.，Vemon，J. M. and Harrington，J. E，1995：Economics of Regulation and Antitrust. Massachusetts：The MIT Press.

⑩ Mc Chesney Fred，"Rent Extraction and Rent Creation in the Economic Theory"，in Charles Rowley，Robert Tollison and Gordon Tullock eds. The Political Economy of Rent Seeking，New York：Kluwer Academic Publisher，1988.

全假设被引入监管俘获分析，逐渐形成了利益集团范式下的激励性监管理论，如利益集团与政治家的单一"委托—代理"模型（Baron，1989）、[①]"多重委托—单一代理"模型（Spiller，1990）、[②]利益集团政治的"委托—代理"模型（Laffont & Tirole，1991、1993）。[③]理论与实践的比照中，监管俘获理论的问题在于监管执行者的偏好结构往往是未知的，也即政府在公共利益和自身利益面前如何权衡取舍是难以估测的，完全将政府做"理性人"处理往往是不恰当的。[④]进一步纳入激励性的分析，同样产生了公益范式下激励性监管理论的各种问题，尤其是复杂的机制设计会产生高昂的交易成本，甚至这些成本会超过垄断本身的社会福利损失。考虑到利益集团范式下的激励性监管理论在机制设计上要更为复杂，其理论上的监管方案往往更加难以付诸实践。

直至目前，政府监管理论除了在机制设计方面仍不够完善外，在垄断行为的识别、公平效率的权衡取舍等实践和理论问题上也饱存争议，相应地，政府监管的实施效果也往往不够理想，普遍存在较大的改进空间，也是政府职能转换过程中需重点关注和改革的领域。

四、政府监管的有限性

对政府监管复杂性的分析表明，虽然市场机制存在一些重大的缺陷，但政府的监管行为也并非总是充分有效，一方面，政府本身也存在失灵，其所提供的新机制并不一定比市场机制有效，另一方面，政府监管的扩张有可能影响正常市场机制的发挥。

第一，政府监管所带来的福利改善可能弥补不了自身的实施成本。现实中，设计和实施政府监管行为需要搜集和处理大量的信息、启动制定法律法规等程序、建立相应的实施机构和执行力量，这往往会耗费较大的人力物力资源。然而政府本身并不从事生产性活动，这些由实施监管活动带来的成本最终还是要由全

① Baron，David P. 1989. "Service – induced Campaign Contributions and the Electoral Equilibrium." Quarterly Journal of Economics 104：45 – 72.

② Spiller，P. T. 1990. "Politicians，Interest Groups，and Regulators：A Multiple – Principals Agency Theory of Regulation，or "Let Them Be Bribed" ［J］. Journal of Law and Economics，1990Vol. 33，No. 1.：65 – 101.

③ Laffont and J. Tirole，The Politics of Government Decision – Making，A Theory of Regulatory Capture ［J］，Quarterly Journal of Economics，1991，106（40）：1089 – 1127；J – J. Laffont and J. Tirole，A Theory of Incentives in Regulation and Procurement，Cambridge：MIT Press，1993. 479.

④ 以西方的观点来看，中国的政治生活缺乏"委托—代理"的机制，也即政府不是民选的，而是政治集团内部产生的。那么，作为"理性人"来讲，中国政府应是实现官僚集团利益最大化的掠夺性政府，但事实却远非如此。因此，绝对的理性政府并不是一个具有实践操作意义的概念假设。

社会来支付。比较之下，有些市场缺陷所导致的社会福利损失相对较小，权衡实施政府监管的成本和收益之后，让有着一定缺陷的市场机制自由发挥作用不失为更好的选择。

第二，政府行政人员受到信息、知识、经验等方面的限制，并不总是能够恰当地设计和实施监管。在分析政府监管复杂性时已经看到，一些领域中政府监管的机制设计犹如一套精密的社会工程学，许多专业研究者也常会挂一漏万，那么由没有受过专业训练的政府人员来设计的监管机制，难免会失之完备，甚至适得其反。此外，任何监管机制的设计都难以穷尽所有细节，这使得在监管的具体实施过程中需要政府行政人员合理地使用自由裁量权，但受制于现实的复杂性和行政人员素质等因素，实施效果并不总是能令人满意。需指出的是，上述问题在人才资源较为匮乏的基层政府和不发达地区政府中表现得尤为明显。

第三，由于几乎任何政府管制都与经济利益密切相关，政府管制行为难免会受到寻租活动的困扰，出现管制俘获的问题。① 一方面，诸如反垄断等政府管制行为会抑制租金的规模，另一方面，诸如资质监管等准入制度则会扩大租金的规模。当监管活动涉及的租金足够可观时，被监管对象往往会通过贿买等手段要求监管的设计或执行机构向其释放租金。

第四，政府监管会受到利益集团活动的影响，以致在福利分配的过程中多数人的利益会为少数人所攫取。根据奥尔森的集体行动理论，在无法克服集体成员对集体行动所获成果进行排他性享用时，小集团往往要较之大集团更易于采取一致行动来实现集团利益，大集团中的成员则会理性地选择沉默。这发生在政府监管过程中，将导致利益由大集团向小集团的转移，与此同时整体的社会福利也会因为配置扭曲而产生损失。

综上所述，政府监管的实施需要酌情考虑政府自身存在的众多局限性因素，合理地限定实施范围。其作用更多地是弥补市场缺陷，完善和促进市场机制作用的发挥，而并不是广泛地替代市场机制。

第二节 我国政府监管实践

与世界大多数国家，尤其是发达国家不同的是，我国的政府监管脱胎于传统的计划经济体制，是在市场经济体制尚不完备的基础上建立起来的。由此，我国政府监管体系的建立和完善，表现为逐步解除和转变计划经济体制下的政府管理

① 寻租，又称“竞租”，是为了获得和维持垄断地位从而得到垄断利润（亦即垄断租金）所从事的一种非生产性寻利活动。规制俘虏理论认为，政府规制是为满足产业对规制的需要而产生的，即立法者被产业所俘虏；而规制机构最终会被产业所控制，即执法者被产业所俘虏。

职能、不断与社会主义市场经济体制建设相适应的过程。本节对我国政府监管改革的实践历程予以简明扼要的分阶段概括，

一、我国政府监管改革的实践历程

我国政府监管改革的实践已历经30多年，期间发生了“改革开放”“确立市场经济体制目标”“加入世界贸易组织”三个标志性历史事件。以这些事件为断点，我国政府监管改革的实践可划分为以下三个阶段：

第一阶段（1978—1992年）为我国转向现代市场经济条件下政府监管改革的起步时期。在此前的计划经济体制下，政府对微观经济主体的经济活动实施全面控制和直接干预，政府监管完全融于政府计划之中，也即计划全面替代了市场。改革开放后，面对外资的进入、生产决策权的下放、大量商品市场的形成、价格体系的逐步放开等一系列市场经济方向的重大变革，我国适应性地建立了一些基本的法律法规与监管政策，如1987年颁布了《价格管理条例》，1982年和1988年相继两次进行了国务院机构改革，构建了更为合理的监管机构框架。可以说，这一阶段经济领域的政府监管改革，一方面是对以往全面监管的一种放松，另一方面是对新经济环境下监管体系的一种强化，体现出以监管的方法放松监管的特征。在经济性监管外，还开始着手建设以往所忽视的社会性监管制度，如1988年出台了《标准化法》、1989年出台了《环境保护法》、1992年出台了《生产过程安全卫生要求总则》等。总体来看，由于市场经济改革的方向尚不完全明确，改革之初的相关经验尚不丰富，计划经济体制仍保留着有力的影响，我国这一阶段的政府监管改革在范围领域上仍不够广阔，制度体系方面也不成系统，但为我国进一步推进政府监管改革奠定了必要的基础，积累了有益的经验。

第二阶段（1992—2002年）为我国政府监管改革的快速推进时期。党的十四大明确了建设社会主义市场经济体制的目标，从而指明了我国政府监管改革的方向，全方位地推动了与市场经济发展要求相适应的政府监管制度改革。具体地，在价格形成方面，实现了由双轨制向市场定价的并轨，彻底打破了计划经济式的价格管制，全社会绝大多数商品均已交由市场机制来形成价格；在市场结构方面，对国有垄断行业部门进行了大刀阔斧的准入改革，积极引入竞争机制，如在电力行业逐步实现了上下游的厂网分开、对电信等行业进行拆分重组；在监管机构方面，通过1998年的政府机构改革和对公务员制度的完善，提高了监管部门的办事效率、协调性和监管者的业务素质；在法律法规方面，较之前一阶段出台数量更多、针对性更强的法律法规，如《反不正当竞争法》（1993年）、《关于制止牟取暴利的暂行规定》（1995年）等；在审批制度方面，通过改革行政审批制度，规范行政审批行为，提高了行政审批体系的透明性，加强了可问责性，进而提高了政府监管质量，与此同时，大刀阔斧地削减取消了涉及城市基础设施

建设、房地产开发建设项目、商贸设施等多个领域的行政审批项目，仅国务院65个部门单位便在2001年清理出审批项目4159项。在此期间，我国的社会性监管工作也得到了显著强化，陆续出台了一系列相关制度法规，广泛涉及环境保护、健康、安全等诸多社会性规制领域。如在环境保护监管方面，出台了《固态废物污染环境防治法》（1995年）、《环境影响评价法》（2003年）和《大气污染防治法》（2004年）等法律法规；在健康监管方面，出台了《产品质量法》（1993年）、《食品卫生法》（1995年）、《药品管理法》（2001年）等法律法规；在安全监管方面，出台了《矿山安全法》（1992年）、《重大事故隐患管理规定》（1995年）和《企业职工工伤保险试行办法》（1996年）等法律法规。可以看出，这一阶段是我国政府监管改革大纵深快速推进的时期，在诸多领域取得了重要的改革成果。但总体来看，改革在一定程度上还缺乏系统性和深入性，在部分行政垄断行业的实质性市场准入、监管机构的职能重叠和事权不一等诸多方面仍存在着进一步改革的较大空间。

第三阶段（2002—2013年）为我国政府监管改革的重构时期。这一阶段，在进一步完善社会主义市场经济体制和履行WTO协议的双重作用下，我国积极推动了多个领域政府监管制度改革的进一步深入与完善，同时还根据经济社会发展的需要开辟了诸多新的改革领域。在价格方面，进一步放开农产品、资源性产品等战略物资的定价；在市场准入方面，先后发布了关于非公经济发展的新、老“三十六条”，申明了“平等进入、公平待遇”原则，允许非公有资本进入公用事业、基础设施产业、金融服务业、国防科技工业等法律法规未禁入的行业和领域；[①] 在监管机构方面，通过2003年的政府机构改革建立了众多重点行业领域的对口监管部门，实现了监管方面专业分工的细化，如设立了国有资产监督管理委员会、银行业监督管理委员会和食品药品监督管理局等专职监管部门；在法律法规方面，继续致力于服务和推动社会主义市场经济改革，出台了《制止价格垄断行为暂行规定》（2003年）、《反垄断法》（2007年）等法律法规，此外还注重加强了对细分业务领域的监督立法，扩展了政府监管的覆盖面，深化了监管的具体职能，如颁布了《银行业监督管理法》（2003年）、《证券法》（2004年）、《境外投资管理办法》（2009年）和《财政票据管理办法》（2012年）等；社会性监管方面，延续了上一阶段快速推进的步伐，出台了诸多相关法律法规，基本实现了对群众主要关心的健康、安全领域的覆盖，如《安全生产法》（2002年）、《道路交通安全法》（2003年）、《农产品质量安全法》（2006年）、《生产安全事故报告和调查处理条例》（2007年）、《食品安全法》（2009年）和《药品管理

① “老三十六条”是指2005年2月25日发布的《关于鼓励支持和引导个体私营等非公有制经济发展的若干意见》；“新三十六条”是指2010年5月13日发布的《国务院关于鼓励和引导民间投资健康发展的若干意见》。

法》（2009年）等。与此同时，在监管机构方面，国家食品药品监督管理总局、国家安全生产监督管理总局等重要的社会性监管部门，分别由被代管的副部级单位独立出来并升格为直属国务院领导的正部级单位，凸显了新时期与人民群众生产生活密切相关的社会性监管工作，越来越受到政府部门的重视。可以看出，这一阶段我国政府监管改革在推进的速度上延续了上一阶段的势头，在推进的范围上又有了进一步的拓展，其成就突出表现在通过一系列的完善和整理，进一步夯实和深化了既往已取得的改革成果，巩固了改革的市场化方向，同时并凸显了“以人为本、执政为民”的方针导向。但是这一阶段的改革也暴露出了一个重要的问题，即政府监管工作在实践过程中往往会面临较多方面的阻力，以致部分政策法规难以落到实处，这直接降低了政府监管的质量和效果。由此，狠抓“落实”便成为当下政府监管改革的重要着力点。

二、我国政府监管实践中存在的主要问题

目前，我国的社会主义市场经济体制建设尚未完全到位，新建立的市场经济体制仍是框架性的，存在不少漏洞。相应的行政体制改革也仍未捋顺，政府行政能力仍有待提升。要发挥政府监管工作对社会主义市场经济体制建设的支持作用，更好地服务于广大人民群众，仍有大量的问题和矛盾需要化解。

第一，市场化改革在部分领域的长期停滞，以及相配套的政府行政改革的滞后，导致了部分行政垄断行业的监管机构既当裁判员又当运动员，政企不分、政企合一问题长期得不到解决。在烟草、盐业、铁路、邮政等行业领域，市场化改革的步伐一直较为迟缓，相关政府监管部门对商品服务的供给数量和价格、行业相关标准的制定具有广泛的干预权乃至决定权。而与此同时，相关监管部门的利益直接嵌于行业经营过程之中，由此，其在监管过程中很难做到超然事外、秉公履职。进一步地，要求由这些行业主管部门主动放松不必要的或不合理的一些监管职责，推动公共利益而不是部门利益的最大化，也无异于与虎谋皮。例如，国家烟草专卖局自2003年开始推动建立直接隶属于国家局的“中烟工业公司”，2005年深化烟草行业改革的《关于进一步理顺烟草行业资产管理体制深化烟草企业改革的意见》公布后，所有主要卷烟生产省份均建立了该省的“中烟工业公司”，与省级烟草专卖局分离。自此，我国的烟草生产和销售几乎完全纳入了国家烟草专卖局的计划，逆市场化的行业发展格局延续至今。在实现了烟草生产销售的上下游垄断后，国家烟草专卖局不仅通过其下属的各个“中烟工业公司”赚取了大量的超额利润，而且通过掌控与地方税收关系颇大的烟草生产指标的分配强化了本部门的政治地位。然而与此同时，由烟草专卖局主导的控烟工作，却由于有悖于其部门的经济和政治利益而难有实质性进展，这一方面损害了公民健康、增加了社会卫生保健负担，另一方面也阻碍了我国加入《烟草控制框架公

约》时所作承诺的兑现，给我国的国际形象带来了负面影响。①

第二，部分领域中监管机构和被监管对象间广泛存在的利益共容关系，使得监管机构极易从内部被俘获。首先，我国的行业监管机构框架脱胎于此前的计划经济体制，这一历史渊源意味着，许多监管机构和被监管对象曾经同属一个部门，有着行政隶属关系，从而导致在监管过程中较易丧失独立性和公正性，并以较低的交易成本形成利益同盟。其次，在缺乏外部监督的情况下，监管机构和被监管对象间的长期博弈易于实现激励共容的合谋。尤其是在监管机构人员收入水平不高、行政干预的经济利益再分配功能强大的现实背景下，官匪一家的现象在部分监管领域较为多发，甚至屡见不鲜。例如，2011 年时任最高检察院渎职侵权检察厅副厅长李忠诚介绍，从双汇的瘦肉精、到毒豆芽、毒毛血旺等食品安全事件，背后都隐藏着行贿受贿、玩忽职守、滥用职权、徇私枉法等职务犯罪。此外，窝案串案多，“查办一人就会带出一串，抓出一窝”。比如河南省检察机关在瘦肉精事件中查处渎职犯罪嫌疑人 26 人，都是从事畜牧监管的人员。②

第三，几乎所有的监管活动都伴有租金的产生，而目前由于制约与监督机制的缺失或不健全，这些租金往往会直接或间接地引致政府监管活动偏离公益目标。无论是经济性还是社会性的监管活动，其实施的结果要么会创造租金，要么会削减租金，进而对微观主体的收益产生影响。如对某些行业实行准入许可或设置安全卫生等方面的进入门槛时，会降低行业的整体竞争水平，提升在位企业的市场势力，进而提高行业的租金水平；对垄断性行业实行最高限价时，会抑制企业的垄断定价行为，降低行业的租金水平。由此，只要期望的租金收益大于寻租成本，政府监管的实施就将易于受到寻租行为的影响，甚至有的情况下，政府部门会通过设置一些不必要的监管内容来主动创租。而我国目前，一方面行政监督机制不健全、社会监督机制不成熟，以致政府监管中违法违规行为的成本较低、风险较小；另一方面监管部门行使权力的自主空间较大、独立性较强，权利制约机制仍未充分建立并发挥作用，以致政府监管部门在监管内容和执行力度上具有较大的自由裁量权。这些均强化了对被监管者寻租行为和监管者创租行为的激励，使得我国很多的政府监管行为易于偏离公共利益的目标。例如，为保障道路行车安全，交管部门对汽车驾驶员的培训和考核、机动车安全质量状况等负有监管责任。但是，由于缺乏权力监督，我国驾照考试中“花钱买过”的潜规则盛行，正常的政府监管行为被打造成了一条寻租创租的产业链。在被曝光的湛江车管所窝案中，学员集中交钱给驾校教练或领队，再由教练或领队交给考官，或者

---

① 相关资料可参见：《烟草行业政企合一 博弈十年》http://pinglun.cntv.cn/20100921/104278_1.shtml.

② 相关资料可参见：《食品安全事件都隐藏着行贿受贿、滥用职权等犯罪》，http://sh.sina.com.cn/news/s/2011-05-24/0800183628.html.

由驾校直接收取学员600元或700元的“考试费”，由教练或专职的业务员交给考官。其中，个别涉案考官主动上缴的“红包”甚至有近百万元。[①] 这使得原本为了维护公共交通安全的交通监管工作，不负责任地对行贿者降低安全考核标准，发证给众多潜在的“马路杀手”，明显偏离了公益目标。

第四，由于现代经济社会事务的监督管理日趋精细化、复杂化，部分领域的相关监管工作要求较高的专业技术性和灵活性，而由于缺乏必要的专业人才、实践经验与跟踪调整机制，使得很多情况下政府监管部门难以及时有效地做出合适的决策。这引致的具体问题包括：有的监管工作未能体现实事求是的原则，在监管手段的选择、监管效果的掌控方面存在较多不足，甚至导致了事与愿违的后果，例如节假日高速公路免费通行政策，其初衷在于疏通节假日的交通拥堵，提高道路通行效率，但结果却因出行费用的降低而导致了更为严重的拥堵现象；监管政策的出台缺乏弹性，以致在需要及时出台相关监管政策时反应较慢，在需要适应时事变迁、背景转换时政策的调整到位较慢，例如上述提及的节假日高速公路免费通行政策，在实践中弊端已充分显现之后，相关部门仍坚持抱残守缺，未能进行积极的调整。

第五，监管机构的设置与职责划分较为混乱。在绝大多数监管领域，我国仍未建立起一套“遇事有人管，管不好有处投诉”的行政办事架构。这就导致，需要权力集中时，监管机构反而互相扯皮、令出多门；需要权力制约时，监管机构反而乾纲独断、恣意而行。前者如我国的住房公积金监管工作，根据现行的《住房公积金管理条例》，其主要由财政、审计、社会监督构成，同时《住房公积金行政监督办法》规定，住建部和省（自治区）住建厅分别会同同级财政、中国人民银行（分支机构）、中国银行业监督管理委员会（派出机构）等有关部门，也负有对各城市住房公积金管理法规、政策执行情况实施行政监督的职责。然而事实上，从住建部至省级、市级、县级的公积金管理部门，各级之间只是松散关系，“九龙治水”式的“多头监管”最终形成了“监而不管”、“空头监管”。监管的混乱直接导致了住房公积金领域大案要案频发，公众利益遭受重大损失。[②] 后者如我国的行业监管立法工作，多是由原来的行业主管部门带头制定——《电信管理条例》由信息产业部负责起草、《电力法》由原电力部负责制定、《铁路法》由原铁道部负责起草等。立法和行政的一体化，一方面使得行业监管部门易于将自身权力通过在立法工作中的夹私而进一步强化，另一方面也难以在法律层面明确对行业监管部门自身的监督制约。

---

① 相关资料可参见：《驾照考试潜规则：行贿链明码标价缴红包便可改成绩》，http：//auto.163.com/13/0205/10/8MUN71AA00084IJH.html.

② 相关资料可参见：《没有一个机构能真正管得着公积金：“九龙治水”漏洞多》，http：//www.shm.com.cn/ytrb/html/2014－07/21/content_3032027.htm.

第六，处于经济社会转型背景下的我国，各方面的监管需求较多，并且新的监管需求还在不断涌现，但由于政府行政成本较高、行政效率低下、过度监管对行政资源的挤占较多，监管供给却相对不足。一方面，这使得应该进行监管的领域没有被纳入监管工作中来，或者即使纳入了，关注的程度也不够。例如广场舞扰民的问题已被媒体广泛报道和群众抱怨多时，较为广泛地影响了人民的正常工作生活。但迄今为止，各地政府的相关监管工作却大多没有及时到位，既有的对城市噪声环境管理的法规没有得到切实的执行。另一方面，即使政府投入了大量人力物力的监管领域，也未能取得理想的效果。典型地如我国的食品安全监管工作，从政府重视的程度、对食品安全问题的各项专项整治、每年对食品的常规检测力度、样本数量，基层食品安全信息员的人数等指标来看，中国的监管力度是世界最强的。同时，我国的部分食品安全标准，比如微生物标准、菌群总数国标等，比发达国家要严格得多。另外，从全国监督执法的队伍来看，现在公安部门也专门设立打击假劣食品的队伍，这在其他国家是“少有的”。[1] 但是，监管所取得的效果却一直难以令人满意，食品安全领域问题频发，并在很大程度上导致了人民群众对政府信任感的降低。

第三节 我国政府监管的一面广角镜：出租车行业监管

对出租车行业的监管，是我国政府监管工作的一面广角镜，其较为全面地展现了政府监管的各种特征，折射出了我国政府监管工作所面临的方方面面的问题。因此，对出租车行业监管的案例考察，有助于对我国政府管制工作形成具象的把握，其经验教训也可资其他管制领域研究借鉴。

一、理想与现实的鸿沟

出租车行业虽然看起来更像是一个竞争性行业，可完全交由市场运作，但实际上也部分面临着市场失灵的问题。具体地，城市交通会因上下班高峰、节假日、雨雪等恶劣天气的原因而导致需求大幅提升，这给出租车行业在一定程度上带来了部分的垄断能力，进而引致了坐地起价、挑活甩客等侵害消费者利益的不良经营行为出现；出租车数量增多会给城市空气质量和道路交通条件带来负面的外部影响；乘客对城市道路不熟悉将给具有信息优势的出租车经营者以绕道加价的机会；乘客对所乘出租车的安全质量并不了解，这种信息不对称将导致劣币驱逐良币的柠檬市场出现，即竞争到最后只有安全投入少、维护成本低的较差车况

---

① 相关资料可参见：《（陈君石）院士：我国食品安全监管世界最强 但监管不到位》，http：//news. sohu. com/20120619/n346004102. shtml.

出租车存留在市场中，同时，乘客对驾驶员的技术、身体状况和服务态度也不了解，这将给其出行安全和所受服务的质量带来风险；出租车作为城市公共交通系统的重要补充，具有准公共物品的性质，需要在一定程度上实现“普惠”式服务，甚至低于市场价格提供必要的交通服务；过度竞争所带来的单位收益下降，将可能导致驾驶员延长工时、超负荷工作，给行车安全带来隐患。

针对上述市场竞争的各种不足之处和可能引致的问题，政府有必要对出租车行业进行适度的监管，以期建设维护一个经营诚信、服务周到、便利快捷、安全可靠、环境友好的行业市场。但是，与出租车业政府监管所要达到的丰满理想相比，我国当下的现实却又显得过于骨感。我国大部分城市，尤其是大城市普遍存在打车难、打车贵的问题，虽然多地几经改革，但仍未在实践上探索出令人满意的解决办法。相反地，每次改革都与此前的房地产市场调控一样，结果总是与理想背道而驰——价格越调越贵，且也未能缓解一直以来供给不足的沉疴。而至于行业服务态度，则更是普遍反映较差，几乎所有打过车的人都曾遭遇过拒载、宰客、拼车①等不良经营行为。很多时候，大家都把问题的出现部分甚至全部地归因于出租车驾驶员的素质低、职业道德欠缺。但较少被关注到的是，绝大多数出租车驾驶员的境况也亟待改善：每天工作10余小时、节假日无休是很多出租车驾驶员面临的常态；诸如肠胃病、腰脊椎病、前列腺疾病等疾病在驾驶员群体中的发病率极高；在工作负担重、压力大、健康受损的情况下，收入却大多只能达到当地平均水平，甚至更低。正因如此，我国很多城市都曾经历过由出租车驾驶员组织的罢运、抗议等形式的群体性事件。目前，类似事件已成为我国社会管理和“维稳”工作中的年度保留性节目，据不完全统计，每年都要上演10次以上。问题讲到这里，我们突然发现出租车行业监管具有很独特的一面，甚或可以说是很奇葩的一面。其他领域的监管工作，要么是至少能让商品服务的提供者满意，比如石化、电信、盐业等行政垄断行业的既有政府监管工作，在一定程度上支撑了其获取垄断利润；要么是至少能让商品服务的购买者满意，比如北京等城市公共交通系统的价格管制，让乘车群众节约了出行支出。② 而出租车行业监管的奇葩之处在于，商品服务的提供者和购买者对监管结果都不满意，只有行业监管部门自己满意。

---

① 其实拼车本身并不是一个不好的现象，其有利于充分利用交通资源，也为一些地方的出租车管理部门所提倡，并就收费方式作出了相应的规定。我们这里所指的拼车，是机场、车站等地常见的对拼车乘客重复收费现象。

② 这里的“满意”是指将现有利益分配格局和市场化竞争条件下的利益分配格局相比较得出的判断。不可否认，垄断者希望能够更加放松既有的管制措施对其垄断行为能力的束缚，部分北京市民会担心公共交通价格过低将导致更多的拥挤和出行不便，但是与引入竞争和支付高昂的交通费用比较起来，他们将会更加乐于安守现状。

在探寻中国内地出租车行业监管是如何走火入魔的问题之前，我们需要先阐明另一个问题——出租车行业真的是天生就管不好吗？通常来讲，政府监管常会遇到“按下葫芦又起了瓢”的问题。拿我国的出租车行业来说，既然要限制数量，就必然面临着价格调整的压力。此时，将监管价格适当提高了，会诱使黑车的涌入，进而增大监管查处的成本，打破数量管制的目标，降低行业安全资质水平；当监管价格过度提高时，还会大幅降低需求，以致正规出租车的收入不增反降；将监管价格适当降低了，一方面会让拒载拼客、坐地起价等行为频发，另一方面，即使监管部门能有效查处上述行为，市场也将面临着严重的供给不足，进而增加城市公共交通的压力和给乘客带来不便；将监管价格过度降低，还会导致司机即使过度透支身体，也难以获得合理的劳动收入。乍一看，我们似乎应该降低以往对出租车行业的过分要求，打车价格低的时候，就不应该指望司机的服务态度有多好，被拒载也要表示理解，毕竟你没花那个钱，不能让牛拉车又不让牛吃草；打车价格高的时候，尤其是像机场车站这些地方，不想费事费时间就乖乖松开钱包，否则就去坐公交大巴，毕竟是有省钱的你不坐，就不能怪别人贵了。但是回头一想，之所以出现这么多问题，这么多令人纠结的取舍，不都是因为供给不足吗？出租车多了价格自然就下去了，竞争起来服务态度自然就好了，那么为什么不能适当放开数量监管呢？对此，政府监管部门坚持的公开理由在于：数量监管可以控制交通拥堵和环境污染；降低因数量膨胀所引致的空载率上升，及其带来的费率上涨压力；防止司机为应对收入下降而延长工时，进而影响安全和服务水平（王军，2009）。① 对此，究竟该如何是好，我们不妨先从现实案例中寻找答案。

二、他山之石可以攻玉

在台北，出租车牌照是放开供给的，普通民众只要达到政府设置的一些与营运安全相关的要求，都可以免费申请牌照。在经营方式上，司机既可以选择挂靠公司，也可以选择自己单干。按规定，初入行的司机必须先挂靠出租车公司，每月交公司 900～1200 元新台币的服务管理费，② 以及一定的押金。如果想节省管理费支出，那么只要有了 6 年以上出租车公司的驾龄，3 年内无违规记录，出租车司机就可以脱离公司单干，以个人名义申请牌照。为鼓励出租车行业的发展，完善城市公共交通体系，政府对出租车公司和司机均免征营业税、牌照税、燃油

---

① 王军.《为竞争而管制：出租车行业管制改革国际比较》. 北京：中国物资出版社，2009 年。

② 人民币对新台币的汇率在近两年来大体在 1 人民币兑换 4.7～5 新台币之间波动。较之台北的收入和消费水平，900～1200 元新台币的管理费大体仅相当于北京、上海 100 元人民币的月支出。

附加税等各种税费。在充分竞争的基础上，的士公会与工会可以每隔一年便向政府共同提交费率调整报告一次，确定行业的一致收费方式和价格水平。政府相关监管部门平日主要负责安全和服务质量方面的管理和价格政策的执行。

在上述政府监管政策体系下，台北市出租车登记在册数量高达3万辆，最高峰时甚至达到3.9万辆，其中大部分为私人独立运营，不交纳任何税费，而黑车则几乎绝迹。由于出租车数量众多，竞争充分，在台北打车十分方便，等车时间短，随叫随停，没有拒载挑客现象，司机的服务态度也广为各方称道。相比于台北当地的收入水平，打车价格已经可谓相当低廉，并且制定得相当详细合理。台北市出租车起步价为1.25公里/70元新台币，续程每0.25公里收费5元新台币；延滞计时，即时速5公里以下，每小时收费5元新台币；晚11点至凌晨6点在白天价格基础上加收20%附加费；电话叫车和开后备箱放置行李免费（台湾其他地区收费10元新台币）；除夕前两天至年假结束，白天夜间均按夜间模式收费，并分别加收20元和40元附加费。目前的价格体系是2007年确定的，虽然每隔一年可以申请调整一次，但由于竞争激烈，迄今为止都没有什么调整。如果考虑到每年的通货膨胀因素后，实际的打车价格还是有所下降的。此外，台北的出租车监管还注重关键的细节问题。比如，在很多国家和地区，机场车站的出租车违规经营行为向来难管，而台北则管理得井然有序，其原因除了出租车数量众多和公共交通工具的接驳便利外，还要归功于具体的、可操作的和富有弹性的监管制度。拿桃园国际机场来说，其根据客流量来确定出租车需求量（目前是400辆），凡是符合个人素质良好、车龄三年以内等资质要求的出租车司机，都可以去申请机场内经营许可，最后通过抽签来确定。航警会对抽中的出租车进行登记，只允许这些登记在案的出租车在机场排队，而且统一着装，不能偷班，不能抢班。如果拒载，经调查属实，不但要吃900元新台币的罚单，还要取消在机场的营业资格。①

为直观起见，我们可以进行以下的数据比较。台北市面积为272平方公里，2012年人口达到267.6万人，除以约3万辆出租车数量，平均每平方公里运营出租车约110辆，每万人拥有出租车110多辆。同年，北京市建成区面积1261平方公里，人口约1700万，正规出租车总量为6.66万辆，平均每平方公里运营正规出租车约53辆，每万人拥有正规出租车39辆；上海市建成区面积约1070平

---

① 相关材料可参见：陈君，陈斌华．《台北出租车声誉卓著管理有方》．《经济参考报》，2013年6月4日；陈智军．《在台北，打的士并不闹心！——本报驻台记者揭示台北出租车管理之道》．《深圳特区报》，2013年7月4日；谭喆．《“在台北打车是种美妙体验”——台北计程车运营调查》．北京晚报，2012年12月23日；吴生林．《台北的士为何没有拒载、绕道问题?》．http://www.taihainet.com/news/twnews/twsh/2013-05-22/1072234.html.

方公里，人口约1800万，正规出租车总量为50257辆，平均每平方公里运营正规出租车约47辆，每万人拥有正规出租车36辆；天津市建成区面积约605平方公里，人口约550万，正规出租车总量为2.74万辆，平均每平方公里运营正规出租车约45辆，每万人拥有正规出租车50辆。[①] 比较来看，上海和北京的出租车供给在空间密度上还不及台北的一半，人均数量上只有台北的1/3左右。天津的城市规模较之北京、上海要稍小一些，人口密度也更低，使得其正规出租车供给的空间密度虽然不高，但是人均拥有量却高出了这两者1/4以上。从直观感受和相关报道来看，天津市的打车难问题也确实没有前两者那么严重，黑车数量也要少很多。按天津客运交通管理办公室的话说，“在市区范围内，运力和运量基本平衡”。与天津的出租车供给水平相似地，秦皇岛主城区每平方公里运营正规出租车约43辆，每万人拥有正规出租车50辆，打车的便捷程度与天津相仿，黑车同样很少，也实现了“运力和运量基本平衡”。“每万人拥有正规出租车50辆”大体可作为一个可参考的数量控制标杆，相比于这一标杆，我国很多城市的正规出租车数量管制还有待放松。

从另一个角度来看，出租车供给越是不足，打车价格便越高。根据城市的半径，我们以乘出租车10公里的支出来进行价格的比较。不计等待时间的话，台北、北京、上海、天津的白天时段支出分别为50元、30元、31元和21元。我们按各地的收入水平调整之后，北京、上海、天津的白天时段打车支出分别相当于台北的67.5元、63.3元、58.2元，较之在台北打车分别贵了17.5元、13.3元、8.2元。[②] 如果考虑等待时间的话，交通更为拥堵的三大直辖市的打车费用还将比台北高出更多。

其实，虽然台北的出租车行业现在的竞争较为充分，各方面评价也较高，但是起初的时候，台北的出租车数量也是被管制的，管制当局也持有防治环境污染和交通拥堵等理由。但是从全球各地的实践来看，解除数量管制进而导致出租车数量增长的案例中，没有证据显示交通拥堵和环境污染有所加重，反倒是没有放松管制的国家，上述问题越来越严重。这是因为，打车越不便利的地方，人们越

---

① 建成区面积是指连接成片的地区面积，不包括郊区卫星城。相应地人口也为建成区内常住人口，北京的数据大体通过城镇人口数量（1783万人）缩减得到，上海的人口数量大体通过人口总量（2300多万）减去各远郊县区人口数量（500多万）得到。考虑到两市市区内还有较多流动人口，上述估算大体反映了出租车需求对应的人口基数。天津市是一个典型的双核城市，如果包括滨海新区的核心城区，天津市建成区面积将扩大约250平方公里，人口增加近百万，正规出租车数量增加4600辆。这一数据与我们的直观感受和相关报道反映的情况是一样的，即天津市区的出租车供给相对较为充足，黑车数量很少，但是滨海新区的出租车数量相对于城区面积而言更显不足，城市周边黑车的数量也较多。

② 2012年台北、北京、上海、天津的城镇人均可支配收入分别为8.21万元和36468.8元、40188.3元、29626.4元，台北分别是北京、上海、天津的2.25、2.04、2.77倍。

偏好于购买私家车，并且，凡是能经常打得起车的人，也负担得起私家车的购置和使用费用。这使得，道路上每少一辆出租车，便会多出好几辆私家车。然后管制便陷入了越堵越污染就越限制出租车数量，出租车数量越跟不上需求，增长的私家车就越多，城市就更堵更污染的恶性循环。此后，城市管理者便不得不也拿私家车开刀，摇号、限行等措施接踵而至，最后结果是谁都别想好过。如果说堵的话，台北的道路普遍狭窄，香港除了道路狭窄外，人口密集度还极高，可是两个城市的交通却都是井然有序的。[①] 这很值得我国内地的政府监管机构去深思。此外，台北的案例显示，解除管制后虽然带来了空载率的上升，但是却并没有带来价格的上涨。诸如解除管制后安全事故率将提升的理由也没有在任何国家得到证据支持。相反，如果出租车供给不足，那么不受安全监管的黑车便会越多、地处偏僻的急救病人和临产孕妇难以及时就医，这反而将更加威胁乘客的安全和健康利益。

那么，为什么政府监管部门不能做出适当的反应呢？这就要回到前文所述及的我国政府监管实践中存在的主要问题了，几乎每个问题都能和出租车行业这个广角镜对得上号。比如，很多城市的出租车行业由监管部门兼职运动员和裁判员，出租车公司本身就是运管部门所成立的，经营收入也将部分上缴给监管部门，因此很难指望监管部门在制定和执行政策时会毫无保留地“心系民所想、乐为民解难”；面对复杂的行业特性，行业监管部门缺乏必要的相关知识和实践经验，以致采取数量控制的理由貌似充分，其实似是而非；过度监管的同时，相关执法力量却不足，行政效率也普遍表现得较为低下，以致出租车行业长期以来投诉量巨大，问题却难以得到根本解决，甚至偶尔的运动式执法反而引来了群体性事件，灭火不成反浇油；管制所带来的租金——“份子钱”和牌照溢价，使得既得利益群体强烈抵制必要的改革，每次改革都是以涨价作结，而从未触及“份子钱”，同时也很少大幅放开数量监管，使得出租车数量的增长远远跟不上城市化快速推进的要求。

第四节　推动我国政府监管改革的政策建议

党的十八届三中全会作出的《中共中央关于全面深化改革若干重大问题的决定》指出：“经济体制改革是全面深化改革的重点，核心问题是处理好政府和市场的关系，使市场在资源配置中起决定性作用和更好发挥政府作用。市场决定资源配置是市场经济的一般规律，健全社会主义市场经济体制必须遵循这条规律，

① 香港的城市发展受地形制约，面积极为狭促，连片建成区内的人口密度高达每平方公里5万人，而北京、上海分别只有1.4和1.7万人。

着力解决市场体系不完善、政府干预过多和监管不到位问题”。这为我国政府监管领域的改革明确了根本性方向。此外，从出租车行业的监管中，我们发现了这样一个有趣现象。起初，我国数百个城市的出租车行业监管制度均自行订立、互不统属，但最终的监管模式却都在本质上殊途同归、千篇一律。这意味着，背后必定存在共通的、根本性的体制问题。因此，要促进中国政府监管工作的改革和完善，必须要着眼全局，从深层次入手，在根本的体制性问题上下工夫、找对策。

一、坚定推进市场在资源配置中的决定性作用，合理把握政府监管的范围和方式

第一，打破政企合一、政企不分的制度安排，割裂监管者和被监管者间的利益联系纽带。理顺政府与企业的关系，是保证政府监管的独立性、公正性，维护市场正常运行秩序的前提。具体地，对于烟草专卖等仍残存的计划经济堡垒，应打破僵化的专营专卖制度，在特许经营的基础上建立现代政府监管体系；加强对行业管理部门的监督管理，将监督权与管理权分离；通过加快发展混合所有制经济，推动行政垄断行业企业建立现代公司制度；将以往的国企监管由管企业逐步转为管资产，弱化政企之间直接的业务管理关系，强化对国有资本的市场化管理方式。

第二，政府应秉承平等的原则，在准入资格考核、质量控制等监管工作中对不同企业一视同仁，不搞歧视，以营造公平竞争的市场环境。平等是市场经济发挥资源优化配置作用的基础。以往，我国政府部门在对待不同所有制的企业（如国有和民营企业、外资和内资企业）时曾或明或暗地有着一定程度的政策倾斜，而现在，伴随着市场经济体制改革进入新的阶段，公平开放成了亟需在实践中确立的核心规则。对此，一方面要加快推进以负面清单为基础的监管模式，打破部分行业领域存在的“玻璃门”现象，另一方面要严厉打击地方保护主义，废除和惩处以土地低价出让、财政过度补贴等手段为代表的违法优惠政策，依法在各行业深入开展反垄断和反不当竞争的监管工作。

第三，积极推进监管工作的“成本—收益”核算，摒弃部分得不偿失的过度监管。应当说，任何监管都是有成本的，这一成本不只包括具体的政策执行支出，还包括由此所产生的机会成本，即在精力、资源有限的情况下，某一领域监管工作的成功可能意味着另一更加重要领域监管工作的不足，算起总账来得不偿失。此外，政府应当正视到，不只是市场会产生失灵，政府自身也会产生失灵，以致有的时候，政府监管工作所需的执行成本和所引致的外部副效应将高于其所带来的经济社会收益。对此，政府应当通过全面的“成本—收益”核算来评估监管工作的可行性，并以此划分自身和市场的界限，避免过度监管的出现。

第四，在设置必要的政府监管的前提下，积极通过市场的力量推进公共服务的社会化供给，以增进公共福利，缓解社会矛盾。医疗、教育等社会公共服务仍高度掌控在政府主管部门的手中，一方面，大量财政力量用于这些公共品供给的同时，仍难满足快速上涨的人民群众需求，另一方面，供需的巨大缺口和部分相关从业人员财政给付工资的偏低，强化了相关服务价格上涨的内在动力，以致就医难、看病贵、入学难、教育乱收费等问题经久难治，群众意见极大。对此，打破现行监管部门或明或暗的阻挠，通过有监管的市场化吸引大规模的社会资金进入到这些行业中来，既可以缓解财政负担，还可以增加服务供给，缓解服务价格上涨压力，更好地满足人民需求。

二、推进政府职能转换和行政能力提升，从制度建设着手改进政府监管工作

第一，通过建立统一协调、权威高效的政府监管机构框架体系，强化监管工作的实施力度，避免出现监管真空。一方面，对于诸如出租车行业这种具有较大分散性、复杂性的监管领域，应建立或指定一个实质的、全局性的协调管理部门，通过提升主管部门的权威性和统筹兼顾能力，在总体上统一推进监管工作的改进。另一方面，对于诸如公积金这种由于多头管理最终导致空头管理的监管领域，应像划分产权一样清晰地划分治权，明确不同监管部门的具体责任，凸出和集中首要监管部门的权力，强化责任追究，形成权责对等的监管体系。

第二，在时间、经济成本允许的范围内，在决策过程中广泛征求利益相关者和专业人士的意见，提高监管决策和制度设计的科学性。随着经济社会的快速发展，监管工作不断向深度广度推进，监管部门原有的经验和专业技术水平常常难以胜任新形式下的任务。对此，建立通畅、高效的意见沟通机制和决策辅助机制，以引入专业人士的技术和经验支持、吸纳利益相关者的合理意见和对政策实践中所暴露问题的反馈，有助于降低决策失误的风险，增进监管政策和制度设计的合理性和科学性。

第三，广泛吸引全社会力量以适当的形式参与到政府监管的实施工作中来，降低政府监管的成本负担，提升监管工作的效率和效果。绝大多数经济社会活动都是极为分散的，如针对公共场所吸烟、城市噪声、违规排污等问题，监管部门不可能无时无刻、无处不在地展开查处，即使不断加大查处力度，也始终难免挂一漏万。对此，应鼓励人民群众自发参与到禁烟、防噪、保护环境等监管工作中来，建立覆盖全社会的防控监督机制，分摊政府难以负担的高昂监督成本，扫清监管工作难以覆盖的死角。

第四，提高监管工作的公开性和透明度，积极引入社会各方面的意见参与，强化对监管工作的外部监督和制约机制。坚持群众路线，从群众中来，到群众中

去，一切为了群众，一切相信群众，是我国社会主义建设事业的重要成功经验。一方面，很多政府监管工作直接关系到广大人民群众的切身利益，另一方面，监管工作的根本目的便是为人民服务。因此，发挥人民群众的主人翁精神，向其开放可公开信息，接受其监督，是很多公益性的政府监管领域需建立起的一项制度。这可以与体制内监督和制约机制形成互补，提高监管工作的效率，减少寻租行为的发生。

第五，对具体领域的监管制定确切的制度性规定，在不失必要的灵活性的前提下，列明监管的权力清单，削弱监管部门的自主裁量权，使监管工作有法可依，有规可循。目前，我国很多领域的监管工作尚没有专门的法律法规可依，即使有，也往往因条文含混不清、模糊笼统而难以秉法直断。对此，在关键领域加速推进法律法规的精细化，是完善我国政府监管制度建设的重要着力点，配合着目前正在推进的政府权力清单开列工作，削弱以往过度赋予监管部门的自由裁量权，有助于消弭在众多监管领域多发易发的寻租和索贿行为，让监管部门和被监管对象在明规则下正常开展其工作，避免监管工作偏离政策设计的初衷。

参考文献

Acton and Vogelsang, 1989, "Introduction" to Price Caps Symposium, Rand Journal of Economics, Vol. 20, No. 3: 369 – 72; Littlechild, S. Regulation of British Telecommunications Profitability [M]. London: HMSO, 1983.

Averch, H. and Johnson, L. 1962. Behavior of the Firm under Regulatory Constraint. American Economic Review 52 (5): 1053 – 1069.

Baron, David P. 1989. Service – induced Campaign Contributions and the Electoral Equilibrium. Quarterly Journal of Economics 104: 45 – 72.

Becker, G. S. 1983: "A Theory of Competition Among Pressure Groups for Political Influence", Quarterly Journal of Economics, 98, 371 – 400.

Boiteux, M., On the Management of Public Monopolies Subject to Budgetary Constraints, Journal of Economic Theory, 3 (1): 219 – 240, 1971.

David Baron and Roger Myerson, "Regulation a Monopolist with Unknown Cost" Econometrica, Vol. 50, No. 4, July 1982, pp. 911 – 930.

David E M Sappington, D S Sibley Regulating without Cost Information: The Incremental Surplus Subsidy Scheme [J] International Economic Review, 1988, 29: 297 – 306.

Dupuit, J., On the Measurement of the Utility of Public Work, International Economics Paper, 2, 1952, translated by R. H. Barbak from "de al Mésure de I'Utility des Travaux Publics", Annales des Ponts et Chaussees, 2nd series, 1844, 8.

Finsinger, J., and Vogelsang, I. 1989. "Strategic Management Behavior Under Reward Structures in a Planned Economy." Quarterly Journal of Economics 100 (1): 263 – 270.

George. Stigler. The Theory of Economic Regulation [J]. Bell Journal of Economics, Spring, 1971.

Hotelling, H. , The General Welfare in Relation to Problems of Taxation and of Railway and Utility Rates, Econometrica, 6 (3): 242 - 269, 1938.

J - J. Laffont and J. Tirole, A Theory of Incentives in Regulation and Procurement, Cambridge: MIT Press, 1993. 479.

Joskow, Paul L. , and Richard Schmalensee. 1986. "Incentive Regulation for Electric Utilities." Yale Journal on Regulation, 4 (1): 1 - 49.

Laffon, J. J and J. Tirole. Using Cost Observation to Regulate Firms [J] . Journal of Political Economy, 1986 (1): 614 - 641.

Laffont and J. Tirole, The Politics of Government Decision - Making, A Theory of Regulatory Capture [J], Quarterly Journal of Economics, 1991, 106 (40): 1089 - 1127.

Loeb, W. and W A. Magat. A Decentralized Method for Utility Regulation [J] . Journal of Law and Economics, 1979 (22): 399 - 404.

Mc Chesney Fred, "Rent Extraction and Rent Creation in the Economic Theory", in Charles Rowley, Robert Tollison and Gordon Tullock eds. The Political Economy of Rent Seeking, New York: Kluwer Academic Publisher, 1988.

Ramsey, F. P. , A Contribution to the Theory of Taxation, Economic Journal, 37 (145): 47 - 61, 1927.

Sam Peltzman, 1976, Toward a More General Theory of Regulation, Journal of Law and Economics, 19: 211.

Sibley, David, 1989, "Asymmetric Information, Incentives and Price - Cap Regulation" . Rand Journal of Economics, 392 - 404.

Spiller, P. T. 1990. "Politicians, Interest Groups, and Regulators: A Multiple - Principals Agency Theory of Regulation, or " Let Them Be Bribed [J] . Journal of Law and Economics, 1990Vol. 33, No. 1. : 65 - 101.

Viscusi, W. K. , Vemon, J. M. and Harrington, J. E, 1995: Economics of Regulation and Antitrust. Massachusetts: The MIT Press.

Vogelsang, I. and Finsinger, J. , 1979, A Regulatory Adjustment Process for Optimal Pricing by Multiproduct Monopoly Firms [J] . Bell Journal of Economics, 20 (1): 157 - 171.

《(陈君石)院士：我国食品安全监管世界最强 但监管不到位》，http：//news. sohu. com/20120619/n346004102. shtml.

《驾照考试潜规则：行贿链明码标价缴红包便可改成绩》，http：//auto. 163. com/13/0205/10/8MUN71AA00084IJH. html.

《没有一个机构能真正管得着公积金："九龙治水"漏洞多》，http：//www. shm. com. cn/ytrb/html/2014 - 07/21/content_3032027. htm.

《食品安全事件都隐藏着行贿受贿、滥用职权等犯罪》，http：//sh. sina. com. cn/news/s/2011 - 05 - 24/0800183628. html.

《烟草行业政企合一　博弈十年》http：//pinglun. cntv. cn/20100921/104278_1. shtml.

陈君，陈斌华.《台北出租车声誉卓著管理有方》.《经济参考报》，2013 年 6 月 4 日。

陈智军.《在台北，打的士并不闹心！——本报驻台记者揭示台北出租车管理之道》。

《深圳特区报》，2013 年 7 月 4 日。

刘小兵．《政府管制的经济分析》．上海财经大学出版社，2004 年。

时家贤．《转轨时期中国政府规制改革研究》．辽宁大学博士学位论文，2006 年。

谭喆．《“在台北打车是种美妙体验”——台北计程车运营调查》．北京晚报，2012 年 12 月 23 日。

王军．《为竞争而管制：出租车行业管制改革国际比较》．北京：中国物资出版社，2009 年。

吴生林．《台北的士为何没有拒载、绕道问题?》．http：//www. taihainet. com/news/twnews/twsh/2013 - 05 - 22/1072234. html.

第七章　国有企业分类改革与国有资产监管体制

国有经济和国有企业是政府履行经济职能的重要基础，因此，进一步推进国有经济和国有资产监管体制改革是实现政府职能转换的重要前提。党的十八届三中全会通过的《中共中央关于全面深化改革若干重大问题的决定》明确提出："准确界定不同国有企业功能……进一步深化国有企业改革。"无疑，基于国有企业的本质属性和中国国有经济的发展历史，根据不同国有企业的功能定位，对国有企业进行分类改革、分类治理和分类监管是国有企业改革的必然选择。

第一节　国有企业改革得与失

30 多年的国有企业改革，收到了显著成效，概括起来有两个方面：一是国有企业效率得到提高。以中央企业为例，2002—2012 年，中央企业营业收入年均增长 20.9%，实现利润年均增长 19.9%，上缴税金年均增长 17.9%；位列"全球 500 强"的中央企业数量从 11 家增至 42 家。在应对全球金融危机的过程中，国有企业也起到了中流砥柱的作用，为中国经济率先企稳回升做出了重要贡献。二是国有企业的垄断程度降低，市场化水平得到提高，布局得到一定的优化。在典型的竞争性行业，国有企业已经部分退出，或者占有的股份比例大幅度减少；在一些竞争性行业，尽管国有企业仍然在控制经营，但竞争水平已经得到提高；不少原先由国有企业独家垄断的行业，也开始允许非国有企业进入。

但是，中国国有企业的分布仍然非常广泛，几乎遍及所有行业。以上市公司为例，根据北京师范大学公司治理与企业发展研究中心"中国公司治理分类指数数据库"，在 2012 年 2314 家上市公司样本中，国有控股公司占 41.83%（2008 年为 47.80%），尽管国有控股上市公司所占比例一直呈下降态势，但所控制的资产和营业收入却仍分别高达 81.7% 和 82.5%。在 2012 年上市公司涉及的 18 个行业中，国有控股公司分布在其中的 17 个行业，分布之广可见一斑。

30 多年的国有企业改革，基本上走的是"大一统"的市场化道路，即本着"赚钱"的原则，以国有资产规模或资产增值的最大化来推进国有企业改革，这

种改革导致两个方面的后果：

其一，一些应该市场化或需要加快市场化的行业却没有市场化或市场化程度很低，如金融、电信、钢铁、路桥建设等。由于市场化程度低或者行政垄断程度高，一方面导致国有企业创新动力不足，成本控制不力；另一方面则由于价高质次（包括低服务），国民福利被剥夺而不断引发公众不满。

以电信服务为例，可以比较一下美国和中国北京最低收入人群享受的电信服务。美国低收入人群月实际收入在1700~2300美元，用一个最低值1700美元表示；北京的低收入人群月实际收入在1600元左右。美国每月电话费（含网络费）为25美元，1700美元=68个月电话费和网络费；北京每月电话费加4M宽带费为150元/月，1600元=10.7月电话费和宽带费。如此计算，中国电话和网费差不多是美国的6.4倍，相差很大。按理说，西方发达国家的劳动力成本很高，而中国的劳动力成本却很低，那么，差距在哪里呢？答案无怪乎两个：一是技术水平低，二是成本控制不力（包括可能的腐败或国有资产流失），这是缺乏竞争的必然结果。

其二，一些不应该市场化的行业却在极力推进市场化，国有资本盲目退出，如公共交通、医疗卫生、义务教育、铁路运输等，导致不少人看不起病、上不起学、乘不上车。很多国有企业，包括具有很强公共性的国有企业，即使没有市场化，也把追求利润放在首位。这种改革所带来的后果，不是国民福利的提高，而是下降。

以我国一些城市的公交民营化改革为例。湖北十堰市公交民营化改革的5年间，共发生了四起大规模停运事件，其中的关键矛盾是民营公司追求成本最小化，克扣普通司机和乘务员的工资，据报道有司机辛苦1个月后只拿到了11.82元。再如，长沙市公交实行民营化后，司乘人员的工资奖金都和公交车的收入挂钩，于是很多公交车都不愿意搭载那些手持红色免费乘车优待证的老年人。还有，合肥市公交系统民营化后，司乘人员为了在公司限定的时间内跑完每一趟车，往往采取违章、超速、闯红灯等非常手段，以至于在2007年前5个月造成了11位市民死亡。并且，这些地区的公交民营化非但没有提高公共服务质量，相反，乘务员的服务质量急速下降。这是因为私人企业为节约成本雇用了人力资本相对较低的员工。这意味着，中国部分城市公共交通的民营化改革是失败的。

为什么对生产公共品的国有企业推行民营化？持支持观点的人给出的一个重要理由是：国有企业存在预算软约束。但大量失败的案例证实，私有化并不能在保证原有公共品供给的条件下硬化企业的预算约束。

第二节　国有企业本质属性

国有企业的本质属性是什么？从国有企业产生的历史看，国有企业并非首先产生自社会主义国家，而是西方市场经济发达国家。在市场经济发达国家，国有企业是为了解决因市场失灵而出现的市场本身不能解决的诸多公共性问题而产生的，也就是说，公共性是国有企业的本质属性。

在西方发达国家，国有企业有两大职能：一是实现宏观调控，如稳定经济，平抑物价；二是提供公共品和准公共品，包括为私有企业提供服务。这两大职能均不是为了盈利而存在的。不过，在特定时期，国有企业也会谋求盈利，如引领经济，促进经济发展。但经济发展基本稳定后，国有企业则会大部分从营利性领域退出。目前，西方发达国家国有企业创造的 GDP 的比重绝大部分介于 1% ~ 10%之间，英、美很低，法、德较高。国有经济总体规模不大，主要分布在公共事业、基础设施和国家安全等领域。

然而，中国国有企业改革却错误地把“赚钱”作为主要目的，甚至是唯一目的。其实，从世界范围看，市场经济越成熟的国家，国有企业越是坚守公益领域，其市场化程度越低；而在竞争性或营利性领域，国有企业则越少，基本上是民营企业的天下，市场化程度非常高。

以英国的铁路运输改革为例。英国于 1994 年开始实施铁路私有化改革法案，到 1997 年完成。原国家铁路公司被 120 多家私营企业取代。从 1997—2002 年 5 年期间，接连发生了 13 起严重事故，其中造成重大伤亡的事故就有 7 起，导致 59 人死亡，数百人受伤。Discovery 制作了一部灾难调查纪录片，其中详细介绍了 1999 年英国伦敦火车相撞事故，事故造成 31 人丧生。而同一路段在 1997 年也发生过火车相撞事故。Discovery 揭示出这两次事故的根本原因并不是先前认定的司机超速，而是本应该统一经营的公共铁路被分别包给两个不同的私有企业，负责信号系统和运输的公司之间缺乏沟通。此外，还有一个重要的原因是，负责该线路运营的泰晤士列车公司在对新的安全系统进行成本核算之后，认为更新火车事故防御系统的费用大于事故发生后的赔偿，因而搁置了更新计划，宁可进行事故后的伤亡赔偿，也不愿意进行安全系统改造。由于事故频发，英国铁路私有化最终以政府重新收回国有而结束。

与此相反的例子是，在 20 世纪 70 年代末和 80 年代，美国通过放松垄断逐步退出营利性领域。1977 年，美国 GNP 中的 17% 是由完全垄断的产业生产的；而到 1988 年，这一比率下降至 6.6%，因为航空、汽车、电信和金融部门中的很大一部分已经不再被国家垄断了。经营上的更大自由以及竞争的压力，促使企业不断进行技术革新和创新管理方式。美国的证据表明，减少行业垄断，放开竞争能为公众带来巨大的经济收益。如根据《1994 年世界发展报告》，在 80 年代的放松垄断中，美国航空业完全取消垄断每年增加收益 137 亿 ~ 197 亿美元，汽车业大量取消垄断每年增加收益 106 亿美元，电信业大量取消垄断每年增加收益 7

亿~16亿美元。①

不过，也必须认识到，中国是在经济发展水平十分落后的条件下进行市场化改革的，尽管经过了30多年，但仍处于社会主义市场经济的初级阶段。在这种情况下，中国不可能像发达国家那样按市场经济自然发展的轨道来走，而是仍然需要发挥国有企业的经济带动作用。另外，中国在坚持市场化改革取向的同时，还需要权衡在计划经济时期形成的各种利益格局，需要协调好各种利益矛盾，解决许多历史遗留问题，以在稳定中求发展，尽可能减少改革成本，这也是中国之所以选择渐进式改革道路的重要原因。在这一特殊的历史背景下，中国的国有企业与发达市场经济中的国有企业之间的性质和地位显然是有区别的。这种区别集中体现在，在社会主义市场经济的初级阶段，国有企业不仅是政府调控国民经济的工具，也是政府参与国民经济的重要手段，是推动国民经济发展和经济体制改革的主导力量。

中国的国有企业改革已经进入深水区，由于诸多利益矛盾的羁绊和博弈，国有企业进一步的调整和改革可谓是举步维艰。矛盾的关键在于：一是国有企业改革目标模糊。国有企业改革的成败不在于能否“赚钱”，或者赚多少钱。国有企业改革目标应是国民福利的最大化，但现实中却把追求国有资产增值的最大化置于首位。其实，国有资产增值不过是实现国有企业改革目标的手段而已；二是把市场经济简单地等同于市场化，把市场化简单地等同于提高价格，造成本该免费或低费提供的公共品生产企业都在力求提高收费标准，或者本该微利的自然垄断企业都在试图较大幅度地提高价格。三是没有对不同功能和性质的国有企业进行分类，造成各领域“大一统”的市场化。最后一点是前两个方面的基础，不分类本身就是对改革目标的模糊，从而导致笼统地强调利润最大化。

总之，在中国社会主义市场经济的初级阶段，同时存在着不同类型的国有企业。不同类型的国有企业，它们的地位和目标不尽相同，在市场经济中扮演着不同的角色，发挥着不同的功能。因此，国有企业改革和治理应该针对不同类别的国有企业，有的放矢。这种分类分析既有助于对不同类型国有企业的绩效进行考核，也有助于产业结构的调整和优化，更有助于确立不同类型国有企业的改革方向，这对于国有企业改革和发展，乃至宏观经济稳定运行具有重大的理论意义和实践价值。

---

① 由竞争带来的收益包括生产者（根据利润测算）、消费者（价格和业务质量）以及产业工人（工资与就业）的净收益。

第三节　国有企业类型

一、国有企业分类

国有企业可以基于目标和功能划分为三类，即公益性国有企业、合理垄断性国有企业和竞争性国有企业。

1. 公益性国有企业

公益性国有企业提供公共产品和公共服务，如公交、地铁、环卫、国防设施、公共卫生保健、义务教育等。由于公共产品和公共服务的消费具有非竞争性和非排他性，容易出现外部性和搭便车行为，私人企业不愿意进入，进入后无利可图，所以公共产品和公共服务必须、也只能由公益性国有企业来“垄断性”提供。公益性国有企业不以盈利为目的，其绩效衡量标准应是社会或公共绩效，即向公众提供高质量的公共产品和公共服务是对其进行评价的依据。目前，对于公益性国有企业，目前存在着较大程度的过度市场化倾向。

2. 合理垄断性国有企业

合理垄断性国有企业又可以分为两类：

一是自然垄断性国有企业。自然垄断行业具有规模报酬递增和成本递减性的特征，如输电、管道燃气、自来水、铁路运输、水利基础设施建设等。为了既最大程度地提高社会福利，又保证企业不至于亏损，一般采用平均成本定价，按此定价方法，企业不赔不赚，通过收支平衡来保证实现社会福利的极大化。而如果由私人资本控制，则产品或服务的成本很可能会大幅度上升，从而影响消费者福利的提高。对这类企业，应当主要以公共绩效同时辅之以财务绩效（以成本控制为主要指标）进行评价。

二是稀缺资源垄断性国有企业。稀缺资源是指不可再生的资源，如石油、黄金等矿产资源，为防止资源过度耗竭，保证资源利用的可持续，也必须由国有企业来经营。不过，一方面，为防止稀缺资源的消费过度，其定价应由市场决定，这意味着企业能赚钱；另一方面，为防止企业因能够赚钱而过度开发稀缺资源，必须对国内稀缺资源开发征收高额资源税。也就是说，这类企业赚的钱必须全部上缴国家财政，然后通过国家财政支出回馈公众。

以上两类企业都是垄断企业，但从保障公众利益角度来说，这样的垄断属于“合理”的垄断。①

3. 竞争性国有企业

---

① 其实，公益性国有企业也属于合理垄断范畴。

竞争性行业十分广泛，包括制造业、商业、服务业等，是私人资本大量存在的领域。目前，在竞争性行业保留部分国有资本，主要基于以下考虑：第一，实现政府调控经济的职能。政府为了实现调控经济的目标和发展规划，需要部分国有企业分布在一些对经济发展具有战略意义的竞争性行业，并保持一定的控制力。第二，维护经济稳定。中国市场发育程度还不充分，私人资本力量有限，国有企业还有必要保留一部分在竞争性行业中以维护经济稳定，避免过快退出给经济带来的影响。第三，加快产业结构的调整和优化。国有企业能够通过资金和技术优势迅速培育新的产业，推动国家产业结构的调整和优化。竞争性国有企业以盈利为目的，能够实现国有资产保值增值和政府调控目标。

另外，现实中可能还有一种情况，即一些竞争性企业由于自身的强大竞争力而成为行业中的支配性厂商，这种企业尽管具有较强甚至很强的垄断势力，但由于行业进入不像前两类那样受到政府管制，消费者也可以通过不消费或少消费来制约企业，因此，该类企业仍可以归为竞争性企业。

二、现实中国有企业分类的复杂性

综合来看，公益性国有企业被赋予强制性社会公共目标，以社会和谐稳定为基本目标；合理垄断性国有企业，包括自然垄断性和稀缺资源垄断性国有企业，基本上是追求社会公共目标，也可能有一定的经济目标，但这种经济目标或者用以更好地直接实现社会目标，或者通过上缴国库体现为社会目标；而竞争性国有企业，以追求利润最大化为首要目标，没有任何强制性社会公共目标。

有人可能提出质疑：现实中的国有企业很少有纯粹的公益性国有企业、自然垄断性国有企业或竞争性国有企业？对此，应该如何归类？其实，现实中较少存在纯粹的某一类型国有企业，并不意味着我们的分类不科学或不完整，而是说明现实中的一些国有企业走偏了方向。比如，一些本是竞争性的国有企业，如电信、金融等，借助政府赋予的行政垄断资源来谋取企业或高管自身的利益最大化，这属于不合理垄断，对此应当纠偏使其回归竞争性领域。国有企业改革的方向就是要建立纯粹的国有企业，使不同类型国有企业更符合自身的本质属性。如果让同一个国有企业既做公益又赚钱，将导致目标的冲突，最终可能哪个目标也实现不了。而纯粹的国有企业，可使复杂的问题简单化。

第四节　国有企业分类改革调研

2012 年 11 月至 2013 年 1 月，我们实际调研了 7 家样本企业，深入考察了中国国有企业改革和公司治理的现状及存在的问题。

一、调研信息采集

在对国有企业按照功能性质进行分类的基础上，2012 年 11 月，我们选择了 7 家大中型国有企业，包括 3 家中央国有企业和 4 家地方国有企业，作为目标调研企业。调研企业非常认可我们对国有企业的分类，并且能够根据自己企业的经营情况对自身进行归类。由于调研企业都属于大中型国有企业，其业务的多样化使得企业在归类过程中，认为其更偏向某一种类型。例如，一个被归为自然垄断性国有企业的企业，其业务中有一部分却是竞争性的，这部分竞争性的业务，是企业为承担社会责任必须要做的，但就企业整体而言，其经营目标和功能性质更偏向于自然垄断性国有企业；而另一个被归为竞争性类型的国有企业，其在一些高端市场以及一些特殊项目上，由于技术方面存在优势，从而显示出一定垄断性企业的特征，但企业整体而言更偏向于竞争性。

调研企业中有 2 家公益性国有企业，2 家垄断性国有企业（均为自然垄断性企业，没有稀缺资源垄断性企业），3 家竞争性国有企业，有 2 家上市公司，基本信息如表 1 所示。

表 1　调研企业的资料采集信息

企业	调研时间	调研对象	中央/地方	企业类型	是否上市
A	2012. 12	董事长、总裁、党委成员、总会计师，以及有关部门负责人	地方国有企业	自然垄断性国有企业	否
B	2012. 12	党委副书记、财务总监、监事会主席、副总经理、工会主席，以及有关部门负责人	地方国有企业	自然垄断性国有企业	是
C	2012. 12	董事长、总经理、董事会办公室主任，以及有关部门负责人	地方国有企业	公益性国有企业	否
D	2012. 12	董事长、总经理、副总经理、财务总监，以及有关部门负责人	地方国有企业	竞争性国有企业	否
E	2012. 12	副总裁、战略规划部总经理，以及有关部门负责人	中央国有企业	竞争性国有企业	是
F	2013. 01	副总经理、党组成员、法律顾问、工委常务副主任，以及有关部门负责人	中央国有企业	竞争性国有企业	否
G	2013. 01	党组成员、总会计师，以及有关部门负责人	中央国有企业	公益性国有企业	否

注：应企业要求，本文不公布企业具体名称。

二、调研企业描述性信息

表2列示了调研企业的股权结构、收入来源等描述性信息。由于公益性国有企业、自然垄断性国有企业和竞争性国有企业在承担社会公共目标和经济目标方面存在显著差异，因而这三类企业在收入来源方面也存在差异，主要体现在是否获得政府补贴和企业自身盈利两方面。我们发现，调研企业的收入来源，与我们的分类预期基本一致。对于公益性国有企业，政府给予一定补贴，并在企业筹资方面给予帮助，然而由于补贴数量有限，企业需要寻找其他方式来弥补自身的亏损，因此，公益性国有企业目前存在着较大程度的过度市场化倾向。对于自然垄断性国有企业，政府通过"特许经营权"等方式提供有限扶持，企业主要依靠多元化经营来谋求发展；对于承担社会目标的部分，则靠其他盈利项目来弥补。对于竞争性国有企业，政府不提供任何补贴，企业完全依靠自身盈利谋求发展。

表2 调研企业描述性信息

企业类型	企业	股权结构	收入来源	对国有股进退的态度
公益性国有企业	B	国有独资	获得政府一定的补贴，同时政府为帮助企业筹集资金，提供项目支持	部分高管认为，可以走完全市场化道路，因为企业的目标就是要盈利
	G	国有独资		
自然垄断性国有企业	A	国有控股	政府不提供补贴，而是有限的扶持，企业主要依靠多元化经营谋求发展；对于承担社会目标的部分，靠其他盈利项目来弥补	部分高管认为，吸纳其他资本进来，可能会带来新的理念和机遇
	C	国有控股		
竞争性国有企业	D	国有独资	不享受政府补贴，靠企业自身盈利	部分高管认为，推行改制，有助于竞争性企业的发展
	E	国有控股		
	F	国有独资		

鉴于国家对不同国有企业的控制力度不同，我们考察了不同类型企业对于国有股进退的看法，以及国有企业改制是会带来风险还是机遇。我们发现，虽然调研企业高管持有不同的意见，但有一点则基本上是共识，即涉及公共品的部分，必须是国有控股；对于其他企业，应当引入民营资本或外资，但是国有企业改制，不仅仅是为了一部分资金进来，更重要的是会改变企业经营管理的机制和理念，否则即便引入其他资本，改革也会由于体制问题而无法在企业内部推广。同时，我们发现，部分公益性国有企业的高管对于企业功能性质的认识存在误区，他们认为作为一家企业，无论是公益性还是竞争性，其根本目标都是盈利，企业

应走完全市场化道路，而这与公益性企业的责任和功能是相悖的。

三、调研企业公司治理

1. 董事会运作

调研的7家国有企业中，有5家已经设置董事会，1家刚开始建设董事会（2012年11月初，我们调查时间是2012年12月），另外1家目前尚未设置董事会。未设置董事会的国有企业，主要实行总经理负责制，日常经营管理决策由总经理办公会和党组会做出并监督执行。该企业高管认为，虽然企业目前并未设置董事会，但是未来设置董事会是大势所趋。

我们对调研企业的董事会构成、董事会与党委会的关系、高管选聘、董事长与总经理的关系、薪酬激励和专业委员会制度进行了深入访谈。发现，虽然公益性国有企业、自然垄断性国有企业和竞争性国有企业三类企业的经营目标和社会功能性质存在显著差异，但调研企业在董事会设置和治理方面，并没有体现相应的差异化，而是使用完全统一的标准，这可能导致不同类型的国有企业无法实现自身应实现的社会目标或经营目标。表3列示了目前调研的国有企业的董事会运作现状。

表3　调研企业董事会运作现状

项目	调研企业现状		
	公益性国有企业	自然垄断性国有企业	竞争性国有企业
董事会构成	平均9人	平均11人	平均8人
	包括内部董事、外部非独立董事，只有上市公司才设独立董事，非上市公司部分高管认为没有必要设置独立董事		
与党委会关系	通过职务交叉，互相协调，不存在矛盾冲突		
高管选聘	董事长由组织部或国资委派遣，总经理人选由组织部或国资委推荐，董事会批准		
董事长与总经理之间的关系	基本不存在董事长和总经理为同一个人的情形，董事长和总经理各自的职责较为明确		
高管考核与激励	受到国资委管控规定，按照国资委的统一标准，薪酬实行年薪制，根据打分做相应调整		
专业委员会	上市公司设置，并且运作效果较好，非上市公司没有设置		

（1）董事会构成。

调研的国有企业的董事会规模平均在10人左右，董事会构成具有一定的中国特色。中国国有企业董事会成员包括三类人员：内部执行董事、外部非独立董

事、独立董事。内部执行董事通常由董事长、总经理、纪委书记、工会主席、总会计师等组成；外部非独立董事和独立董事一般由股东委派，不在企业任职；只有上市的国有企业按照证监会的要求设置了独立董事。

对于国有企业是否应该设置独立董事，不同的企业给予了不同的答案。一位已上市的国有企业高管认为，独立董事有助于解决企业内部人控制问题，而内部人控制也是监管机构所担心的问题。但大部分非上市的国有企业高管则认为，没有必要设置独立董事。一位高管指出，独立董事代表小股东的利益，国有独资企业只有一个股东，可能存在的内部人控制，可以通过外部非独立董事的制衡来解决。另一位高管指出，完全照搬国外的东西是行不通的，只有摸索出一套规律性的、反映国情的中国模式，才有生命力，中国特色就应该是党委监督经营班子，没有必要按照国外的模式设置独立董事。还有一位高管则指出，由于目前独立董事基本上是由大股东或董事长的推荐而产生的，从而导致独立董事的独立性难以保证，甚至可能演变成一种变相的利益交换，这样，独立董事机制的功能必然会退化，既然如此，便没有设置的必要。综上，调研的国有企业中，独立董事发挥作用的企业，认可了其设置的必要性，而没有设置独立董事的企业，认为其没有必要设置。

（2）董事会与党委会的关系。

调研企业中，董事会和党委会通过职务交叉（党委会的核心成员都在董事会中）来体现党委对公司决策的参与。双方各自承担的职责不同，董事会主管公司经营决策，重大的投资事项、组织架构的调整变动，要通过董事会决策产生；党委会主管干部任命，重大的干部事项，按照党管干部的原则由党委会决定。由于党委会核心成员都在董事会中，加之董事会决策前的沟通，因此，尽管最终决策权在董事会，但党委会决策和董事会决策基本没有出现过不一致的情况。

（3）高管选聘。

对于国有企业的高管选聘，我们发现，目前普遍存在的现象是董事长由组织部或者国资委派遣，总经理人选则由组织部或者国资委推荐，董事会批准。从法律角度，董事会有聘任总经理和副总经理的权力，但是董事会的意志会受到组织部或者国资委的影响，因此基本上不存在否决组织部或国资委推荐的情况。不过，虽然目前高管的聘任主导权属于国资委，但我们发现，一些地区正在尝试推动试点改革，比如对于国有企业副总经理的聘任，可以由董事会提名委员会提名，总经理确认，然后与国资委充分沟通。从改革趋势来看，一些地区的国资委对国有企业的人事任免正在逐渐放权。我们还发现，调研的国有企业中，管理层的人选大多数来自企业内部培养，全国或全球公开招聘的比例非常小。

对于国有企业高管的选聘，调研企业高管普遍认为，公开招聘在中国国情下成功的不多，这是因为公开招聘想象中很好，实际操作起来很难。可能遇到的问题有：第一，官本位制度下的上级领导推荐问题；第二，适应问题。大多数国有企业选择内部培养高管人员，是因为企业内部一些部门领导，本身具有本科、硕士或者博士学历，在企业工作多年，逐层锻炼上来，对企业更为熟悉，也更有责任心和忠诚感，招聘过程中优势比较明显，而空降的其他背景的高管往往不能适应国有企业独特的环境。但也有一位高管提出，管理人员中内部晋升和外部选聘各有各的优势。内部晋升的人员，更熟悉公司情况，很快能上手，但是由于在企业工作时间较长，可能会形成一些固定的思维模式；而外部选聘的人员，尽管不熟悉公司情况，但是没有包袱，能大刀阔斧地开展工作。这位高管还提出一种观点，企业内部如果始终不能培养一批管理层人选的话，对于企业的健康发展和内部员工士气会造成严重的打击，内部晋升和外部选聘要看企业不同的发展阶段，以及企业的性质。

（4）董事长与总经理的关系。

调研的国有企业中，目前基本不存在董事长和总经理为同一个人的情形，董事长和总经理对自身的职责有较清晰的认识：日常经营活动主要由总经理负责，董事长更多的是起决策和监督的作用。国有企业中有一种比较流行的说法是："董事长是管方向的，总经理是管油门的，监事会主席、纪委书记是管刹车的"；也有国有企业高管将董事长与总经理的关系概括为："董事长是管明天的事，总经理是管今天的事，监事会主席是管昨天的事。"调研的国有企业高管普遍认为，董事长和总经理两职分离是有必要的，两职分离可以起到互相制衡和互相监督的作用，对企业的健康发展有好处。

（5）高管考核与激励。

调研发现，国有企业高管薪酬受到国资委的管控规定，高管薪酬实行年薪制。国资委有一套标准考核董事长，包括经济指标、社会责任、安全维稳、计划生育等。总经理薪酬是在董事长薪酬的基础上打一定折扣；副总经理考核采取同样的方式，但折扣逐级递减。高管薪酬有上限，但没有下限，考核中通过扣分制，对薪酬进行调整。在考核标准上，竞争性行业和非竞争性行业的基数存在不同：竞争性国有企业的工资上限远高于非竞争性企业。同时，国资委既要考核社会责任，又要考核经济责任，对于公益性质较强的行业，经济指标相对较弱，而对于竞争性很强的行业，则更多考核经济指标。对于高管的股权激励，目前非常少，股权激励处于起步阶段，一些地区的国资委规定，股权激励收益部分不能超过一定比例，超过的部分则归公司。从调研结果来看，国资委对于不同类型的国有企业的高管薪酬考核，体现了一定的差异性。

（6）专业委员会。

调研企业中，只有其中的上市公司按照证监会要求设置了专业委员会，而非上市公司没有设置。与独立董事的设置类似，一位已上市的国有企业高管认为，

其自身实际经验很好地证明了专业委员会，尤其是审计委员会在公司治理中的作用。而大部分非上市的国有企业高管则认为，没有必要设置专业委员会。

2. 监事会运作

调研中，我们了解到，调研的国有企业全部设置监事会，且监事会主席均为国资委委派，成员包括内部监事和外部监事，由大股东或小股东推荐人选和员工代表构成。我们试图考察监事会、独立董事和审计委员会的职能差异，发现调研企业的高管，尤其是上市公司的高管，都认为监事会、独立董事和审计委员会三者职能不存在重合和交叉，更不会存在意见冲突的可能，如表4所示。

表4 调研公司监事会与独立董事、审计委员会职责差异

监事会	独立董事	审计委员会
一般不干涉具体工作内容，主要职责是监督程序性工作，例如监督公司是否遵守民主决策，是否按既定程序办事	作为具有独立性的董事，代表股东利益，针对公司具体工作内容，发表独立意见	负责与审计相关的监督，例如与财务部和会计师事务所进行沟通，针对年报内容进行询证，对内部和外部审计人员工作表现进行评价，对审计费用是否符合要求进行判断等

四、调研企业信息披露

调研的国有企业中，除了上市公司按照证监会的要求定期披露财务报告等信息，其他国有企业也开始建立一定的信息披露机制。我们发现，市场化程度较高的地区，更重视国有企业的信息披露机制建设。如部分地区的国资委把所管辖的所有国有企业的情况，以白皮书的方式向社会公开。公开之后，相关指标或者内容就无法更改，这样在考核时就可以作为参照。而如果不公开的话，可以通过国资委修改，这样就没有完不成的任务。公开信息接受监督，这是国有企业信息披露的进步。同时，部分地区开展非上市国有企业信息披露试点工作，鼓励并要求一些公益性较强的非上市国有企业参照上市公司要求披露年度经营信息。

企业网站建设是企业（尤其是非上市公司）信息披露的有效途径，为此，我们在访谈之余考察了调研的国有企业的门户网站。我们发现，调研企业基本都建设了自己的网站，但是内容含量参差不齐，门户网站模式多类似于上市公司，信息披露主要存在于“投资者关系”门类下。

五、调研企业社会责任

调研的国有企业，无论是公益性国有企业、自然垄断性国有企业还是竞争性国有企业，都承担了一定的社会责任，但不同类型的国有企业承担社会责任存在差异。公益性国有企业，主要承担“公共性”的社会责任，包括服务宏观调控责任、保障国计民生责任、维护社会稳定责任等，同时，它们也会参与一定的“自愿性公益”社会活动；自然垄断性国有企业和竞争性国有企业，则更多承担“自愿性公益”的社会责任，包括扶贫助困、节能环保、应急救灾、安全生产、关爱员工等，较少涉及公共性社会活动。政府对于企业承担的公共性社会责任，通过补贴或扶持项目给予一定补偿，而自愿公益性社会责任则多为企业自愿承担，不会得到政府的补偿。调研企业承担社会责任的方式，进一步说明了我们对于国有企业功能分类的合理性。

第五节　国有企业分类改革方向和治理机制设计

从调研结果来看，虽然公益性国有企业、自然垄断性国有企业和竞争性国有企业三类国有企业的经营目标和社会功能性质存在显著差异，但其法人治理结构和机制并没有因“类”制宜，体现相应的差异化。

一、国有企业分类改革方向

1. 公益性国有企业

公益性国有企业的作用是直接提供公共服务，而非盈利。就此说来，把这类企业称之为“企业”是不合适的，因为企业给人的感觉就是“赚钱”，这与该类企业的宗旨不符，因此，这类企业最好定位为特殊法人。

特殊法人是指依照专门法律设立和经营的具有专门职能的国有独资单位。特殊法人的特殊性表面上在于其受特别法律规范，经营方式特别，本质上在于其具有特别职能。从产权角度来说，特殊法人由国家单独出资，出资人唯一，这与国有独资公司一致，但特殊法人不受《公司法》和一般商法规范的约束。特殊法人依照专门法律设立，受专门法律调整，一般不要求做商事登记，其具体组织机构也由特别法规定。在经营上，特殊法人独立核算，但不负盈亏而靠财政维持，若有亏损由财政弥补。政府依法对其产品价格进行控制。

我们认为，应当借鉴西方发达国家经验，推进特殊法人的专门立法，尽快建立特殊法人制度。换言之，公益性国有企业的改革方向不是推进现代企业制度建设，而是非企业化。

2. 合理垄断性国有企业

对于合理垄断性国有企业，政府必须通过规制政策，使经营者站在国民福利最大化的立场上来经营这类企业，而不是借助行政垄断把消费者剩余最大限度地转化成生产者剩余。

对于自然垄断性国有企业，由于其产品基本上都是公众日常必需品，因此应该选择国有独资形式，以保证企业实现盈亏平衡，而不是追求盈利。这类企业不允许通过股权多元化在资本市场上市经营。因为一旦上市，就意味着要追求利润最大化，公众的基本需求将无法得到满足。

对于稀缺资源垄断性国有企业（本次调研中尽管没有此类企业），改革方向也必须回归其本性，即一方面要抑制需求，另一方面要抑制过度开发。要达到这种“双重抑制”的目的，只能采取国有独资的组织形式，这与自然垄断性国有企业一样。

不过需要注意的是，这里所说的“稀缺资源”是针对国内资源。如果在国内是稀缺的资源，在其他一些国家并不稀缺，则可以鼓励企业按照资源所在国的法规到国外开发资源。

3. 竞争性国有企业

竞争性国有企业完全按市场规则来运作，追求利润最大化，不承担公共职能（但鼓励其自愿承担社会责任的行为），不过，前提是：政府必须放弃对这类国有企业的各种保护，既不赋予其任何行政垄断地位，也不给予任何政策支持，让他们在市场上与民营企业进行平等的、优胜劣汰的竞争。有公平的竞争，企业才会有创新的动力。

对于这类企业的组织形式，无需追求国有独资，也不必追求绝对控股。国有持股多少由市场来决定，政府不应干预，政府作为出资人代表，只负责监督从企业获取足额收益（股息和红利）。随着民营企业的发展壮大，这类国有企业将逐步减少。

显然，通过这种改革，公益性国有企业不再采取企业形式，合理垄断性国有企业尽管是企业，但不以盈利为目的，可以说是“准企业”。只有竞争性国有企业才是名副其实的现代企业。

需要强调的是，正如前所述，在国有企业布局上，要通过改革，尽可能使三类国有企业更纯粹一些，使不同类型国有企业更符合自身的本质属性。如果让同一个国有企业履行不同的、甚至是冲突的职能，将会模糊企业的目标，最终可能哪个目标都实现不了。

（二）国有企业分类治理机制设计

1. 董事会机制设计

董事会作为公司治理的核心，董事会机制设计直接关系着不同类型国有企业目标的实现。然而，如果公益性国有企业、合理垄断性国有企业和竞争性国有企业三类企业的董事会设置和治理使用完全统一的标准，可能会导致不同类型的国有企业无法实现自身应实现的社会目标或经营目标。例如，如果使用同样的薪酬激励标准去管理公益性国有企业和竞争性国有企业，便可能出现公益性国有企业过度追求利润目标，而竞争性国有企业的高管薪酬与市场脱节的问题。表 5 列示了国有企业董事会分类治理的改革方向。

表 5　国有企业董事会分类治理的改革方向

<table>
<tr><th rowspan="2">项目</th><th colspan="3">分类治理的改革方向</th></tr>
<tr><th>公益性国有企业</th><th>合理垄断性国有企业</th><th>竞争性国有企业</th></tr>
<tr><td>董事会构成</td><td>包括内部董事、外部非独立董事、独立董事；独立董事应具有很强的公益和财务背景，能够代表公众利益，能够实现成本控制</td><td>包括内部董事、外部非独立董事、独立董事；独立董事应具有较强的行业、财务和公益背景，能够立足本行业，在很大程度上代表公众利益，并实现成本控制</td><td>包括内部董事、外部非独立董事、独立董事；独立董事应对竞争性市场有深入的了解，能够监督经营者实现利润最大化</td></tr>
<tr><td>董事会与党委会的关系</td><td colspan="2">董事会负责投资决策以及成本和风险控制，党委会负责高管任命和思想政治工作，充分体现党对企业决策的参与和公众利益</td><td>董事会主管经营决策和经营者选聘，党委会主管党务、党建、文化建设、思想政治工作等事项</td></tr>
<tr><td>高管选聘</td><td colspan="2">由于高管进入和退出成本较高，可以尝试引入公开招聘制度，公开招聘的标准是如何加强成本控制和反映公众利益</td><td>为了加强董事会责任意识，可以推动通过经理或人才市场选聘企业高管，选聘的标准是如何在合乎公司治理规范的前提下实现企业价值最大化</td></tr>
<tr><td>董事长与总经理</td><td colspan="3">董事长和总经理职责分离，且由不同人担任，董事长作为董事会的召集人，通过董事会机制负责对以总经理为首的经营层的监督</td></tr>
</table>

续表

项目	分类治理的改革方向		
	公益性国有企业	合理垄断性国有企业	竞争性国有企业
高管考核与激励	以实现社会公共目标作为评价标准，高管激励不是薪酬，而是行政职务晋升	对于自然垄断性国有企业，要把成本控制水平和公众满意度作为重要评价标准；对于稀缺资源垄断性国有企业，要把成本控制水平和利润水平（尽管利润是全额上缴财政）作为重要评价标准；高管激励来自行政职务晋升	高管激励来自市场和薪酬，取消行政级别，在政府放弃特殊支持的前提下，薪酬完全按市场规则来确定
专业委员会	应设置专业委员会并由独立董事担任负责人，独立董事应具有很强的公益背景	应设置专业委员会并由独立董事担任负责人，独立董事应具有较强的行业和公益背景	应设置专业委员会并由独立董事担任负责人，独立董事应对竞争性市场有深入的了解

（1）董事会构成。

中国国有企业董事会应包括内部执行董事、外部非独立董事和独立董事。对于部分高管认为外部非独立董事可以代替独立董事行使监督职能，我们认为这种理解存在片面之处。外部非独立董事对于抑制内部人控制问题，可以起到一定的制衡作用，然而，却无法制衡“一股独大”、股东侵占公司利益、大股东侵占小股东利益等问题。即便是公益性国有企业，独立董事也能够从社会公众角度在一定程度上监督公益目标的实现。因此，我们认为，公益性国有企业、合理垄断性国有企业和竞争性国有企业的董事会构成应包括内部董事、外部非独立董事和独立董事，甚至可以用独立董事代替外部非独立董事。但对于不同类型企业的独立董事人选的要求应该有所差异。公益性国有企业的独立董事应具有很强的公益和财务背景，以尽最大能力反映公众利益和诉求，有效控制企业成本；合理垄断性国有企业的独立董事应具有较强的行业、公益和财务背景，使其能够基于行业特征，在很大程度上反映公众利益和控制企业成本；而竞争性国有企业的独立董事应对竞争性市场有深入了解，能够反映所有股东尤其是小股东的最大化利益。

（2）董事会与党委会的关系。

目前国有企业中董事会和党委会通过职务交叉（党委会的核心成员都在董事会中）来体现党委对公司决策的参与。但是，我们认为，两者的具体职责在不同类型企业中应存在一定差异。在公益性和合理垄断性国有企业中，董事会应重点负责投资决策以及成本和风险控制，党委会则重点负责干部任命和思想政治工作，以充分体现党对于企业公益性和公众利益的掌控，使其不偏离企业的公益性，不背离公众的基本利益，并保证社会发展的可持续性。而在竞争性国有企业中，董事会主管经营决策，是企业最高决策机构，党委会则主管党务、党建、文化建设等工作。

（3）高管选聘。

目前国有企业对于公开招聘高管持较为消极的态度。企业高管直接影响企业文化、内部环境和经营思路等，长期体制内的选拔管理层，会抑制企业增加“新鲜血液”，难以突破固有思路和模式，也难以提升创新性，这可能是中国国有企业持续推进深化改革面临的困难之一。我们认为，选聘不同背景的高管，会带来多元化模式和思路的优势，也必然会引发不同思想碰撞所产生的“阵痛”，然而，不能因为“阵痛”而认为这种选聘方式不适用于国有企业，固守原有思维模式只会加剧国有企业的“固步自封”，从而抑制企业推进改革和创新。由于竞争性国有企业处于充分竞争的市场环境下，因此可以推动通过经理或人才市场选聘企业高管，选聘的标准是如何在合乎公司治理规范的前提下实现企业价值最大化；而对于公益性国有企业和合理垄断性国有企业，由于其高管进入和退出企业的成本较高，可以尝试引入公开招聘制度，但公开招聘的标准要与竞争性企业不同，应该是如何加强成本控制和体现公众利益。

（4）董事长与总经理的关系。

从调研结果看，国有企业董事长和总经理对自身的职责有较清晰的认识。尽管如此，仍然必须明确和强调，董事长作为董事会的召集人，要切实负起通过董事会机制来实现对以总经理为首的经营层的监督的职责，而不是自己充当经营者，否则，董事会和经营层之间监督与被监督的关系将不复存在。

（5）高管考核与激励。

调研结果显示，国资委对于不同类型国有企业的高管考核与激励，体现了一定的差异性，但差异性不够。我们认为，公益性国有企业、合理垄断性国有企业和竞争性国有企业的考核标准，应该有很大的不同。对于公益性国有企业，应该以实现社会公共目标作为评价标准，高管激励不是薪酬多少，而是行政职务的晋升。对于合理垄断性国有企业，为防止因追求利润而忽视公众利益，或者过度开发稀缺资源，在高管激励上应与公益性国有企业相同，即高管激励不是来自薪酬，而是行政职务的晋升。但在考核上，自然垄断性国有企业和稀缺资源垄断性

国有企业应该有一定差异。对于自然垄断性国有企业，要把成本控制水平和公众满意度作为重要评价标准；对于稀缺资源垄断性国有企业，要把成本控制水平和利润水平（尽管利润是全额上缴财政）作为重要评价标准。对于竞争性国有企业，应该取消高管的行政级别，高管激励来自市场和薪酬。

目前国资委对于高管薪酬有总额限制，但由此带来的主要问题是，有的企业业绩上涨较快（尤其是竞争性国有企业），但薪酬没有上涨的余地，高管薪酬没有真正与企业实际情况相结合。对此，我们认为，对于公益性和合理垄断性国有企业的高管薪酬，要严格限制上限，可以借鉴西方国有企业的薪酬制度，参照公务员薪酬标准，具体额度要视其完成的公共绩效目标；而对于竞争性国有企业，则应该在政府放弃特殊支持的前提下，高管薪酬完全按市场规则来确定，以促进其按照市场规则追求利润最大化。具体来说，是在董事会公开选聘高管的基础上，由被选高管与董事会之间的谈判来决定，具体额度则由董事会视高管完成经济绩效的情况。

（6）专业委员会。

对于国有企业是否应该设置专业委员会，不同的企业存在不同的看法。我们认为，专业委员会的设置与作用的发挥，需要与独立董事制度相结合，专业委员会的负责人由独立董事担任，有助于发挥其被赋予的职责。公益性国有企业的独立董事应具有很强的公益和财务背景，合理垄断性国有企业的独立董事应具有较强的行业、公益和财务背景，而竞争性国有企业的独立董事应对竞争性市场有深入了解。由此，由不同背景的独立董事负责的专业委员会，可以有针对性地监督不同类型国有企业的社会目标和经济目标的实现。

2. 国有企业监事会设置

调研企业反映的独立董事或审计委员会的职责不能代替监事会职责（反之亦然），说明两者的职能划分是比较清晰的。但是，这并不意味着同时设置独立董事制度和监事会制度是合理的。如果独立董事职责能够覆盖监事会职责，或者监事会职责能够覆盖独立董事职责，则可以减少机构臃肿，以及监管“搭便车”的费用，从而使公司治理更加规范。总之，不管哪种类型的国有企业，在健全的公司治理中，不管是监事会，还是独立董事，一定要职责清晰，避免重叠，这样才有助于从不同层面监督企业的经营和运作。

3. 国有企业信息披露

由于国有企业的最终出资者是全体公众，因此，信息披露不应仅仅针对投资者这一与企业经济目标相关的群体，还应该包括社会公众等与社会目标相关的群体。由此，公益性国有企业、合理垄断性国有企业和竞争性国有企业信息披露的对象和侧重点应该明显不同。公益性国有企业的信息披露对象应是社会公众，其披露重点应是公益目标和成本控制的实现情况；合理垄断性国有企业的信息披露也是社会公众，其披露重点除了社会目标和成本控制实现情况外，对于稀缺资源垄断性国有企业，还应包括利润获取和上缴财政情况；竞争性国有企业的披露对象主要是投资者、债权人以及社会公众，其披露重点应是企业经济目标的实现、自愿承担社会责任情况，以及红利分配情况。

最后需要说明的，国有企业分类治理，并不意味着不同国有企业在治理的各方面都有严格区别，某些方面也有相同之处，或者存在共性，这是正常的，就像国有企业和民营企业在治理上存在共性一样。

第六节　国有企业如何推进混合所有制改革

中共十八届三中全会《关于全面深化改革若干重大问题的决定》提出要积极推动混合所有制经济的发展，但对于国有企业如何发展混合所有制经济，目前存在一些模糊的认识，需要厘清。

（一）国有企业发展混合所有制只能在竞争性领域推行

何谓混合所有制？顾名思义，“混合”意味着同一企业中存在多元股东或经济主体，不同经济主体入股同一企业的目的是寻求企业价值或利润的最大化。对于国有控股的混合所有制企业而言，除了第一大股东（即国家）外，还有非国有股东。既然企业股东不是纯粹的国有股东，则像其他没有国有股东的混合所有制企业一样，追求利润最大化是各股东的基本目标。显然，并不是所有的国有企业都适合改制并发展混合所有制企业。

毫无疑问，公益性国有企业是不适合的，因为混合所有制企业的目标是利润最大化，如果追求公益而不盈利，那么国家以外的经济主体就不会参股进入。

自然垄断性国有企业应实现盈亏平衡，或者只能获取微利。如果国家以外的其他经济主体进入，则势必要追求利润最大化，从而很可能导致产品或服务的价格大幅度上升，进而影响消费者福利的提高。显然，对这类企业，也不适合于发展混合所有制经济。

稀缺资源垄断性（仅对国内而言）国有企业也不适合于发展混合所有制经济。因为稀缺，所以必须防止过度消费和过度开发，以保证资源利用的可持续。如果允许非国有主体参股进入，则势必要追求最大化利润，并谋取利润向所有股东分配，最终造成稀缺资源的过度开发。

既然以上三类合理垄断性国有企业不能发展混合所有制经济，这意味着，混合所有制经济只适合在竞争性领域推行。在竞争性领域，国有控股企业属于混合所有制企业，但已不是纯粹的国有企业，严格来说，将它称为国有企业是不太严谨的。因为企业存在多元股东，而不是国家一元股东，只不过国家股份居多数而已。至于国家没有控股而只是参股的企业，则更不能归属于国有企业范畴，只能纳入非国有经济或民营经济范畴。

对于国有控股的混合所有制企业，因为处于竞争性领域，因此政府不应干预，政府或者国有股东作为出资人代表，只负责监督从企业获取足额收益（股息和红利）。随着民营企业的发展壮大，这类国有企业应逐步减少。

既然混合所有制企业存在多元股东，那么按照现代企业的公司治理规范，企业的各个股东在法律地位上是平等的，或者说，各个股东具有平等参与公司治理的权利，只是他们的投票权存在一定的差异。国有股东尽管是第一大股东，但不具有特别的权力。

（二）国有企业发展混合所有制经济需要解决四大关键问题

一是在公司控股形态上，无需追求国有绝对控股，国有持股多少由市场来决定，要避免国有股东一股独大，尽可能采用国有相对控股的组织形式。原因在于：一方面，由于相对控股股东拥有的股权比重较大，因而他有动力发现公司经营中存在的问题，并对经理人员的经营行为高度关注；另一方面，相对控股意味着公司股权集中程度有限，相对控股股东的地位容易动摇，因而他不大可能独断专行甚至侵害其他股东利益，其他股东参与公司治理的动力大大增加。无疑，相对控股模式更有利于发挥公司治理的作用，能够更为有效地促使经理人员按股东利益最大化原则行事，并实现公司价值最大化。

二是在董事会职能上，要避免把董事会和经营层混为一谈。按照现代公司治理规范，混合所有制企业董事会的职能应该包括：①董事会作为代理人如何做到对委托人（股东）尽职尽责；②董事会作为决策者如何做到科学决策；③董事会作为监督者如何做到监督到位而不会被经营者（被监督者）所干扰；④董事会作为利益主体如何做到既有动力又不被利益所“俘虏”（激励与约束）。只有明确了董事会的职能，才能在很大程度上解决各类股东，尤其是国有股东干预企业经营（尤其是政企不分）的问题。同时，也必须清晰认识董事长和总经理的职责区别。董事长作为董事会的召集人，要切实负起通过董事会机制来实现对以总经理为首的经营层的监督的职责，而不是自己充当经营者，否则，董事会和经营层之间监督与被监督的关系将不复存在。

三是在董事会构成上，为增强非国有股东参股国有企业的动力，董事会中必须有较多的独立董事，并且尽可能有非国有股东（尤其是其中的小股东）的代表。非国有资本参股国有企业存在着被国有资本控制的忧虑。“参股”意味着非国有经济主体在国有控股的混合所有制企业中永远不能成为第一大股东，尤其在国有绝对控股企业中，非国有股东只能成为小股东，在政府没有放弃对国有资本的资源和政策支持，也没有其他应对措施（如强制实行保护小股东利益的累积投票制）的情况下，这种“参股”形式在很大程度上存在着非国有资本被国有资本控制的风险，即非国有经济主体在国有控股企业中的发言权微乎其微，甚至可能被剥夺。这种风险显然会降低非国有经济主体参与国有企业改组改造的积极性。因此，除了采取上述的国有相对控股企业的组织形式外，还应该通过采取累积投票，使得非国有经济主体有代表进入董事会，同时增加独立董事，可以使独立董事达到一半以上的比例，因为独立董事并不是某一个股东的代理人，而是所有股东的代理人。

四是在高管选聘和考核上，必须积极发展职业经理人市场，以贡献来对经理人进行考核。由于国有控股的混合所有制企业处于平等和充分竞争的市场环境下，因此可以推动通过职业化的经理人市场来选聘企业高管。相应地，经理人薪酬是在董事会公开选聘高管的基础上，由被选高管与董事会之间的谈判来决定，具体额度则由董事会视高管完成经济绩效（即贡献）的情况。为防止因政治关联导致的国有控股企业与非国有控股企业之间竞争的不平等，应取消国有控股企业的行政级别和政治待遇。

（三）发展混合所有制经济需要突破既有利益集团的阻力

国有企业改制和发展混合所有制经济，鼓励更多的非国有资本进入国有企业，可能会受到既有国有企业利益集团的阻挠。在一些本是竞争性的领域，长期以来的市场准入限制形成了庞大的国有企业利益垄断集团，它们对政府具有很强的谈判能力，可以利用自己掌握的信息（一般公众是难以得到这些信息的）并利用舆论来为自己的垄断辩护（如电信的成本），并且经常把本部门利益等同于国家利益，似乎取消了垄断就是损害了国家的利益。这些竞争性领域一旦放开，将意味着既有利益集团的垄断收益会全部或大部分丧失，这对于拥有巨大游说能力的利益集团来说，是很难接受的。因此，这种利益集团将构成国有企业改革的最大阻力。过度垄断意味着以垄断高价来维持质次产品或低劣服务，这也是对国民利益的剥夺。对此，必须花大力气打破既得利益集团的垄断，为非国有资本参与国有企业改组和改造，从而健康发展混合所有制经济，扫清障碍。

第七节　七大领域国有企业如何分类改革

2014 年 3 月 5 日，李克强总理在第十二届全国人大第二次会议上所作的《政府工作报告》中指出，要在金融、石油、电力、铁路、电信、资源开发、公用事业等领域，向非国有资本推出一批投资项目，同时，制定非公有制企业进入特许经营领域具体办法。实施铁路投融资体制改革，在更多领域放开竞争性业务，为民间资本提供大显身手的舞台。

金融、石油、电力、电信、铁路、资源开发长期以来被认为是利润丰厚的领域，放开经营允许民营资本进入，不仅可以为民营企业带来更多的投资机会，更为民营企业与国有企业竞争提供了广阔的舞台，也会进一步刺激国有企业的经营活力和创新动力。

然而，这七大领域的放开应该是有限度、有区别的，不能一刀切，因为这七个领域的经营职能不尽相同，从而改革方向和路径也应该有所不同。

（一）金融、电信——竞争性领域完全可以放开

金融业和电信业可以归为竞争性行业。金融业和电信业长期以来被视为关系国家安全的行业，因此，这两个行业一直是由国家控制和垄断经营。但是，世界发达国家的经验证明，非国有资本进入金融业（包括进入其中的银行业）和电信业，只要外控有力、内控严格，并不会对国家安全产生多大影响。

更重要的是，对于金融业来说，社会经济的发展需要更多的金融支持，尤其是民营企业已经为国家创造了超过65%的GDP份额，但它们获得的金融支持却远远不足，从而滋生了一些非法的“地下钱庄”和高利贷交易，造成民营企业的融资成本远远高于国有企业，使其在与国有企业竞争时处于成本劣势。因此，金融业允许民营资本进入，既可以聚集民间资本，又可以促进民营企业发展。不过需要注意的是，尽管金融安全是可以防范的，但风险却是持续存在的，因此，民营资本进入金融业的门槛不能太低，尤其是资金实力和内控能力方面。短期内，民营资本进入金融业尤其是进入银行业的速度不会太快。

对于电信业来说，国家长期控制经营还有一个重要原因，就是把电信业视为自然垄断行业。其实由于光纤通信、无线通信等技术的发展，电信业早已不是自然垄断行业。美国早在20世纪70年代末80年代初就开始放松电信业的国家垄断。而中国的电信业却一直由几家国有企业垄断经营，造成通信业价格长期居高不下，服务质量也不能令人满意。目前中国宽带上网平均速率位列全球70位左右，只是美、英、日等30多个经济合作组织国家平均水平的十分之一，但是，平均一兆每秒的介入费用却是发达国家平均水平的3~4倍。从本质上说，这无异于把消费者剩余转化为生产者剩余，是对消费者利益的一种剥夺。因此，放松电信业垄断，允许民营资本进入，是社会发展的必然选择，更是惠及公众的重要举措。

（二）石油和资源开发——稀缺资源开发需给予必要的限制

石油和资源开发大体可以归为同一类。如果资源开发属于稀缺资源开发，则石油可以纳入其中，因为石油在中国属于典型的稀缺资源。除了石油以外，煤炭、稀土，以及不少有色金属在中国也均为稀缺资源，目前对这些稀缺资源的过

度开采现象非常严重，如有的煤矿已经深入地下600多米，并已造成严重的生态问题。

为了保证社会经济的可持续发展，必须对国内稀缺资源的开发和需求（消费）实施必要的限制。要达到这种“双重抑制”的目的，只能由国有独资和垄断经营，这是一种合理的垄断，同时实施严格的成本控制。而如果允许民营资本进入，则由于其具有逐利性，则“双重抑制”无法实现，社会的可持续发展将遭受严重挑战，并导致在国际竞争中处于极为不利的地位，甚至危及国家安全。

不过，对于那些可再生的资源，以及少量蕴藏丰富的资源，则应归入竞争性类型，完全可以放开让民营资本进入，通过充分竞争和合理配置，发挥这些资源的有效利用能力。

（三）铁路和电力——区分产业链上不同环节

铁路和电力大体可以归为同一类，具体可以分为两种类型：一是竞争类型，对于铁路来说，主要指铁路建设，如轨道铺设、桥梁建设、机车生产、车站修建等；对于电力来说，主要包括电力设备和器材、发电等。二是自然垄断类型，包括铁路运输和输电。

作为竞争类型的铁路建设、电力设备、发电等，完全可以放开经营，民营资本可以参与竞争。但作为自然垄断类型的铁路运输（尤其是客运）和输电，由于具有规模报酬递增和成本递减性的特征，且产品和服务对象又是针对社会公众，需求具有极大的刚性，因此其产品和服务应该按平均成本来定价，这样既可以最大程度地提高社会福利，又能保证企业不至于亏损。而如果民营资本进入，则势必要追求利润最大化，从而很可能导致服务成本大幅度上升，进而影响消费者福利的提高。显然，对于自然垄断类型的铁路运输，应该由国家独资经营，并以成本控制为主要评价指标。

（四）公用事业——细分类别区别对待

公用事业比较复杂，大体可以分为三类：一是公益类型，比如城市基础设施、公共交通、环境卫生、国防、道路、桥梁、公园、消防、污水处理、防洪等；二是自然垄断类型，如自来水、输电、管道天然气、热力供应等；三是竞争类型，如文化娱乐场所、出租车、邮政、房屋修缮等。

对于公用事业中的公益类型，其建设阶段以及设备生产是竞争性的，民营资本可以进入。但建设阶段完成后的运营则是公益性的，只适合国有企业来经营，即建设阶段完成后由政府购买，并交付公众免费或低费使用。由于是追求公益，无利可获，民营资本将没有动力进入。

对于公用事业中的自然垄断类型，则与上述的铁路运输和输电一样，应该由

国家独资经营，并按平均成本来定价，以成本控制为主要评价指标。

对于公用事业中的竞争类型，则如同电信业一样，放开经营是激发活力的重要途径，也是更大程度上满足公众需要的重要举措。

（四）七大领域国有企业改革应立足提升公众福利

七大领域中的公益服务行业必须由国家设立特殊法人来经营，不求盈利，亏损由财政来补贴；自然垄断行业也必须由国家独资经营，要强调收支平衡和成本控制；国内稀缺资源行业同样必须由国家独资经营，但收益要全额上缴，以实现“双重抑制”，保证社会的可持续发展；其余的竞争性行业，应该鼓励民营资本进入参与竞争。只有如此分类改革，才能更好地满足公众需求，实现公众福利的最大化。

对于竞争性行业，民营资本（包括外资）进入的方式，一是独立成立民资企业，此为增量改革；二是民营资本入股国有企业，此为存量改革。对于前一种方式，政府应该取消国有企业的行政级别以及政策或资源支持，为国有企业和民营企业创造公平的竞争环境，避免国有企业因享有特殊优势而使民营企业处于不利的竞争地位；对于后一种方式，要避免国有股“一股独大”，尽可能实现国有相对控股，以避免民营资本权益被侵害的现象发生，可以通过累积投票制为民营资本提供更多的决策话语权，从而实现国有资本和民营资本的相互制衡、相互融合和共同发展。

在竞争性行业，民营资本进入后，竞争将趋于激烈，这会刺激国有企业的创新动力。通过优胜劣汰的竞争，落后企业将被淘汰，包括落后的国有企业，一些行业的国有企业甚至可以完全民营化。

通过这种改革，国有企业数量可能会减少，但公众福利则会大幅上升，而这正是改革的目标所在。

第八节 国有资产分类监管

（一）现有国有资产监管体制没有明确“分类监管”

2002 年中共十六大确定了“管资产和管人、管事相结合的国有资产监管体制。”这种国有资产监管体制相对于以前国有资产出资人代表缺失，多部门监管又缺乏明确权力界区的情况相比，无疑是很大的进步。

然而，这种体制的问题也是很明显的。其一，国有资产出资人代表的身份属性并不明确，尽管国资委没有被定位为国务院组成部门，没有给予行政权力，而是定位为特设机构，但其“特”在什么地方，至今没有人说得清，就其实际运作来说，它与政府其他部门并无本质的区别，从而其在履行“出资人职责”时，常常可以凌驾于其他出资人之上。其二，国资委的职权是“管资产”、“管人”和“管事”，这等于把国有企业的人财物差不多都纳入了监管范围，国资委之所以在实际监管中多采用行政方式，与其拥有如此大的权力存在密切的关系。由于“管资产”、“管人”和“管事”非常笼统，在实践中，国资委在这三个方面经常出现越位、错位和缺位的情况。很显然，在这种体制下，政资不分、政企不分是不可能得到根本性改善的。

中共十八届三中全会确定了“以管资本为主”的国有资产监管新体制，这是国有资产监管体制的重大进步。因为国资委作为出资者（代表），只能管资本，管资本意味着关注的是收益权，至于企业如何实现出资人收益，那属于企业的自主决策权。当然，国家作为出资人是可以派代理人参选董事的，通过代理人在企业决策中反映自己的利益诉求。

组建国有资本运营公司是“管资本”的重要体现。国有资本运营公司的本质是介于国资委和国有资产实体占用企业（或生产经营企业）之间的具有中介性质的国有资本投资公司。建立国有资本运营公司，一是可以有效地实现监管和经营的分开；二是如果像现在的集团母公司那样，既有资本运营职能，又有生产经营职能，则容易在母公司和控股子公司之间形成关联交易，甚至有掏空子公司的风险，而组建或者直接把集团母公司改组成只有资本运作（投资）功能的国有资本运营公司可以在很大程度上避免关联交易和掏空问题，也可以在更大程度上实现“政资分离”和“政企分离”。

然而，不管是十六大确定的“管资产与管人、管事相结合”的国有资产监管体制还是十八届三中全会确定的“以管资本为主”的国有资产监管体制，都没有明确要对不同类型的国有资产和国有企业实行分类监管。尽管十八届三中全会提出了国有企业要分类改革，但却没有明确提出国有资产监管也要对应不同类型的国有企业。因此，国有资产监管应该进一步细化和完善。

（二）国有资产如何分类监管

其实，上述两种国有资产监管体制各有可取之处。由于国有企业或国有资产有不同类型，这意味着国有资产监管既可以“管资产与管人和管事相结合”，也可以“以管资本为主”。

对于公益性国有企业和自然垄断性国有企业，必须实行“管资产与管人和管事相结合”。由于资本的属性是增值，而公益性国有企业和自然垄断性国有企业的资产不以盈利为目的，因此，不能作为资本来使其增值，只能作为资产来监管。要本着合理配置，有效利用，实现社会公共目标的原则，通过设置专门部门和专门法律，采用各种有效方式，对这类资产的使用和维护等进行监督和审核。

同时，还可以通过各种中介机构，随时检查、质询国有资产的使用效果。

对于稀缺资源垄断性国有企业，也必须实行“管资产与管人和管事相结合”。鉴于稀缺资源不可再生的性质，必须对需求和供给进行“双重抑制”，为此，该类公司应该像自然垄断性国有企业一样，采取国有独资公司的组织形式，不允许股权多元化或上市，因为股权多元化或上市的目的是“赚钱”，这将与“双重抑制”的目的发生冲突。

不过需要注意的是，这里所说的“稀缺资源”是针对国内稀缺资源。如果在国内是稀缺的资源，在其他一些国家并不稀缺，则可以鼓励企业通过设立子公司，按照资源所在国的法规到国外开发资源。此时，国有资产监管体制应该转化为“以管资本为主”，不要过多地干预海外子公司的“人”和“事”。

对于竞争性国有企业，则必须是“以管资本为主”，而尽量少管甚至不管“人”和“事”。需要注意，这里强调的是管“资本”而不是管“资产”。从现代企业出资人角度，“管资本”涵盖着“管人”和“管事”，就是说，出资额度的大小决定着出资人在企业中的话语权，这是公司治理的基本原则。“管资本”意味着关注的是收益权，监管部门监管的核心应是价值管理，即只需考虑国有资本收益而不必太在意采取何种方式实现这种收益。对于“管人”，监管部门应该是按照法律程序选择自己的代理人进入企业董事会，所谓监管实际上就是对选派的董事的监管，而不必去干涉企业总经理、副总经理甚至董事长的产生，有能力的民营企业家也可以担任国有企业的高级管理人员，而监管部门直接任命企业高管人员，则既不合法，又使公司董事会不必承担选错经营者的风险和责任。至于“管事”，更应特别慎重，因为监管部门“管事”对于企业来说属于非现场决策，它远比不上企业自身的“现场决策”来的科学。

国有资本运营公司组建的目的就是管好资本，显然，国有资本经营公司只能适合于竞争性国有企业，而不适合于公益性国有企业和合理垄断性国有企业。如果在公益性和合理垄断性领域组建这类公司，则与两类公司的功能相背离，还会增加代理成本。

组建国有资本运营公司是实现国有资本收益的重要方式，因为国有资本经营公司的收益来自于投资，而要稳定地获取投资收益，它作为出资人就必须对所投资企业加强监督，因此，这可以在一定程度上解决所投资企业的资本收益上缴问题。不过，更重要的还是在于通过法律来对投资收益上缴做出严格规定，加大收益上缴的强制性。

总之，对于竞争性国有企业，除了保证收益权，政府应该尽最大可能放松管制。这是竞争性国有企业与公益性国有企业和（合理）垄断性国有企业在监管上的最大不同。

参考文献

常修泽，高明华：《中国国民经济市场化的推进程度及发展思路》，《经济研究》，1998 年第 11 期。

高明华：《关于建立国有资产运营体系的构想》，《南开学报》，1994 年第 3 期。

高明华：《国资调整应以公众为先》，《西部论丛》，2007 年第 1 期。

高明华：《国企本性与红利走向》，载《中国报道》，2007 年第 2 期。

高明华：《国有企业作用评价：指标体系与实证分析》，载《改革开放与理论创新——第二届北京中青年社科理论人才“百人工程”学者论坛文集》，首都师范大学出版社，2008 年 12 月版。

高明华：《国有经济战略性调整应坚持的基本思路》，《前线》，2013 年第 3 期。

高明华：《论国有企业分类改革和分类治理》，《行政管理改革》，2013 年第 12 期。

高明华、杨丹、杜雯翠等：《国有企业分类改革与分类治理——基于七家国有企业的调研》，《经济社会体制比较》，2014 年第 2 期。

高明华：《国企分类改革必须对应国资分类监管》，《前线》，2014 年第 2 期。

第八章　有效提供公共服务

公共服务事关大众福祉和社会公平正义，提供公共服务是政府的基本职责。政府提供公共服务有多种方式，既可以是政府生产，也可以是政府购买。在社会主义市场经济条件下，政府提供公共服务的方式要与市场经济的运行机制相吻合，在政府主导的条件下，充分利用市场机制的作用，以提高公共服务的水平、质量和效率。而政府购买公共服务是一种既能发挥政府主导作用，又能充分利用市场力量的公共服务提供方式。本章拟对政府购买公共服务的相关理论问题进行梳理厘清，分析实践中存在的问题，探寻难题的破解之道。

第一节　导言

经过37年改革开放，我国政府职能发生了重大变化，但不容置疑的是，政府职能“越位”“缺位”“错位”的现象还依然存在。在政府公共支出结构中，经济建设支出依然占据主导性地位，这在促进经济社会快速发展的同时，也日益成为制约公共服务供给水平的重要原因；在经济运行当中，行政性垄断广泛存在，既导致不公平竞争，也抑制市场活力，增加了社会公共服务成本；在公共服务供给中，政府在许多领域依然同时扮演着决策者、生产者、监控者等多重角色，集裁判员与运动员于一身，大大制约了政府职能向现代公共服务型职能转型的进程。

近年来，政府购买公共服务作为一项健全现代公共服务体系、构建服务型政府、创新社会管理和加强社会建设的重要手段，已成为政府与学术界共同关注的焦点。十八届三中全会通过的《中共中央关于全面深化改革若干重大问题的决定》明确提出，推广政府购买服务，凡属事务性管理服务，原则上都要引入竞争机制，通过合同、委托等方式向社会购买。对于政府新增的或临时性、阶段性的公共服务事项，凡适合社会力量承担的，原则上都按照政府购买服务的方式进行。《决定》同时指出，政府购买服务是与事业单位分类改革、行业协会商会与政府脱钩等相关改革相互衔接的。按照国务院关于“财政供养人员只减不增”的要求，在有效增加公共服务供给的同时，积极探索通过政府购买服务方式支持改革的政策措施，实现“费随事转”。要通过政府购买服务，推动公办事业单位与主管部门理顺关系和去行政化，推进有条件的事业单位转为企业或社会组织，坚决防止一边购买服务，一边又养人办事、“两头占”的现象发生。2014 年 1 月召开的全国政府购买服务工作会议，则勾勒了今后一段时间推进政府购买公共服务的改革路线图。会议提出，2014 年，在全国推开政府购买服务工作，“十二五”结束时期初步形成统一有效的购买服务平台和工作机制，2020 年在全国建立比较完善的政府购买服务制度。

政府购买公共服务，是指政府通过各种模式建立契约关系，把某些公共服务交由非营利组织或营利组织等其他主体来提供，而政府支付相应资金的公共服务供给模式。实践中，正是由于在促进政府职能转变、降低服务成本、克服官僚制的无效率（Boyne，1998）和提高公共服务效率方面的优势，政府购买公共服务在西方国家政府改革中备受推崇，即便是在 20 世纪 90 年代以后全球公共部门民营化改革日渐式微和衰退的背景下，政府购买服务依然保持了高昂的发展态势，其发展方向已不可逆转（Salamon，2002）。[①]

我国政府购买公共服务制度是在不成熟的市场经济环境基础上，在转型过程中由政府主导、外部推动的产物。在我国，政府购买公共服务的实质，就是要打破公共服务供给过程中政府统包统揽的传统模式，在公共服务供给领域引入市场模式进而竞争机制。而在推进政府购买公共服务的制度演进中，传统的政府与社会、政府与市场等的关系需要解构和再构，新的市场主体、市场机制等需要培育。多重改革要求和多重转型背景的叠加，使得我国当前正在推行的公共服务购买政策就变得更为重要。此外，在我国，公共服务购买还被赋予了更多更广泛的改革使命，那就是在提高公共服务供给效率的同时，进一步促进政府职能的转变和公共部门运营模式的转变。

第二节　公共服务供给中存在的问题及根源

公共服务是政府为满足社会公共需求而提供的产品与服务的总称，包括基础设施、教育、医疗和社会保障等在内的公共服务，是现代社会人民基本“可行能力”提高的主要途径，其对于经济社会良性发展的基础性毋庸置疑。但是，长期以来，由于政府职能定位方面的原因，在公共服务职能方面政府存在着较明显的错位、缺位与越位，导致当前公共服务领域存在着诸如提供不均衡、不协调、基层提供能力弱、提供方式和主体比较单一等诸多问题。

---

① 转引自詹国彬：《需求方缺陷、供给方缺陷与精明买家——政府购买公共服务的困境与破解之道》，《经济社会体制比较》2013 年第 5 期。

一、基本公共服务的提供长期未受到重视

长期以来，政府将自身的职能更多地定位于经济发展，公共投资成为推动我国经济发展的主导力量。但与此同时，基本公共服务的提供长期未受到重视，甚至不恰当地把本应由政府提供或应以政府为主提供的一些基本公共产品，例如农村公共卫生和医疗，推向市场、推向社会。再以饱受诟病的中国公共教育支出占比过低为例，中国公共教育支出的比例长期不及中低收入国家的平均水平。尽管早在 1985 年，《中共中央关于教育体制改革的决定》就把增加教育投入作为一项重要国策，1993 年中共中央、国务院制定的《中国教育改革和发展纲要》又进一步提出，“逐步提高国家财政性教育经费支出占国民生产总值的比例”，“本世纪末（即 20 世纪末）达到 4%”的增长目标。尽管 4% 这一目标从国际视野来看并不高，国家也采取了各种具体措施来保证这一国策和具体目标的落实，但我国的公共教育投入始终未超过 3.5%，4% 的目标于 2006 年再次列入国家“十一五”发展规划中，但直到 2012 年，4% 的目标才得以实现。

除总体投入不足之外，公共服务供给的责任不清，实际责任主体层级过低，是公共服务供给长期不受重视的另外一个表现。在中国传统的条块分割背景之下，条块不清一直存在，导致基层政府公共服务供给多头管理，责任不清。就各层级政府之间的事责分工而言，中央和省级地方政府在全国性、地方性的制度、机制和政策层面起着主导性作用，而县市等基层政府的主要职能是社区层面的社会管理和公共服务，实际上是基本公共服务的最直接提供者，对于整个公共服务体系的构建起着重要的基础性作用。而现行公共服务队伍的主要管理机制是条条负责人事聘用，组建机构、规定职责，并提供经费补贴，“费随人转”；块块负责具体管理，人事聘用和日常管理是分离的。公共服务管理中的聘用、使用、考核脱节，也造成了统筹协调专业管理与综合管理、合理配置人力资源的难度，由此导致在国家政权运行体系当中，基层政府形成了一种“空壳”状态。后来，财政分权改革中实质的财力集中和权力的上移，使得实际承担基本公共服务的基层政府又处于严重的权责不对称状态，普遍存在财权和事责的不匹配。作为实际上被定位为基本公共服务的基础主体，基层政府在基本公共服务供给方面却缺乏必要的资源和财力。经过分权财政体制的制度变迁，基层政府一方面事权在下放，一方面财权在上收，有些基层政府甚至处于连自身运转的维持都比较困难的财政境地，更遑论提供基础公共服务的财力了。此外，上级政府的“一票否决权”也势必造成基层政府工作重心的偏离。[①] 总之，由于过低的责任主体地位，

---

① 格雷姆·史密斯：《乡镇政府“空壳化”问题研究：一种内部运作的视角》，《经济体制比较》，2013 年第 4 期。

以及基层政府的财政能力缺失和激励的偏离，必然造成基本公共服务供给的严重不足。

二、公共服务供给不均衡

重视程度不足，必然导致总量投入的不足，而总量投入不足，又进一步导致不均衡问题。当前，公共服务供给存在多种形式的不平衡。

首先，公共服务城乡差距巨大。中国城乡差距突出表现在农村基础设施、教育医疗和社会保障等公共品提供严重滞后。在城乡公共服务供给水平上，农村公共物品无论是在数量还是在质量上均明显劣于城市公共物品，城乡公共物品提供水平差距很大。从教育来看，虽然农村义务教育经费保障机制改革已全面实施，但是农村义务教育经费普遍低于城市，农村居民的教育环境、受教育程度等与城市相比还相差甚远。在农村教育经费较低的情况下，城乡义务教育在师资水平、教学设施及其他条件也存在较大差距。从医疗卫生资源配置看，即便是到了和谐成为发展主流的2011年，每千人口医疗机构床位数，城市也是农村的2倍以上；每千城市人口医院和卫生院床位为3.53，每千农业人口乡镇卫生院为1.16，城市是农村的3倍以上，城市每千人口卫生技术人员数是农村的2倍以上，城镇居民人均医疗保健支出是农村居民人均医疗保健支出的2倍以上。在养老保险方面，城市每月养老保险给付金水平是农村的2倍多。①

作为广大农民基本“可行能力”提高的主要途径，公共服务滞后削弱了农村和农民持续发展后劲，加剧了城乡差距，引发了严重公平效率问题。

其次，公共服务的地区差距明显。中国东部沿海发达地区经济发展水平较高，地方一级有更多财政资金和能力提供更优质的公共服务。东部地区公共服务相对于中西部地区有明显优势。以2010年的数据看，东部人口占全国的38%，财政收入占全国的57%，有更多的资金投入基本公共服务领域，公共服务投入占全国的41%。公共服务比重明显偏低的中部地区，人口占全国比重27%，但公共服务投入仅为全国的21%。②

尽管国家也提出了一些旨在促进公共服务均衡的政策，但这些政策在实施中很多都偏离了本意，并没有起到均衡的作用。譬如，转移支付的实施当中，为了调动地方的积极性而常采用的地方配套，实践中往往由于配套能力的差异，结果出现了逆向的补贴。而“西部大开发”、“中部崛起”等在内的促进区域经济发展的战略，也多侧重点提高经济发展水平，对社会层面的民生问题关注度较低，并没有改善区域间公共服务供给的差距。

---

① 数据来源：相关年份统计年鉴。

② 数据来源：王奎明、赵虹：《强化政府基本公共服务职能——破解“二元困局”的必然选择》，《领导科学》，2012年10中期。

三、公共服务供给的主体和方式过于单一

公共服务供给的方式和提供主体本身可以是多元和多样化的。奥斯本和盖布勒曾归纳出36种公共物品供给方式。[①] 政府自身是基本公共服务供给中的主要角色，提供方式有很多，如在公共领域直接供给服务和物品，或将公共服务外包等。但由于传统计划经济体制的影响和惯性，现阶段我国公共服务供给的主体和方式还过于单一。

我国传统的计划经济体制虽然在改革进程逐渐淡化，但在体制惯性作用下，其对于现行公共服务供给方式依然有着重要的影响，公共服务主要采取垄断供给方式，导致缺乏降低供给成本、提高供给质量和效率的激励机制。竞争机制的缺乏，也导致公共服务供给的低质低效。不仅如此，政府垄断公共服务供给还造成资金来源过于单一和政府的财政压力。以城市基础设施建设为例，资金来源渠道的单一性导致我国城市基础设施建设长期滞后于城市发展。虽然各级政府在近年里都大幅度增加了对城市基础设施的资金投入，但仍然无法解决较为严重的资金缺口问题。不仅如此，由于原有的城市基础设施随着年限的增加出现了设备老化、管网失修等问题，但公用事业企业根本没有充足的资金进行改造和维护，这给地方财政造成了巨大的包袱。

计划经济体制下对政府主导作用的片面强调，也使得在公共服务供给中长期忽视社会组织作用的发挥。单一的政府供给方式，加上财政投入错位的决策以及市场化方式的缺失，直接削弱了公共服务应有的公共属性和公益性，直接导致了公共服务有效供给不足的问题。而与此同时，市民日益增长的公共服务需求，则进一步恶化了资金和人员投入不足的矛盾。

第三节　公共服务的多元化角色配置与提供方式

在全面深化改革的大背景下，公共服务供给的进一步完善和发展需要转换政府包揽一切的传统做法，引入社会力量的大力参与。一般而言，从主体视角来看，公共服务供给中涉及两类基本参与者：提供者、生产者。提供者负责向消费者提供公共服务，通常是政府部门；生产者则直接组织生产，把公共服务生产出来。根据公共服务的角色配置，公共服务制度安排可大致归纳为两类：一是政府同时兼任提供者和生产者，再是政府仅仅承担提供者责任，而将生产交由私人部门。私人部门、社会力量可以通过多样化的方式参与合作，公共服务供给方式可

① 戴维·奥斯本、特德·盖布勒：《改革政府：企业精神如何改革着公共部门》，周敦仁译，上海译文出版社，2006年。

以也应该多样化。

一、政府角色可以多元化

就国际相关经验来看，在公共服务供给方面，政府的角色可以是直接生产者。即政府自己直接组织生产，其中不涉及非营利组织和其他生产组织。这种直接生产方式的好处在于：由于政府可以直接控制生产过程，故它可以更好地确保产品质量。缺点是它容易造成辖区内部的生产垄断和生产不专业，从而造成规模不经济，最终使公共服务水平下降和费用上升。从效果来看，政府作为直接生产者，只有当参与直接生产的政府雇员对其服务对象具有强烈的责任感时，或者说具有强烈的公共价值或公共责任时，这种安排才会是有效的。

政府的角色可以是联合生产者。联合生产是指当一个或多个规模很小的地方政府无法提供一定规模的公共服务时，若干个地方政府联合起来生产公共产品。例如，加拿大温哥华的图书馆是由该地区八个市联合提供的。在丹麦，供暖和体育设施的修建往往需要地方政府联合生产，跨地区行动。中国地域辽阔，公共服务地域分割现象明显，联合生产的方式可以通过延长公共服务半径，来更好地满足细碎化的公共服务需求。

政府还可以将公共服务交由准政府性机构生产。以美国为例，其提供公共服务的准政府性机构往往由国会批准建立，是一种私人或非营利机构。准政府性机构兼具了政府和私人的法律特征，可以得到政府的支持，同时，它们也能更好地接受社会监督，防止其滥用权力。在美国，政府通常通过准政府性机构来推动基础设施建设。政府性公司的使命是提供市场化的公共服务，以服务的收入满足或基本满足其支出。政府性公司涵盖的范围很广：从著名的大公司，如美国邮政公司和联邦存款保险公司，到不知名的小公司，如财政部的联邦融资公司和司法部的联邦监狱工业公司。在中国，也存在各种行业协会组织，一定程度上也是准政府性机构。

二、社会力量参与合作方式多样化

政府并非是公共服务的唯一生产主体，政府也并非只能垄断提供公共服务。除垄断提供之外，政府实际上还可以通过多种方式与企业、社会组织合作。这种政府与社会力量的公私合作就是私人部门、非营利组织和地方政府就公共服务供给而进行的一种正式合作。通过公私合作的方式，社会力量介入到教育、就业培训、医疗卫生服务等公共服务领域。公私合作改变了公共服务领域传统的政府角色，社会力量进入公共部门。私人部门、非营利组织和公共部门在公共服务领域联合起来发挥着不同的作用，由各种社会力量参与的合作有利于提升公共服务部门优质服务的能力。

社会力量参与合作的常见方式有：签约外包、特许经营、公私联合等多种。

第一种：签约外包。签约外包是指政府与一家组织，比如营利组织或非营利组织、私人企业，通过签订合同的形式将公共服务外包出去，它是国际上政府提供公共服务的常用模式。在签约外包中，政府作为公共服务的提供者，将具体管理运营权交给受托方运作，由政府向受托方付费购买其生产的公共物品和服务。签约外包可以节省政府的财政支出，也可以提高服务的专业化水平和服务效率。签约外包常用于一些直接面向社会的公共服务，诸如街道清洁、树木维护、公共交通、交通信息、公共图书馆、医疗卫生等等。

第二种：特许经营。特许经营是政府赋予某一组织某一项公共服务的垄断经营权，这一组织可以通过向消费者收取使用费来为生产服务提供资金，政府并不直接为公共服务付费。特定经营组织在一定时间内享受特许经营权，直接向公众有偿提供其生产的物品或服务。特许经营将地方政府从直接的监管中解放出来，同时提高了公共服务的供给效率。特许经营包括场域特许使用和租赁。前者主要是指政府将一些特定公共领域安排给私人机构运营，后者主要是指私人企业租用政府的有形资产。

第三种：公私联合。公私联合是指地方政府与企业联合生产公共服务的模式。通常，在这种模式中，地方政府为生产商提供土地、政策优惠、拨款、贷款、免税以及以低于市场价格收购生产商的产品等。该模式主要应用于公共汽车、火车运输，以吸引资金，开展项目管理，提升服务水平。立法机构一般对此类伙伴关系加以了限制，以避免政府滥用权力。

从更广泛的意义上讲，政府购买公共服务是社会力量参与公共服务提供的一般模式。政府购买公共服务可以从广义和狭义两层含义来理解。广义的公共服务购买是一种契约化的公共服务供给模式，指政府对于某些特定的公共服务目标，不是自己直接提供，而是通过各种模式建立契约关系，由非营利组织或者其他社会主体来提供，并相应将财政资金给付提供者的模式。简言之，即政府提供资金，社会主体提供公共服务，以合同关系实现特定公共服务目标的机制，其本质是公共服务的契约化提供模式。狭义的公共服务购买就是公共服务合同外包，即政府通过与企业或民间组织签订承包合同的形式来提供公共服务。政府购买公共服务的核心是在公共服务领域引入市场竞争机制。通过吸引社会力量参与公共服务，打破公共服务领域的垄断，促进良性竞争，从而提升公共服务效率，提高公共服务的质量，降低公共服务成本。

政府购买公共服务，最早出现在20世纪70年代的美国，主要做法是地方政府从私人部门购买服务，通过建立地方政府中心来促进公共服务外包。此后，公私合作成为一些发达国家公共服务供给的重要趋势，相关制度创新不断涌现。以美国为例，政府与企业和非营利组织形成了战略合作伙伴关系。在慈善和志愿组织收入中，20%来自个人、基金会和法人的捐赠，31%来自政府基金或政府合同，49%来自缴款、收费、投资收入和其他所得。① 美国政府和非营利组织之间的关系根植于很深的战略伙伴关系。美国政府依赖于慈善和志愿组织去执行人类服务项目，特别是卫生、教育和福利服务。政府大约一半的卫生、教育、福利服务基金通过以社区为基础的慈善和志愿组织来执行。政府对慈善和志愿组织的直接支持表现为直接为它们提供基金支持，直接与慈善和志愿组织签订合同，直接向那些参与为低收入阶层服务的慈善和志愿组织付费。政府对慈善和志愿组织的间接支持包括免税、减税，为从事照顾儿童、照顾老人、住宅补贴的慈善和志愿组织提供税收信用（政府为那些给这类服务付费的个人埋单），还有税收减免等。②

三、公共服务供给方式应相机选择

公共服务供给方式应相机抉择。同一种提供方式不能普适于所有类型的公共服务，适用于一个国家的某种公共服务模式也并非同样适用于其他国家。对于如何选择公共服务供给方式，理论界归纳了以下一些依据。③

一是服务的具体性。即服务的特征能否被准确地描述，服务的质量和数量能否给予具体的量化描述。若该项服务能被准确描述，任何方式供给都可行。对于规定笼统、模糊不清的服务来说，通过政府间协议、合同承包、特许经营、补助等方式，难以达到目的。其原因是，供给过程中涉及主体较多，监督难度及成本都很高。针对此类难以具体化的公共服务，萨瓦斯认为，解决监督难和成本高问题的唯一办法，就是尽量保证生产者与消费者之间的直接接触。通过直接接触，生产者能够通过消费者的信息反馈，不断矫正和调整其服务质量。为此，萨瓦斯提出政府可通过使生产者成为安排者，或者使消费者成为安排者（如食品券）等方式满足这些条件。

二是生产者的可得性。即对于特定安排方式是否有生产者能够且愿意提供该服务、能否吸引更多的生产者进入。某些服务的供给对生产者的资金实力、技术力量，以及市场的进出畅通程度，都具有较高要求。生产者会根据服务的成本收益关联度做出自己的选择。如果收益和成本的关联度很差，那么对生产者（主要指私营部门）的吸引力就很低，甚至没有，从而导致一些安排方式无法实现。在

---

① 丁元竹、丁潇潇：《国际视野中的基本公共服务提供模式》，《公共管理与政策评论》2013年第1期。

② 有关更多介绍，参见丁元竹、丁潇潇：《国际视野中的基本公共服务提供模式》，《公共管理与政策评论》2013年第1期。

③ 有关更多介绍，参见闫龙飞：《我国准公共品多元化供给研究》，西南财经大学，2012年博士学位论文。

自由市场、补助、凭单制、特许经营、政府出售方式安排下，消费者直接付费购买服务，能较好地增强服务的消费收益和成本支出之间的直观感受，从而推动收益和成本的关联。

三是服务规模。任何服务的供给都具有一个最佳规模，而且不同服务的最佳规模水平也有差异。服务规模过大或过小，都将影响效率水平。当生产者提供的规模大于消费者需求规模时，出现过度供给的资源浪费现象；当生产者提供的规模小于消费者需求规模时，产生消费拥挤，消费者效用无法满足。这就要求生产者能够关注最佳的消费者需求规模，在自身生产能力范围内，选择最佳的生产规模，最终实现规模经济。一般而言，“合同承包和特许经营安排，在利用规模经济的能力方面最具灵活性。”① 同时，相比政府服务，政府间协议又更具灵活性，但仍差于合同承包等方式。从消费者需求规模来说，如果最佳规模过大，即外溢性非常强的公共服务，由于私营部门生产能力边界限制，无法实现生产，那么政府服务仍然能展示其优越性。

四是对消费者和政府指导的回应性。首先考虑的是提供的服务与消费者需求的匹配程度。生产者与消费者之间，信息传递越顺畅，信息越对称，回应性就越强。另外，消费者的选择余地越大，回应性也越强。在自由市场、凭单制、无合同的志愿服务、多样化补助、自我服务等方式下，消费者成为服务安排者，回应性相比其他方式下更强。其次，考虑不同安排形式对政府控制能力大小的影响。一般认为，直接的政府服务，能够保证政治家的有效控制和指导，但事实表明，政治系统由于其僵化性、缺乏灵活机动性，政治家的实际控制权并不能落到实处，这也是系统内部改革难以开展的原因。

五是对相关欺骗行为的免疫力。“欺骗行为”主要指，在服务安排、生产过程中产生的腐败、贪污、伪造、偷工减料等，损害消费者利益，以及造成资源浪费的行为。这是委托代理关系下不可避免的一种一般行为。“免疫力”则指防止发生上述欺骗行为的能力。反对多元供给的学者主要担心在合同承包、特许经营、补助等方式下的欺骗行为。萨瓦斯则认为这种现象无论在私人部门、第三部门，还是公共部门都不可避免。

六是政府的规模。不同安排方式下，对政府的规模要求是有差异的。政府直接提供公共服务，要求雇用大量的人员，购买巨额的设备等，政府的规模最大。在自由市场、特许经营、志愿服务、自我服务安排下，政府规模最小。补助、凭单制要求的政府雇员很少，但需要政府埋单，所以政府支出庞大。

由传统而低效的政府大包大揽型公共服务供给模式向政府购买公共服务模式

---

① E. S. 萨瓦斯，周志忍等译：《民营化与公私部门的伙伴关系》中国人民大学出版社，2002 年。

转型，是一种大范围的改革变迁。这种新型的公共服务供给模式的有效实施条件，理论界对其进行了归纳：工作任务能够清楚地界定；存在几个潜在的竞争者，已经存在或可以创造并维持一种竞争气氛；政府能够监测承包商的工作绩效；承包的条件和具体要求在合同文本中能够明确规定并能够保证落实。

第四节　政府购买公共服务的探索历程

在我国，政府购买公共服务改革正处于积极摸索实践阶段，不论是在理论上，还是在实践上都经历了一个酝酿和探索的过程。纵向厘清政府购买公共服务的探索历程和相关实践，对于更好地理解和实施改革具有重要意义。

一、政府购买公共服务的理论基础

首先，公共服务的特点决定了公共服务的提供和配置决策由政治过程所决定，而不依赖于市场机制。公共服务产品可由多人共同和同时消费，成本不直接与消费者联系而由集体支付；使用上排他性弱，且大多数公共服务事关人的基本权利；公共服务产品质和量测定相对困难，绩效难于测定。

其次，公共服务供给可以由政府部门直接生产，也存在其他形式的安排。现代经济学鼻祖亚当·斯密在《国富论》中提出，公共设施一般由政府通过税收方式征集资金并免费供给，但也可以通过其他的方式来提供，私人提供可能更有效率，可以鼓励私人提供公共物品。公共产品理论主张推进公共产品供给的市场化、民营化与社会化，建议采用合同外包的方式广泛购买公共服务。弗尔德瓦里认为，公共服务不仅可以通过强制性的政治过程来完成，同样也可以通过契约手段来完成，契约型制度可以解决公共物品供给和收费问题，虽然市场无法解决外部性问题，但慈善行为可以弥补市场失灵的不足。[①] 萨瓦斯从物品与服务的基本特征、提供物品和服务的不同机制出发，认为服务提供或安排与生产之间是有区别的，它是界定政府角色的基础；公共物品及服务既可以由政府部门直接生产，也存在其他制度安排。[②]

新公共管理理论认为，传统的“理性官僚制”已经难以适应知识经济时代与全球化时代的需要，应该进行根本性、方向性的变革，建立起综合运用政府科层制体系、市场机制、社会自治体系的新型公共服务体制。政府购买公共服务绝不仅是化解政府财政危机与债务风险的临时性、救急性措施，而是贯穿于公共管

---

① 弗雷德·E·弗尔德瓦里，郑秉文译：《公共物品与私人社区》，经济管理出版社，2007 年。

② E. S. 萨瓦斯，周志忍等译：《民营化与公私部门的伙伴关系》，中国人民大学出版社，2002 年。

理与治理全过程的一种基本机制，是实现公共管理方向性变革的重要举措。政府购买公共服务是一种公共服务的市场化运营方式。公共服务领域引入市场竞争机制，可以打破政府的垄断地位、提高公共服务效率并给公众以自由选择的机会。新公共管理理论的核心主张政府“掌舵”、私人部门“划桨”，其核心是引入市场竞争机制，提高服务供给效率并实现公民自由选择服务。

新公共服务理论主张“为公民而不是顾客服务”，将政府购买公共服务视为一种公共服务的社会化运作方式，其核心是引入社会志愿机制，保障公共服务供给公平并实现社会自生产与自供给。与市场化追求自身效用最大化绝然不同的是，社会化提倡利他主义的社会志愿机制，要求社会成员平等参与、自觉自愿地承担现代社会的公民责任，实现公共资源公平分配，以弥补“政府失灵”与“市场失灵”。部分学者将政府购买公共服务视为一种公共服务的去行政化供给方式，核心是促使公共服务生产及所需的各项资源由政府向企业和社会组织转移，促进社会空间的扩大和社会权力的回归。奥斯特罗姆对公共服务“生产”与“供给”两个概念加以区分，认为公共服务由政府供给，但不一定要政府生产，也可以由私人部门和非营利组织生产。[①] 萨瓦斯进一步为政府角色做出定位：“公共服务需求的确认者、精明的购买者、检查者和评估者、公平赋税的征收者以及谨慎的支出者。”[②] 国内学界普遍认为，政府实现职能转移的前提条件则是政府角色意识的转变——从公共服务的“实施主体”转为“决策主体”，从“生产者”转为“提供者”、“规划者”和“监督者”，从依赖行政手段转向依靠市场和社会手段。

二、我国政府购买公共服务的探索历程

政府购买公共服务在我国的发展，大致可追溯到1995年，当时上海浦东新区开始探索政府购买公共服务这一新型供给模式。上海基督教青年会管理的浦东新区罗山市民会馆，即“罗山会馆”模式，是中国最初阶段政府向非营利组织购买公共服务的探索，打破了以往依靠政府单方面投入和运作的机制，而采取委托非营利组织进行运作。此后，上海、北京、无锡、浙江、广东等地政府向民间组织购买公共服务的探索不断增多。购买范围逐渐扩大到医疗卫生、教育、计划生育、就业培训和社区服务等诸多领域。第一个规范化程序化招标进行的公共服务购买是2005年国务院扶贫办、亚行、江西省扶贫办和中国扶贫基金会的“非政府组织与政府合作实施村级扶贫规划试点项目”。

地方层面相关政策措施相继出台。上海自2005年起陆续出台《关于促进浦

① 奥斯特罗姆：《多中心体制与地方公共经济》，人民大学出版社，2002年。

② E. S. 萨瓦斯，周志忍等译：《民营化与公私部门的伙伴关系》，中国人民大学出版社，2002年。

东新区社会事业发展的财政扶持意见》、《着力转变政府职能，建立新型证社合作关系的指导意见》、《关于促进浦东新区民间组织发展的若干意见》及《浦东新区关于政府购买公共服务的实施意见》、《关于进一步加强本市社会组织建设的指导意见》和《社区公益服务项目绩效评估导则》，政府购买服务逐步走向制度化和规范化。北京市社工委发布了《2011 年政府购买社会组织服务项目指南》。广东省 2012 年出台《推进政府向社会组织购买服务工作暂行办法》和《省级政府向社会组织购买服务目录》。

从国家层面上看，政府购买公共服务逐渐提上政策议程，可溯源到“十一五”扶贫工作基本思路中提出的鼓励和支持中介组织、民间组织参与扶贫项目实施的政策思路。2002 年，国家艾滋病防治社会动员项目设立专项资金，支持社会组织参与艾滋病防治工作。2006 年财政部、国家发改委、卫生部《关于城市社区卫生服务补助政策的意见》提出建立政府购买城市社区公共卫生服务试点。2007 年国务院办公厅《关于加快推进行业协会商会改革和发展的若干意见》明确提出，建立政府购买行业协会服务的制度，对行业协会受政府委托开展业务活动或提供的服务，政府支付相应的费用，所需资金纳入预算管理。2012 年发布《中央财政支持社会组织参与社会服务项目公告》，同年，民政部、财政部联合发布《关于政府购买社会工作服务的指导意见》。2013 年，国务院发布《关于政府向社会力量购买服务的指导意见》，要求在教育、医疗、住房等公共服务领域，加大政府向社会力量购买服务的力度。

三、现阶段政府购买公共服务存在的问题

通过引入政府购买模式，我国的公共服务供给逐渐打破原有的政府大包大揽型，丰富了供给的资金力量和管理经验等，盘活了一些社会资本，使得我国的公共服务供给改革逐渐与市场经济改革的总体取向相互适应，取得了很大成绩。不过，在实施过程中，我国的政府购买公共服务也暴露出一些亟待解决的问题。

第一，政府购买公共服务的边界条件未清晰界定。明确政府购买公共服务的边界是整个改革最重要的先决条件之一。中国的公共服务供给经历了计划经济时代的政府包办，即国家通过行政体系以及附属的企事业单位提供全部公共服务；改革开放之初的市场化时期，国家因为种种原因把政府职能范围之内的大量公共服务甩给社会，如教育、医疗、住房等领域的过度市场化；伴随经济的发展，国家财力大增和民生问题凸显，政府提出“政府购买”公共服务。那么，相应随之而来的一个问题就是，哪些公共服务产品应纳入政府购买的范围。

2013 年国务院发布《关于政府向社会力量购买服务的指导意见》明确指出，政府向社会力量购买服务的内容为适合采取市场化方式提供、社会力量能够承担的公共服务，突出公共性和公益性。根据世界银行的观点，在决定政府在服务提

供中的角色时，真正重要的因素应该是公平方面的考虑，即只有当私人市场失灵，不能产生在公平和效率方面都令人满意的结果时，政府干预服务提供才有合理依据。

当前，我国公共服务大致可划分为三类：一是行政审批等事项服务，由各个政府部门直接负责，基本不委托；二是教科文卫体等服务，主要通过大量的事业单位来提供，已形成固定模式；三是介于上述两者之间的服务事项，可由政府和各类社会组织、机构合作提供。第三类公共服务可再细分为三类：一是商业性质的服务，包括行业调查、资质认定、项目评估、业务咨询、技术服务、检验检疫检测等服务事项；二是机关履职时需要的一些服务支持，包括法律服务、课题研究、决策论证、后勤服务等；三是社会公益服务，包括养老助残、社会救助、社会矫正、就业服务、矛盾调解、环境维护、文体设施和场所养护与管理等。①

不过，目前我国政府购买服务的范围与边界尚未明确，具体安排主要是参照我国于2003年实施的《政府采购法》，而对“服务采购”的解释仅限于政府自身运作的后勤服务，而范围更广泛、更重要的公共服务并没有被列入采购范围。这不仅使得一些地方政府深化购买公共服务的改革缺乏准确、有效的政策依据，也使得政府服务采购大多局限于公务车辆维修与保险、计算机通用软件、会议服务等少数领域，导致服务采购比例偏、低层次也偏低，大大制约了公共服务市场化改革进展。

第二，地方政府购买方向存在随意性。

政府购买公共服务是为了“保障基本公共服务的提供”，属于一种行政义务。购买只是一种提供方式。既然是基本公共服务，它的范围就不能随意扩大或缩小。②

但在具体政策方面，政府购买公共服务作为公共财政的一种开支类型，在其目的、性质、范围和方式等方面，还缺乏一套十分严明的规定。实践中，购买范围主要限定在“事务性管理服务”和“新增的或临时性、阶段性的公共服务事项”。

地方政府文化类服务采购是各地政府较普遍的一个公共服务购买。北京、山西、广东、云南、新疆2014年提出，扩大文化资助和文化采购；山西还将探索建立政府购买公共演出服务机制，并在公益性文化事业单位逐步推行全员聘用制和岗位责任制。内蒙古则明确，将探索建立公共文化服务政府采购目录制度。上海提出，构建现代公共文化服务体系，建立政府购买公共文化服务制度，推进社

---

① 马庆钰：《公共服务的几个基本理论问题》，http：//theory. people. com. cn/n/2013/0128/c355075－20348707. html。

② 蔡红东：《政府购买公共服务不能随心所欲》，《深圳商报》2013年8月5日，http：//szsb. sznews. com/html/2013－08/05/content_2577202。

区文化活动中心社会化、专业化管理，鼓励社会力量参与提供公共文化服务、举办重大文化活动。深圳市宝安区选择将文化钟点工模式引入广场文化，由政府埋单购买个人才能服务，每月向一些具有专业素质的广场领舞人支付800～1000元的报酬。

体育类服务采购也一直是各地政府普遍热衷的购买方向。例如，在贵州全国民运会，安排了历时18天、行程约2400公里的火炬传递仪式，为赛事新建了总造价8.82亿元的贵阳奥体中心，并举办了开闭幕式演出。南昌城运会，进行了为期11天、在11个地级市进行的火炬传递，新建了10座场馆，其中主赛场南昌国际体育中心造价12亿元，同样进行了开闭幕式演出。杭州举办的全国残运会，在浙江10个区市进行了19天的火炬传递，新建场馆3个。上海举办游泳世锦赛，共斥资20亿元兴建了包括游泳馆、跳水馆、花泳水球馆等场馆。海阳为迎接第三届亚洲沙滩运动会，总投入200亿元的海阳亚沙城项目共有56个子项目，涉及场馆建设、道路配套、绿化工程等。①

除了文化体育类服务的采购，一些地方政府购买服务还有其他一些政府采购试点。比如，上海提出将扩大政府购买公共服务范围，把养老、助残、济困等服务项目纳入购买目录。浙江提出加大政府购买公共服务力度，鼓励和支持民办教育、民办医疗、民办养老、民办体育、民办文化加快发展。

但从总体来看，地方政府购买公共服务还缺乏一个明确的范围，随意性比较大。地方竞争不是放在比谁的公共服务供给机制好、谁的公共服务效果好，而是简单化为数字上的比较，像攀比GDP一样去攀比政府购买公共服务的金额。

第三，借购买公共服务之机甩包袱。

建立政府购买服务项目选择机制，既应该避免以“购买服务”名义将本应由政府承担的公共服务职责当做包袱甩出去，也应避免专门设立公司、社会组织来单一承接政府某项公共服务，切实防止新形式的既“养人”又“养事”现象。但在我国，一些地方政府往往以追求自身效益为价值取向，考虑更多的是解决自身的财政与投资问题以及减少政府的监管与服务职能等，“甩包袱”的想法普遍存在。比如，在公安管理、市政管理、食品药品监督、工商管理中，甚至是公共卫生管理以及计生管理中，有些本来是公共权力机关自己做的事情，却又另增加预算购买服务，而一些“穷预算”的公共服务项目，“甩包袱”的现象尤甚。

2008年1月，湖北省十堰市300多辆公交车停运，致使全城70多万市民出行困难，造成停运的原因就在于公交民营化运转不良。类似的事情还发生在自2002年开始启动市场化的国内水务行业，在兰州等地甚至出现外资水务公司为涨水价不惜以停水来要挟当地政府的极端现象。2000年前后，国内曾掀起政府

① 梁燕、吴建毓：《一年千赛，体育赛事何其多》，《南方日报》，2011年11月1日。

职能转变的一波浪潮，明确提出过公共服务市场化，但这一进程推进10多年来，最终结果却不尽如人意。而这当中暴露出的最突出的一个问题，就是政府将公共服务市场化变成了“甩包袱”、卸责任的手段，导致监管失效，并最终造成公众利益受损。①

在界定购买内容时，很多地方政府往往将行政工作中容易得罪人、劳动强度大、直接面对公众的事项外包出去。而在美国，联邦政府采购局有一个解释文件，规定19项核心工作必须由政府公务员来做，不能委托给别人。中国香港也将公共服务分为核心职能、辅助职能，还有商业服务职能，鼓励将核心职能以外的职能或服务通过购买加以实现。

当前我国正处发展转型关键期，且区域发展不平衡，伴随城镇化和工业化而来的是经济社会结构的变迁，新增的或临时性、阶段性的公共服务事项将不断涌现。政府购买公共服务的内容是动态调整的。随着市场经济的成熟，政府职能转变和履行职能方式的改革，原来没有纳入购买内容的公共服务，可以将其列入政府购买服务的范围，而另一些服务则可剔除出购买目录。需要各地和有关部门因地制宜研究制定政府购买服务的指导性目录，并及时进行动态调整。同时应突出公共性和公益性重点，把有限的财政资金用到人民群众最需要的地方，并采用先易后难、逐步扩围的原则逐步增加购买内容。既要推动政府简政放权，防止“大包大揽”，也要确保政府全面正确履行职能，防止将应当由政府直接提供、不适合社会力量承担的公共服务项目推向市场。

第五节 中国公共服务领域改革相关因素分析

当前有诸多因素推动着中国公共服务领域朝向政府购买的方向改革。一是我国公共服务需求增长难以得到有效回应和供给效率低下，以及现阶段事业单位去行政化改革，直接推动了购买公共服务政策的出台；二是提高政府公共服务的效率、质量和服务水准，是推进购买公共服务的现实压力，民营化是改进公共服务生产率的重要战略之一。与此同时，推行政府购买公共服务也面临来自既得利益集团、部门雇员和普通公众方面的阻力。正确预期当前中国公共服务领域改革的相关作用因素，有利于相关改革举措的顺利实施。

一、改革的推动力

第一，需求端的推动力。

---

① 李松涛：《部分地方政府卖公用事业赚钱，市政建设成摇钱树》，《中国青年报》2009年05月14日。

从需求端看，我国人口结构的变化、收入的增长、收入再分配等都是推动公共服务需求增长的诱因。

工业化、城市化，伴随着人口的老龄化，中国人口结构发生了巨大变化。传统以农业为主、以土地为保障的社会逐渐解构，农村过剩劳动力越来越多地从事非农产业活动，并成为附带特殊身份意义的农民工。尽管现行城乡二元分割背景下，农民工的公共服务需求被抑制，但伴随二元格局的逐渐消融，农民工市民化的推进，农民工的基本公共服务需求将迸发。而伴随城市化的推进，市民规模的大幅扩张，势必要求政府公共服务规模相应扩张，义务教育、公共卫生、环境保护、公共安全等都将面临新的政府行动。伴随人口结构的老龄化，可以预期老年人口的医疗卫生、养老保险等服务需求将骤增。

收入增长也是从需求端推动公共服务供给的重要因素。人均收入的增长会推动政府开支的增长，因为人们将要求并负担得起更多的公共服务。人们要求更好的教育（更多的专门化课程、更好的仪器设备、更好的教学设施等）、更好的图书馆和文化设施、更高水平的街道维护和娱乐项目，并乐意为环境保护支付一些成本。国际经验表明，一个国家在人均国民收入 1000～2000 美元之间将进入“后工业化社会”阶段与“大众消费”阶段，居民对公共产品与服务的需求将呈现几何级数增长趋势。[①] 伴随中国从低收入国家进入大众消费阶段，可以预期中国的公共服务需求将迅速膨胀。

收入再分配也将推动公共服务需求的激增。政府收入再分配职能推动政府公共服务供给者角色的提升。30 多年的改革开放，中国实现了经济的飞速发展和人民生活水平的快速提高。然而，这种发展和增长是不均衡的。中国正面临着重大的贫富差距和收入的两极分化。社会普遍认为，再分配项目将是政府的主要活动领域，包括收入保障、医疗卫生、住房、教育和广义上的福利项目。这种巨大的期许，给政府公共服务供给带来了巨大的压力和动力。

第二，供给端的推动力。

推动政府购买公共服务的不仅有需求端的推动力，还有供给端的推动力。当前基本公共服务供给效率低下，是供给端推动政府购买基本公共服务的现实动因。

公共服务效率低的重要原因是政府公共部门有自发膨胀的意愿和趋势。公共服务部门往往人浮于事，普遍存在超员，机构臃肿。自发扩张符合公共服务部门自身利益。伴随规模的扩张，公共部门手里掌握的资源会增加，雇员潜在的工资待遇可能提高。同时，由于缺乏竞争者，垄断公共服务机构可以用多种方式滥用自己的垄断地位，千方百计抵制预算的削减。

---

① 华尔特·惠特曼·罗斯托：《经济成长的阶段》，商务出版社，1962 年。

在公共服务部门规模膨胀的同时，公共服务供给的质量却没有相应改善，供给效率不高。提高效率成为迫切需要解决的问题。

破除政府垄断式供给模式，降低公共服务成本、提高公共服务质量与效率，是政府购买公共服务的基本动因。在政府垄断式供给模式下，公共服务机构没有动力去提高效率和质量。由于信息不对称，政府亦不能准确了解公众的公共服务需求，在服务范围和项目上存在主观臆断，从而造成公共资源浪费现象。在政府垄断式供给模式下，政府偏好行政手段，从而导致行政机构臃肿，偏离了服务公众的公益本质。政府购买公共服务的实质是在公共服务的生产过程中引入竞争机制，让多元主体参与到公共服务的供给中来，利用专业的人才、技术和管理方法为公众提供低成本、高质量、高效率的专业化公共服务，实现公共资源的最大价值。

第三，事业单位改革的倒逼。

事业单位是在计划经济体制下建立起来的、中国独有的一种公共服务供给机构设置。事业单位与公共服务供给具有天然的联系，政府通过事业单位来完成各种公共服务供给任务，并形成了“政事合一”的公共服务供给体制。在这种体制下，事业单位作为提供公共服务的公共部门，是全社会公共服务的垄断提供者，扮演着公共服务“免费”提供者与生产组织者的双重角色。

在这种“政事合一”的公共服务供给体制下，事业单位作为政府的附属机构和公共服务的非营利提供者，既不具有独立的法人地位，也不具有“利润最大化或成本最小化”目标，优化资源配置和提高供给效率不可能成为它们的内在目标。反而，由于公共服务资金来源于政府拨款，预算最大化会成为其主要目标。由于事业单位处于垄断地位，缺乏竞争，容易追逐自身利益而远离公共目标。事业单位作为公共服务供给主体，公益性不足。在“政事合一”的治理结构下，事业单位存在类似于公务员性质的行政编制和层级，事业单位与政府之间维持着一种“家长制关系”，政府对事业单位既施加包办的束缚，又给予无微不至的关怀，事业单位一直在“预算软约束”状态下运营。凭借这种特殊地位，事业单位享有种种特权，用于生产服务的资本设施都是政府“按需分配”的公共资源，如土地占用与资本消耗均不计成本与折旧，决定服务生产能力的新增投资项目由主管政府部门安排。总体来看，当前事业单位机构臃肿、公益性不足、体制内外利益均沾问题严重，逐渐成为政府财政的一大包袱。[①]

推动政府购买公共服务，是加快事业单位改革步伐的助推器。政府购买公共服务改革就是要打破“政事合一”的供给体制，改革政府主导服务提供与生产

---

① 有关更多分析，可参考伏玉林：《事业单位改革：公共服务提供与生产的民营化》，《学术月刊》2007 年第 1 期。

的机制，实现政府职能向服务型转变，以增强服务的提供能力与生产效率。政府通过购买公共服务，一方面着力重建多元竞争、分工明确、相互协调、共同提供公共服务的非营利部门；另一方面在组织层面上，着重于再造独立法人地位和预算硬约束的公立或私立非营利机构。通过政府购买服务来倒逼事业单位加快改革，有利于推动事业单位与主管部门理顺关系和去行政化，有利于推进有条件的事业单位转为企业或社会组织，促进实现政事分开、政企分开。

二、进一步推进政府购买公共服务面临的阻力

政府购买公共服务改革，会面临三个方面的阻力：部门雇员、政府官员和公众。①

首先，雇员对裁员和对就业的担心是政府购买公共服务改革的主要障碍。按照国务院要求，“财政供养人员只减不增”，在有效增加公共服务供给的同时，通过政府购买服务方式实现“费随事转”。

公共服务部门雇员会担心失去岗位，工资降低，福利减少，工作环境发生大的变化，工作负荷增加，离开熟悉的环境等等。由于政府对公共雇员存在父爱主义和庇护政策，公共部门冗员和人浮于事已成为植根于公共管理文化中的一个普遍现象。一旦公共服务从外部购买，原公共服务部门的雇员会切实感受到裁员和失业的威胁。

既得利益集团也是政府购买公共服务改革的一大障碍。推行购买公共服务，会使得一些官员手中权力减少，地位下降，庇荫机会减少，特权丧失，原部门的相对利益也会受到影响。因此，公共部门的既得利益集团会阻碍政府购买公共服务改革。

公众也有担忧。与政府直接提供相比，社会力量提供服务在数量、质量和成本上具有不确定性，效率可能提高，也可能不尽如人意。公众还会担心公共服务价格或收费的上涨，或为过去“免费”的服务付费，或者服务质量和可及性下降。尤其对于基本公共服务，如义务教育、基本医疗卫生等，这种担心更甚。

第六节　以政府购买公共服务推进服务型政府建设

为了推进政府转变职能和改善公共服务，十八届三中全会明确要求在公共服务领域更多利用社会力量，加大购买服务力度，强调“推广政府购买服务，凡属事务性管理服务，原则上都要引入竞争机制，通过合同、委托等方式向社会购

---

① 相关更多分析，参见 E. S. 萨瓦斯，周志忍等译：《民营化与公私部门的伙伴关系》，中国人民大学出版社，2002 年。

买”。在公共服务领域，政府职能和服务方式要实现多重转变：从公共服务的直接提供者转变成公共服务的监管者，从主要管理下属事业单位向管理社会需求转变，从行政化管理方式向经济和法律方式转变，政府与外包企业和社会组织之间形成一种基于合同的市场经济关系和法律契约关系。在推行政府购买公共服务中，通过重构政府与市场、政府与社会的关系，把该放的权力放掉，把该管的事务管好，激发市场主体和社会主体创造活力，把政府工作重点转到监督、保障、提供优质公共服务，以及维护社会公平正义上来。为此，政府要实现公共服务职能的责任回归，注重发挥市场机制和社会志愿机制的作用，增强社会组织的承接能力。

一、以政府购买公共服务推动政府公共服务职能的责任回归

在公共服务领域，政府职能“越位”、“缺位”、“错位”的现象依然存在。在公共服务供给中，政府在许多领域依然承担着决策者、生产者、监控者等多种角色，集裁判员与运动员于一身，制约了政府职能向公共服务转型的进程。公共服务领域诸多问题的解决，关键在于对政府职能本身的一个正确定位，并切实转变公共服务领域的政府职能，推进构建服务型政府。

服务型政府的出发点和归宿是以民为本，并将自身价值赋予为民服务、关注民生之中，它把为社会、为公众服务作为政府存在的、运行和发展的基本宗旨。服务型政府，要求政府工作重心由经济领域转移到公共服务领域，从以控制管理为要务转变为以传输服务为要务。服务型政府是民本行政的具体体现。政府服务的过程可以看作是政府为公众和社会提供公共服务或改善公共服务质量的过程。服务型政府完全不同于传统政府，它要求政府回归公共权力本质，充分考虑公民需求，尊重公民权利，以维护和增进公共利益为根本目标，通过各种灵活且人性化的政策工具及时、有效、高质量地提供公共服务。

构建服务型政府，必须强调政府的公共服务职能。政府提供公共服务是由公共服务产品的特点及政府内在规定性所决定的。政府作为公共事务的管理机构，其本身就是“公共”的产物，而代表公共意志的政府活动的出发点和落脚点自然应是公共利益。政府权力是公众赋予的，是公众集体权的让渡，政府行使职能的目的是为民众的公共利益服务。保障公共利益的实现、维护政府公共性的服务本色是政府存在的根本。现阶段我国民众最大的公共利益是政府对于基本公共服务的保障，让民众切实享受到基本公共服务。根据公民需求与政府供给能力，可将公共服务分为基本公共服务和非基本公共服务。2012 年《国家基本公共服务体系“十二五”规划》界定的基本公共服务，是建立在一定社会共识基础上，由政府主导提供的，与经济社会发展水平和阶段相适应，旨在保障全体公民生存和发展基本需求的公共服务，包括保障基本民生需求的教育、就业、社会保障、

医疗卫生、计划生育、住房保障、体育等领域的公共服务。享有基本公共服务属于公民的权利，提供基本公共服务是政府的职责。

构建服务型政府，强调政府公共服务职能，但并不意味着要扩大政府规模，也不意味着要增加公共支出，由政府直接提供更多的公共服务。在公共服务领域，同样存在政府角色的转变，政府要扮演好“掌舵者”，而非“划桨者”的角色，发挥促进者、合作者和管理者的作用，将提供公共服务建立在市场机制、社会参与和政府自身变革的基础之上。

公共服务由政府供给，但不一定由政府生产，可以由私人部门和非营利组织生产。政府扮演好“掌舵者”和“服务者”、出资者和监管者的角色，而不是公共服务的具体生产和提供者，具体服务可以由第三方特别是非营利部门提供。在公共服务领域，政府更重要的是要作为制度安排者，决定提供哪些公共服务，通过什么方式更好地提供公共服务，如何做到社会成员公平享受公共服务，怎样付费等问题。政府可以用公共开支来提供某种公共服务，但不意味着必须依靠政府雇员和设施来提供这种服务。从这个意义上说，政府购买公共服务是放弃服务生产者的功能，但并没有放弃服务提供者的角色。

更具体讲，政府在公共服务供给领域的角色应该是公共服务需求的确认者、精明的购买者、检查者和评估者、公平赋税的征收者以及谨慎的支出者。政府对基本公共服务的财政支持主要表现为补贴、减税、代用券等。① 政府可通过给非营利组织补助，确保其向公众提供优质的公共产品。政府补助的形式包括直接拨款、免税、税收优惠、低息贷款、贷款担保等。居民可以通过接受补贴的社会组织获得更多的公共服务和公共产品，非营利组织则通过接受政府补助得到成本补偿。政府补助的领域主要包括公共教育和医疗、某些科研项目、社会福利、基础设施等。政府也可以通过税收减免或税式支出的方式，为实现一定公共目标而采取激励措施。还可以采用代用券，发给居民公共服务消费凭证，居民再用这些凭证从私营机构或非营利组织购买一定的公共服务或公共物品。代用券主要用于食物、医疗补助或医疗保险以及教育津贴等。

通过公共服务供给职能与生产职能、所有权与经营权的分离，可以减少科层化、官僚化带来的低效和腐败。而实现职能转移的前提条件则是政府角色意识的转变：从公共服务的“实施主体”转为“决策主体”，从“生产者”转为“提供者”、“规划者”和“监督者”，从依赖行政手段转向依靠市场和社会手段。

二、以政府购买公共服务推动市场机制作用回归

为构建服务型政府，公共服务领域应当而且可以引入市场机制的作用。

---

① 丁元竹、丁潇潇：《国际视野中的基本公共服务提供模式》，《公共管理与政策评论》2013 年第 1 期。

首先，公共服务领域可以引入市场机制的作用。当前公共部门太大，消耗太多资源，公共服务领域政府介入过多，效率低下等问题，在很大程度上与市场机制发育不健全有关。十八届三中全会明确提出市场对资源配置起决定性作用，对市场作用的新定位，预示着市场机制将更多地作用于资源配置环节。市场机制的作用，有利于促进市场竞争，提高效率。而政府购买公共服务，政府“掌舵”而私人部门“划桨”，实质就是引入市场竞争机制，打破行政垄断，提高公共服务效率，并给公众以自由选择的机会。规范化的市场竞争机制，是减少公共服务供给成本，提高供给效率和质量，满足社会需求的有效途径。公共服务领域应当引入市场机制的作用。

其次，公共服务需求具有动态性、复杂性和异质性的特点，这些特点决定了政府在提供公共服务中，应当引入竞争，增强对公共服务需求的回应性。而市场机制的特点正好契合公共服务需求的性质。公共服务需求的动态变化体现在多个方面：从总体规模看，公共服务需求呈现出持续增加的趋势；从结构看，公共服务需求随着经济社会发展而出现变化。公共服务需求又具有复杂性和异质性。相比于传统社会，当前公共服务需求构成种类更多样化，更个性化。回应性是服务型政府的根本特征之一。回应性的核心体现为社会本位基础上的主动的责任意识，努力满足人们多样性的个性需求和价值期望。应对日趋地域化、组织边界模糊的公共服务，增强对公共服务需求的回应性，政府要切实转变职能，改革越来越不适应服务型政府要求的僵化的纵向等级制，充分发挥市场机制的资源配置作用，引入市场的信息反馈决策机制。

当然，市场对公共服务资源配置作用也有其局限性。公共服务领域不同于其他领域，市场对资源配置的决定性作用不能无条件地放大到市场决定公共资源的配置。公共资源的配置不能完全由市场决定，公共服务资源的配置不适用单纯的效率原则：不能忽视公共部门与私人部门、政府治理过程与市场配置过程之间的差异，不能完全照搬私人部门的管理经验和方法。市场化也不是一种包治百病的灵丹妙药。市场存在缺陷：市场供给流程虽是双向、有回应的，但由于普遍存在的信息不对称，市场博弈中存在“道德风险”与“逆向选择”；同时，作为决策者和出资者的政府易被生产企业“俘获”，产生腐败。政府不能将责任市场化，而只能在流程上引入市场机制。

三、以政府购买公共服务推动社会权力的回归

政府现有一些职能的外移，必然伴随履行这些职能所需的公共权力、财政资金等要素的外移，这也意味着社会权利的回归。政府购买公共服务，意味着政府从操作层面退出，逐步释放被过度行政化了的治理资源。政府不再垄断公共权力，实现了对社会的赋权或社会权力的回归。社会成员平等参与、自觉自愿地承

担现代社会的公民责任，实现公共资源公平分配，可实现“政府失灵”与“市场失灵”的双重弥补。

社会权力的回归，是对“市场失灵”的一种弥补和扬弃。公共服务是社会化供给的一种公共产品。作为社会化供给的公共服务，其供给效率和市场竞争程度固然重要，但社会化的回应性、平等性、有效性和责任同样重要。公共服务生产及所需的各项资源应当也可以由政府向企业和社会组织转移，不断促进社会空间的扩大和社会权力的回归，这种治理资源的外移，也是社会权力的回归。

社会化的公共服务供给，其主体是非营利组织，而非市场。市场的天然逐利性与投机性，容易导致公共资源配置不公。在公共服务供给中，非营利组织与营利组织有着重要的区别。首先，非营利组织不以营利为目的，因而不能进行剩余利润的分配。其次，非营利组织不得将组织的资产以任何形式转变为私人财产。营利性组织往往具有降低承诺服务的数量和质量的激励，而非营利组织则更值得信赖，因为它们被规则所限，不能分红。非营利组织没有足够的激励来降低服务的数量和质量，因为它们不能从这些行为中得到好处。因此，社会化是对市场化的一种扬弃，而不是对市场的简单否定。它是在保障分配公平前提下追求生产效率，就这个意义上看，社会组织不仅与政府具有公共性的一致目标，还有利于实现公共资源公平、有效配置。

由于社会组织提供公共服务的绩效难以测量，在这些领域让社会组织参与公共服务供给，在很大程度上并不是基于效率的考虑，而是因为社会组织可以更大范围激发公民的参与和相互协作，从而培养公民的社会责任感，增进社会成员之间的信任。因此，社会组织参与公共服务供给，对一个健康的社区和社会而言，具有优势。

必须强调的是，公共服务领域社会权利回归，政府职能和治理资源的向外转移，不能简单地等同于政府退出或“简政放权”。相反，政府在确定购买服务的领域、合理分配资金、安排计划与服务流程、控制服务质量等方面，责任更重。社会化强调政府、社会和公民共同决策，责任共担，致力于推动政府与社会制度化、常态化的双向互动与有效合作。

四、以政府购买公共服务推动社会组织的培植

在支撑服务型政府建设的过程中，社会组织的作用不容忽视。近年来，社会组织已经在社会服务中日益发挥重要作用。但我国社会组织的发育依然严重不足，难以对服务型政府的建设起到足够的支撑作用。政府购买公共服务，有利于推动社会组织的发育。为此，明确购买和承接服务的主体及其相互关系非常重要。公共服务的购买主体是各级行政机关和参照公务员法管理、具有行政管理职能的事业单位，此外，纳入行政编制管理且经费由财政负担的群团组织，也可通

过购买来提供公共服务。而购买服务的承接主体，则包括依法在民政部门登记成立或经国务院批准免于登记的社会组织，依法在工商管理或行业主管部门登记成立的企业、机构等社会力量。[①] 购买主体和作为承接主体的社会组织地位不对等，是当前掣肘我国政府购买公共服务改革的重要因素之一。

当前，我国社会组织力量相对薄弱，急需支持和培育。由于受计划经济体制惯性的影响，政府对于社会组织设置了较高的法定登记条件，存在着严重的控制性管理倾向。我国社会组织的总量严重不足，提供公共服务的能力不能很好的适应经济社会发展的需要。横向比较看，截至2012年底，每万人拥有的民间组织，日本是96个，美国是53个，新加坡是16个，巴西是14个，而我国大陆地区只有3.67个[②]。

已成立的社会组织，普遍力量偏弱，承接政府转移的公共服务职能的能力严重不足。比如组织机构不健全，运作不够规范，服务意识和服务水平有待提高；经费紧张，资源不足，机构规模小；为员工提供的薪资和福利水平有限，往往吸引不到高素质的工作人员，专业人才缺乏等。

促进非营利组织的发展，要降低注册和入门条件。现在各省关于购买服务的指导意见中都设置了很多条件，比如必须登记注册，登记注册门槛很高，实际上拦住了大多数非营利组织的进入。即使有一部分非营利组织拥有合法身份，也往往因为办公场所、专职人员、年检等级等诸多条件而被过滤掉。

在具体承接公共服务项目上，社会组织也要越过多道坎。在实践中，一些地方政府为了应对较大规模的公共服务外包任务，多将工会、共青团、妇联、残联等团体作为枢纽，企业和社会组织通过它们来申请政府购买。如北京市社工委2010年发布的文件提出，政府购买相关领域社会组织的服务项目，原则上由相关的官办社会组织进行汇总和申报。这些枢纽组织由官方发起成立，还有财政拨款、事业编制和行政级别。如此一来，可能会变成“二政府”，成为一个垄断资源的发包方。[③]

因此，通过改革促进社会组织发展，是推进政府购买公共服务的基本条件。

① 刘昆：《政府买服务，怎么买才值》，http：//politics.people.com.cn/n/2014/0119/c1001－24160054.html。

② 数据来源：赵雪峰：《我国政府向社会组织购买公共服务研究》，http：//www.china－reform.org/？content_501.html。

③ 韩俊魁、李光、王阳：《政府购买公共服务宜放缓》，http：//www.rmlt.com.cn/2014/0109/213898.shtml。

参考文献

蔡红东：《政府购买公共服务不能随心所欲》，《深圳商报》2013 年 8 月 5 日，http：//szsb. sznews. com/html/2013－08/05/content_2577202。

丁元竹、丁潇潇：《国际视野中的基本公共服务供给模式》，《公共管理与政策评论》2013 年第 1 期。

丁肇文：《资源不均衡引发择校热》，《北京晚报》2006 年 3 月 27 日。

伏玉林：《事业单位改革：公共服务供给与生产的民营化》，《学术月刊》2007 年第 1 期。

韩俊魁、李光、王阳：《政府购买公共服务宜放缓》，http：//www. rmlt. com. cn/2014/0109/213898. shtml。

李松涛：《部分地方政府卖公用事业赚钱，市政建设成摇钱树》，《中国青年报》2009 年 05 月 14 日。

梁燕、吴建毓：《一年千赛，体育赛事何其多》，《南方日报》2011 年 11 月 1 日。

刘昆：《政府买服务，怎么买才值》 http：//politics. people. com. cn/n/2014/0119/c1001－24160054. html。

马庆钰：《公共服务的几个基本理论问题》，http：//theory. people. com. cn/n/2013/0128/c355075－20348707. html。

唐任伍、赵国钦：《公共服务跨界合作：碎片化服务的整合》，《中国行政管理》2012 年第 8 期。

王奎明、赵虹：《强化政府基本公共服务职能——破解“二元困局”的必然选择》，《领导科学》2012 年 10 中期。

闫龙飞：《我国准公共品多元化供给研究》，西南财经大学 2012 年博士学位论文。

杨宝：《政府购买公共服务模式的比较及解释——一项制度转型研究》，《中国行政管理》2011 年第 3 期。

杨永恒：《防止一“买”了之——政府购买服务试水中的问题》，《北京日报》2014 年 1 月 27 日。

于嘉、桂涛、李亚彪：《政府购买公共服务：“接盘者”是否做好准备?》，新华网，2013 年 8 月 2 日。

詹国彬：《需求方缺陷、供给方缺陷与精明买家——政府购买公共服务的困境与破解之道》，《经济社会体制比较》2013 年第 5 期。

赵雪峰：《我国政府向社会组织购买公共服务研究》，http：//www. china－reform. org/?content_501. html。

E. S. 萨瓦斯，周志忍等译：《民营化与公私部门的伙伴关系》，中国人民大学出版社，2002 年。

奥斯特罗姆：《多中心体制与地方公共经济》，人民大学出版社，2002 年。

戴维·奥斯本、特德·盖布勒，周敦仁译：《改革政府：企业精神如何改革着公共部门》，上海译文出版社，2006 年。

弗雷德·E·弗尔德瓦里，郑秉文译：《公共物品与私人社区》，经济管理出版社，2007 年。

格雷姆·史密斯：《乡镇政府“空壳化”问题研究：一种内部运作的视角》，《经济体制

比较》2013 年第 4 期。

华尔特·惠特曼·罗斯托：《经济成长的阶段》，商务出版社，1962 年。

莱昂·狄骥，郑戈等译：《公法的变迁：法律与国家》，春风文艺出版社，1999 年。